法治中国的制度建构

—— 李忠 著 ——

中国社会科学出版社

图书在版编目（CIP）数据

法治中国的制度建构 / 李忠著 . —北京：中国社会科学出版社，2023.4（2025.3 重印）
ISBN 978 – 7 – 5227 – 2017 – 3

Ⅰ．①法⋯　Ⅱ．①李⋯　Ⅲ．①社会主义法治—建设—研究—中国
Ⅳ．①D920.0

中国国家版本馆 CIP 数据核字（2023）第 106208 号

出 版 人	赵剑英
责任编辑	许　琳
责任校对	李　硕
责任印制	郝美娜

出　　版	中国社会科学出版社
社　　址	北京鼓楼西大街甲 158 号
邮　　编	100720
网　　址	http://www.csspw.cn
发 行 部	010 – 84083685
门 市 部	010 – 84029450
经　　销	新华书店及其他书店

印　　刷	北京君升印刷有限公司
装　　订	廊坊市广阳区广增装订厂
版　　次	2023 年 4 月第 1 版
印　　次	2025 年 3 月第 2 次印刷

开　　本	710 × 1000　1/16
印　　张	14.5
插　　页	2
字　　数	258 千字
定　　价	98.00 元

凡购买中国社会科学出版社图书，如有质量问题请与本社营销中心联系调换
电话：010 – 84083683

序　言

全面推进国家各方面工作法治化，是中国特色社会主义法治建设的一项主要任务。2007 年，党的十七大首次提出"实现国家各项工作法治化"，并将其载入党章。党的十八届四中全会对法治问题进行专题研究，将建设中国特色社会主义法治体系，建设社会主义法治国家确定为全面推进依法治国的总目标。2021 年 1 月，中共中央印发的《法治中国建设规划（2020—2025 年）》提出，法治中国建设的总体目标是：到 2025 年，党内法规体系更加完善，中国特色社会主义法治体系初步形成；到 2035 年，中国特色社会主义法治体系基本形成，国家治理体系和治理能力现代化基本实现。在党的正确领导下，经过长期努力，我国已形成中国特色社会主义法律体系和比较完善的党内法规体系。

同时也要看到，目前国家工作的许多方面尚未实现法治化，与在法治轨道上全面建设社会主义现代化国家的战略需求相比，还存在许多短板、弱项和不适应之处。因此，党的二十大进一步强调，坚持全面依法治国，推进法治中国建设，重申全面推进国家各方面工作法治化，并提出未来五年的一项目标任务是：全过程人民民主制度化、规范化、程序化水平进一步提高，中国特色社会主义法治体系更加完善，到 2035 年，我国发展的总体目标之一是全过程人民民主制度更加健全，基本实现国家治理体系和治理能力现代化。①

党的十八大以来，习近平总书记高度重视法治中国建设，创造性

---

① 张文显：《全面推进国家各方面工作法治化》，《法制与社会发展》2022 年第 6 期。

提出关于全面依法治国的一系列新理念新思想新战略，形成了习近平法治思想，其中包括推进国家各方面工作法治化的思想，如推进党的领导制度化法治化、形成完善的党内法规体系、坚持依宪治国依宪执政等。在其他场合，总书记还提出坚持和加强党对宪法工作的全面领导、健全保证宪法全面实施的制度体系、推进全过程人民民主建设、用法律来推动核心价值观建设等重要论述。

　　本书共九章，主要围绕习近平总书记有关重要思想和论述，对推进国家各方面工作法治化所涉问题进行研究。第一章"党的领导制度化法治化研究"，主要介绍了党的领导制度化法治化的定义、历史演进、一般原理、当前面临的突出问题和改进建议。第二章"形成完善的党内法规体系研究"，扼要回顾了党内法规体系建设的百年历程，总结了党内法规体系建设的基本经验，针对党内法规体系建设存在的主要问题，提出了完善党内法规体系的思路和途径。第三章"统筹推进党章宪法研究"，探讨了统筹推进党章宪法的理论逻辑，对完善统筹推进工作提出了若干设想。第四章"党内法规制度合宪性审查初探"、第五章"党的领导与合宪性审查的关系研究"，提出推进党的领导制度化法治化，要正确处理坚持党的领导与遵守党在宪法和法律的范围内活动原则的关系。第六章"党对宪法工作的全面领导研究"、第七章"健全保证宪法全面实施的制度体系研究"、第八章"全过程人民民主的制度化法律化研究"、第九章"用法律来推动核心价值观建设研究"，阐述了推进国家有关方面工作法治化的一般原理，探寻了推进国家有关方面工作法治化的具体措施。

　　推进国家各方面工作法治化，实际上是在党、人民和国家机关之间搭建对话平台，党提出方针政策，以保障人民根本利益为出发点和落脚点，并通过法定程序将其上升为国家意志，如此一代又一代人在这个平台上展开对话，实现社会主义民主政治的自我完善和发展，完美演绎了党的领导、人民当家作主、依法治国有机统一的图景。希望本书也能成为对话的一部分，为建设社会主义民主政治、丰富和发展中国特色社会主义法治理论略尽绵薄之力。

目　　录

第一章　党的领导制度化法治化研究

　　新时代党治国理政的一个鲜明特色，就是加强党的领导。党中央提出，全党要深刻领悟"两个确立"的决定性意义，增强"四个意识"、坚定"四个自信"、做到"两个维护"，坚决维护党中央权威和集中统一领导。① 2017 年 10 月，党的十九大通过党章修正案，强调党政军民学，东西南北中，党是领导一切的。2018 年 3 月，十三届全国人大一次会议对现行宪法进行第五次修改，在《宪法》总纲第一条第二款后增写"中国共产党领导是中国特色社会主义最本质的特征"。2018 年 8 月 24 日，习近平总书记在中央全面依法治国委员会第一次会议上指出，"推进党的领导制度化、法治化，既是加强党的领导的应有之义，也是法治建设的重要任务"。"我们要继续推进党的领导制度化、法治化，不断完善党的领导体制和工作机制，把党的领导贯彻到全面依法治国全过程和各方面。"② 首次正式提出党的领导制度化法治化这一重大课题。

　　近年来，中共中央印发的三个中央党内法规制定工作规划，都将党的领导法规确定为制定重点，全国人大常委会发布的立法规划计划和国务院制定的年度立法工作计划，都强调落实宪法关于党的领导的规定，推动党的领导入法入规。学界也围绕党的领导制度化法治化问

---

① 《中国共产党第十九届中央委员会第七次全体会议公报》（2022 年 10 月 12 日中国共产党第十九届中央委员会第七次全体会议通过），载《中国共产党第二十次全国代表大会文件汇编》，人民出版社 2022 年版，第 184—185 页。

② 习近平：《加强党对全面依法治国的领导》，《求是》2019 年第 4 期。

1

题展开研究，形成一系列有分量的研究成果①，但其中一些问题仍有待明确。本章主要就党的领导制度化法治化的概念、演变过程、一般原理、存在问题和改进建议作一初步探讨。

第一节　党的领导制度化法治化界说

一　什么是党的领导

党的领导是我国政治话语中一个十分重要的词汇，是理解中国共产党和中国政治的关键，也是一个具有中国特色的概念。党的领导一词最早是 1848 年马克思、恩格斯在《共产党宣言》中提出的②，是社会主义国家政治制度的突出特点。西方国家普遍实行多党制和两党制，执政党只有赢得选举进入政府，才能通过制定政策、输送领导人员等方式影响国家，没有党的领导概念。

何谓领导？从字面上看，领导中的领，是颈、脖子，领子、领口的意思，意为总领衣体；导的古体字为導（见下图），上面的"首"表示人，下面的"止"表示脚，外面的"行"表示路口，合在一起的意思是，人走到路口时需要引导、引领，导就是引导、疏导之意。概言之，领导就是率领并引导。③

① 这方面的代表性著作主要有：张恒山等：《依法执政：中国共产党执政方式研究》，法律出版社 2012 年版；石文龙：《依法执政的制度化建设研究》，中国社会科学出版社 2013 年版；蒋清华：《中国共产党的领导法规制度基础理论研究》，人民出版社 2019 年版；宋功德：《党规之治》，法律出版社 2021 年版。代表性论文主要有：江必新：《"把制度建设摆在突出位置"的若干思考》，《中国社会科学》2013 年第 1 期；张文显：《党规国法互联互通》，《法制与社会发展》2017 年第 1 期；王春业、周笑：《论党的领导入法》，《上海政法学院学报》2019 年第 2 期；欧爱民、向嘉晨：《党的领导法治化的复合模式及其实施路径》，《吉首大学学报》（社会科学版）2020 年第 2 期；施新州：《论党的领导法治化》，《上海政法学院学报》2020 年第 2 期；张炜达等：《论全面依法治国背景下党的领导法治化》，《西北大学学报》（哲学社会科学版）2021 年第 5 期。

② 刘红凛：《试论"党的领导"的科学定义》，《唯实》2000 年第 8 期。

③ 中国社会科学院语言研究所词典编辑室编：《现代汉语词典》（第 6 版），商务印书馆 2012 年版，第 827、264 页。

导的古体字

各国因政治、历史、文化不同，对领导的理解各异。据统计，世界上关于领导的定义多达 350 多种。概括起来，领导主要有权力、影响力、控制力三种含义。杜平（R. Dupin）认为："领导即行使权威与决定。"泰瑞（G. B. Terry）认为："领导是影响人们自动地达成群体目标而努力的一种行为。"弗兰奇（J. French）认为："领导是一个人所具有并施加于别人的控制力。"伯恩斯认为，领导是领导者诱导追随者为了某些特定的目标而行动，这些目标体现了领导者和追随者双方共同的价值观念和动机、愿望和需求、抱负和理想。[①] 因而，领导是在一定条件下，指引和影响个人或组织，实现某种目标的行动过程。综合上述观点，领导这一概念可界定为：领导者为实现特定目标，运用自身影响力，采取指挥、命令、带领、说服、引导、鼓励等方式，对领导对象作出的引领、统率、治理等行为。

何谓党的领导？我国学者各说不一。张恒山认为，党的领导是指在以党自己提出，实际上体现人民共同利益的价值观、路线、政策吸引党外群众甚至其他党派的支持和追随的前提下，党在政治、经济、文化等领域的事务中，从事引导、组织、带领人民为实现党所提出的

[①] 转引自蒋清华《中国共产党的领导法规制度基础理论研究》，人民出版社 2019 年版，第 7、12 页。

价值观、路线、政策而共同奋斗的活动。① 刘红凛认为，党的领导就是党依靠其先进性，通过各种方式对无产阶级、人民群众及其国家进行向导、引导和指导，以促进其进步和全面发展。② 蒋清华认为，党的领导的内涵有以下要点：（1）领导是为了实现一个长远的、美好的目标而实施的活动；（2）领导目标是领导者提出来的，且得到被领导者认可；（3）领导者提出实现目标的路线图、政策体系和法制保障，这是领导活动的关键；（4）领导者可以是个人，也可以是集体；（5）领导者的产生途径是多样的，可能是历史形成的，选举产生的，高层领导者任命的，或通过不正当手段谋取的；（6）领导关系一般是相对稳定、较为长期的状态；（7）领导者和领导活动具有某种意义的抽象化色彩；（8）领导活动的核心是组织动员被领导者执行路线和政策以达到目标，领导方法多样，有示范、说服、激励、命令、制裁等；（9）领导的目的是对被领导者产生有效的影响；（10）领导活动的对象是追随者；（11）领导不仅是引领、统率，还有治理、教导作用。总之，党的领导是一个包括领导理念、领导地位、领导事项、领导体制机制和领导个体、领导方式、领导权力（影响力）等诸多要素在内的复合型概念。③ 笔者认为，在我国，党的领导特指中国共产党领导，是指党的各级组织为了实现特定时期的目标任务，运用一切制度安排和领导资源，依法依规对党和国家事务实施控制和影响的活动。

具体说来，党的领导主要有以下四个特点：

一是特定性。实施领导的主体是特定的，是各级党组织和党员领导干部。《中国共产党章程》（以下简称《党章》）第十条第五项规定，党的各级委员会实行集体领导和个人分工负责相结合的制度，凡属重大问题都要按照集体领导、民主集中、个别酝酿、会议决定的原

---

① 张恒山：《中国共产党的领导与执政辨析》，《中国社会科学》2004 年第 1 期。

② 刘红凛：《试论"党的领导"的科学定义》，《唯实》2000 年第 8 期。

③ 蒋清华：《中国共产党的领导法规制度基础理论研究》，人民出版社 2019 年版，第 15—17 页。

则，由党的委员会集体讨论，作出决定；委员会成员要根据集体的决定和分工，切实履行自己的职责。

二是全面性。党领导的对象是全面的。党章总纲规定，党政军民学，东西南北中，党是领导一切的。换言之，党对国家和社会的领导，是全面领导，贯穿党领导国家事务和社会事务全过程和各方面。正如习近平总书记所说，"党的领导必须是全面的、系统的、整体的，必须体现到经济建设、政治建设、文化建设、社会建设、生态文明建设和国防军队、祖国统一、外交工作、党的建设等各方面"。①

有学者认为，党的领导仅限于对外领导，即作为执政党的中国共产党对人民群众管理国家和社会事务、管理经济和文化事业的领导。党对党员、党的组织、党内事务的管理并不属于党的领导的范畴。②这种观点值得商榷。事实上，党的领导不仅限于对外领导，也包括对内领导。党对自身的政治建设、思想建设、组织建设、作风建设、纪律建设提出主张，通过党内法规制度将这些主张制度化法治化，为党的领导提供政治、思想、组织、纪律保证，是党的对内领导的重要体现。如果把党的领导比作一根链条，党对自身建设的领导就是这根链条的第一个环节，也是最关键环节。缺少这个环节，链条就会断裂。正是党对自身的坚强有力领导，把党建设成为始终走在时代前列、人民衷心拥护、勇于自我革命、经得起各种风浪考验、朝气蓬勃的马克思主义执政党③，才能实现对国家和社会的有效有力领导。党章总纲最后一个自然段规定，党是领导一切的。《中国共产党中央委员会工作条例》第六条明确规定，对党和国家事业发展重大工作实行集中统一领导。可见，党领导一切，不仅包括对国家和社会的领导，也包括对自身建设的领导。

---

① 习近平：《毫不动摇坚持和加强党的全面领导》，《求是》2021年第18期。

② 李友谊、肖徐波：《论党的领导的法治化》，《邵阳学院学报》（社会科学版）2005年第4期。

③ 习近平：《决胜全面建成小康社会　夺取新时代中国特色社会主义伟大胜利——在中国共产党第十九次全国代表大会上的报告》（2017年10月18日），人民出版社2017年版，第62页。

3. 引领性。党的领导主要是政治、思想和组织的领导。这是就党的领导的性质而言的。俗话说，人无头不走，鸟无头不飞。党好比人、鸟的头，没有头，人就不能行走，鸟就不能飞翔。党的领导是全国人民的主心骨和定盘星。

需要说明的是，党的领导是以党政合理分工为前提的，党提出正确的政治路线和方针政策，通过国家政权实施全面领导，而不是越俎代庖，陷入国家机关和社会组织的具体事务。党和政的角色不同、使命不同，不能混为一谈。党有特定职责，有自己的一套机构和人员，党提出方针政策，统一全党全国思想认识，向国家机关推荐领导人选，发挥党组织和党员作用，引领国家和社会发展进步；政也有特定职责，有自己的一套机构和人员，执行党的方针政策，处理国家日常事务。政的工作涉及面广，事务繁杂，专业性、技术性较强，如果以党代政、党政不分，党不仅难以做好相关工作，还会挫伤甚至扼杀政的积极性、主动性、创造性，更因为陷入具体事务，没有充裕时间、精力提出正确的方针政策，反而会削弱党的领导。"文化大革命"期间，以党代政、党政不分，给党和国家事业造成极大混乱和重大损失。这个教训应当深刻汲取。

4. 法定性。党的领导的内容是由党章党规和国家法律规定的。党章总纲规定四项基本原则是立国之本，确立了党的领导地位，对党领导社会主义市场经济、民主政治、先进文化、和谐社会、生态文明等作了原则规定，同时强调党必须保证国家的立法、司法、行政、监察机关，经济、文化组织和人民团体积极主动地、协调一致地工作。《中国共产党中央委员会工作条例》对党的领导地位、领导职权和领导方式作了系统规定，明确对党和国家事业发展重大工作实行集中统一领导。《中国共产党地方委员会工作条例》对地方党委领导的主体、职责、内容、议事和决策等作了详细规定。宣传工作条例、组织工作条例、政法工作条例、农村工作条例等党的领导法规分别规定了党对宣传、组织、政法、农村等工作的领导职权。与此同时，宪法法律确认了党的领导地位。《宪法》总纲第一条第二款规定，中国共产党领导是中国特色社会主义最本质的特征。据统计，截至 2022 年 6 月 30 日，共有 46 部现行有效法律明确规定了党的领导，这些法律确立党的领导地位，规定党的工作机构，明确党组织的领导职责。

二　什么是党的领导制度化法治化

人类社会自产生以来，就有规范相随，无论它是成文的还是约定的，是强制的还是自觉的，以维持基本的生存发展秩序。这些规范包括传统习惯、道德准则、村规民约和法律制度等。在各种规范中，制度的规范性程度较高，比较明确、具体、稳定，通常表现为成文形式，代表一个组织、一个单位的意志，依靠本组织、本单位的纪律保证实施，不能使用暴力。规范性程度最高的是法律，它代表国家意志，以国家强制力为后盾，可以合法使用暴力。人类社会的制度建设，大体经历一个从规范化到制度化再到法治化的过程。

中国共产党领导制度化法治化，是党的制度建设的最高阶段，是全面依法治国的关键环节，反映中国特色社会主义法治体系和国家治理体系建设的本质要求。主要有以下特点：

第一，从载体上看，党的领导制度化法治化，不仅要求将党的领导上升为国家意志，而且要求将党的领导融入党内法规制度。因为党的领导既包括对国家和社会的领导，也包括对自身建设的领导。这就是说，党的领导制度化法治化的载体主要包括党内法规制度和国家法律法规两大类。这也是用党的领导制度化法治化，而没有用党的领导制度化法律化的重要原因，法治化的概念更加宽泛，涵盖党内法规制度，而法律化无法涵盖。

第二，从范围上看，鉴于党领导一切，党的领导制度化法治化的范围极其广泛，覆盖"五位一体"总体布局和"四个全面"战略布局，涉及经济建设、政治建设、文化建设、社会建设、生态文明建设各方面，贯穿全面建设社会主义现代化国家、全面深化改革、全面依法治国、全面从严治党全过程。

第三，从目标上看，党的领导制度化法治化的主要目标是贯彻党的方针政策，形成党的领导制度体系，提高党的执政水平。党的领导制度化法治化的过程，实际上是贯彻落实党的政策主张的过程。党的领导制度是国家根本领导制度，在国家治理体系中居于统领地位，是其他各项制度的根本。党的领导制度体系，是党的领导制度建设的终极目标，以党章、宪法为根本，以党的领导基本规范为遵循，以党的领导专门法规为主干，由相关党内法规、党内规范性文件和国家法律、国家政策以及配套法规制度构成。相对于开会、发文件、作指示批示等党的领导方式而言，制度内含治国理政基本规律，更带有根本性、全局性、稳定性和长期性。推进党的领导制度化法治化，有助于把党内法规制度的灵活性、适应性、便利性和国家法律法规的确定性、规范性、稳定性有机结合起来，将党的领导制度优势更好转化为治理效能。

第四，从内容上看，党的领导制度化法治化旨在规范党的领导工作和活动，确认党的领导地位、体制机制、职责权限、程序方式和保障措施，确保党的全面领导，提高党的领导效能。

需要注意的是，党的领导主体、领域、层级不同，制度化法治化的内涵有所区别。就主体而言，党委在同级各种组织中发挥领导核心作用，党组在本单位发挥领导作用，履行把方向、管大局、保落实职责，二者在制度化法治化方面也有所区别。比较一下《中国共产党地方委员会工作条例》和《中国共产党党组工作条例》，就很容易看出这一点。比如，《中国共产党地方委员会工作条例》第五条规定，地方党委对本地区重大问题作出决策；《中国共产党党组工作条例》第十七条规定，"党组讨论和决定本单位下列重大问题：（一）贯彻落实党中央以及上级党组织决策部署的重大举措。"就领域而言，党的领导制度化法治化的程度，与该领域的政治性成正比。比如，组织、干部、宣传、新闻、教育、意识形态、国家安全、军队等政治性较强的领域，党的领导在法规制度上体现得较为全面、充分、具体；而经济、生态文明等政治性较弱，技术性、专业性较强的领域，党的领导体现得较少、较原则。立法、行政、司法等领域也遵循这一规律。立法工作政治性最强，因而立法充分反映党的政治立场、政治方向、政治原则；相较而言，执法工作的政治性要弱一些，党的领导体现得也弱一些，在一些大的原则、体制、制度上反映党的领导；司法工作的政治性最弱，党的领导主要体现在体制改革和顶层设计方面，一般不干预具体裁判活动。就层级而言，党的中央组织、地方组织发挥领导核心作用，通常使用"领导、组织、决定"一类词语，而党的基层组织，如国有企业和集体企业中党的基层组织、非公有制经济组织中党的基层组织、社会组织中党的基层组织、实行行政领导人负责制的事业单位中党的基层组织和各级党和国家机关中党的基层组织，对其定位多使用"保障、监督、服务"一类词语，相应地，制度化法治化也各不相同。

第五，从程序上看，党的领导制度化法治化依据一定的程序和方式进行。制定党内法规，按照《中国共产党党内法规制定条例》的要求进行；制定国家法律，按照立法法的要求进行；制定党内规范性文件和国家政策，按照《党政机关公文处理工作条例》的要求进行。

归结起来，党的领导制度化法治化，是指适应"五位一体"总体布局和"四个全面"战略布局的需要，把党的领导和人民当家作主、依法治国有机结合起来，依照特定程序和方式，制定党内法规和党内规范性文件、国家法律和国家政策，确认和规范党的领导地位、体制机制、职责权限、程序方式和保障措施，把党的领导落实到各领域各方面各环节，把党的一切领导活动纳入法治轨道，建立健全党的领导制度体系，实现社会主义民主的制度化法治化，从制度上、法律上保证党的方针政策的贯彻实施，保证党始终发挥总揽全局、协调各方的领导核心作用，不断提高党的执政能力和水平的活动。

第二节 党的领导制度化法治化的历史沿革

中国共产党成立以来带领全国人民团结奋斗的过程，就是党的领导逐步制度化法治化的过程。大体可分为初创、探索、规范发展和全面发展四个时期。

一 初创时期（1921—1949 年）

1921 年 7 月，中国共产党成立，标志着中国革命有了强有力的领导力量。党的一大通过的《中国共产党第一个纲领》，提出把工人、农民和士兵组织起来，实行社会革命，规定在全党建立统一的组织和严格的纪律，对党的建设和事业实施领导。党的一大通过的《关于当前实际工作的决议》，对党领导工人运动作了具体规定。① 党的二大党章每一章都规定了党的领导制度，突出强调中央执行委员会对党员、党的组织、党的会议、党的纪律、党的经费等方面工作的领导。1925年，党的四大通过的《对于民族革命运动之决议案》提出，中国的民族革命运动，必须有最革命的无产阶级有力的参加，并取得领导地位，才能够得到胜利。这是党第一次提出无产阶级对民主革命的领导权问题。② 党的五大党章第一次提出民主集中制，在党的根本法规中确立了党的根本组织制度和领导制度。

此后，党先后领导建立工农苏维埃政权、抗日根据地"三三制"政权、解放区人民民主政权，并通过一系列党内法规制度，实现了对军队、青年团、非党组织、土地革命、根据地建设、党内政治生活和组织建设、纪律建设的领导。③

---

① 中共中央党史研究室：《中国共产党历史第一卷（1921—1949）》（上册），中央党史出版社 2011 年版，第 68 页。
② 周敬青等：《坚持和完善党的领导制度体系研究》，上海人民出版社 2021 年版，第 16 页。
③ 本书编写组：《中国共产党党内法规制度建设历程研究》，法律出版社 2021 年版，第 63—82、100—104 页。

中华人民共和国成立前，面对严峻复杂的革命形势，党主要依靠政策予以应对，党的领导制度化法治化尚未提上重要日程。

二　探索时期（1949—1978 年）

中华人民共和国成立后，党实现从局部执政到掌握全国政权，实现了对国家和社会的领导。

1949 年 11 月，中央政治局审议通过《关于在中央人民政府内组织中国共产党党委会的决定》和《关于在中央人民政府内建立中国共产党党组的决定》，加强党对政府机构内党员和政府事务的管理，加强党对中央人民政府和政务院的领导，初步建立起党的一元化领导制度。1953 年 3 月，中共中央发布《关于加强中央人民政府系统各部门向中央请示报告制度及加强中央对于政府工作领导的决定》，规定政府各部门的党组工作直接接受中央领导，"政务院各委和不属于各委的其他政府部门一切主要的和重要的工作均应分别向中央直接请示报告"，强化了党对政府工作的领导。

1954 年宪法肯定了国家在党的领导下取得的历史性成就，确立了党在人民民主统一战线中的领导地位，正式将党的领导融入国家制度。1962 年 1 月 30 日，毛泽东在扩大的中央工作会议上提出："工、农、商、学、兵、政、党这七个方面，党是领导一切的。党要领导工业、农业、商业、文化教育、军队和政府。"[①] 新中国在党的领导下，克服国民经济发生的严重困难，社会主义建设取得了巨大成就。

"文化大革命"期间，尽管发生严重挫折，党的领导地位始终存在，这是党依靠自身力量纠正错误的根本原因。

总的来看，这个时期国家法制不健全，党主要依靠政策、决议和领导人讲话对国家和社会实施领导，这种领导方式具有灵活性、时效性、便利性等优点，但也存在规范性不强、民主性不足、稳定性较差

---

① 毛泽东：《在扩大的中央工作会议上的讲话》（1962 年 1 月 30 日），载中共中央文献研究室：《建国以来毛泽东文稿》第 10 册，中央文献出版社 1996 年版，第 36 页。

等缺陷，实践中引发诸多问题。

三 规范发展时期（1978—2012 年）

党的十一届三中全会后，汲取"文化大革命"的深刻教训，以邓小平同志为核心的党的第二代中央领导集体提出改革和完善党和国家领导制度新课题。

1980 年，邓小平在《党和国家领导制度的改革》的重要讲话中，首次提出"党的领导制度"概念。他说，领导制度、组织制度问题更带有根本性、全局性、稳定性和长期性，具有关系到党和国家是否改变颜色的决定性意义，要求改善党的领导，改善党的领导制度①，并提出一系列改革党和国家领导制度的措施。

1980 年 2 月，党的十一届五中全会通过《关于党内政治生活的若干准则》，强调集体领导是党的领导的最高原则之一，凡是涉及党的路线、方针、政策的大事，重大工作任务的部署，干部的重要任免、调动和处理，群众利益方面的重要问题，以及上级领导机关规定应由党委集体决定的问题，应该根据情况分别提交党的委员会、常委会或书记处、党组集体讨论决定，而不得由个人专断。1982 年 9 月，党的十二大通过的党章，明确党的领导主要是政治、思想和组织的领导，首次确立党必须在宪法和法律的范围内活动的原则，解决了历史上悬而未决的党和法的关系问题，为新时期加强和改进党的领导提供了根本遵循。1987 年 10 月，党的十三大报告进一步指出："切实加强党的制度建设，对于党的正确路线的巩固和发展，对于党的决策的民主化和科学化，对于充分发挥各级党组织和党员的积极性、创造性，十分重要"，并提出要在新的历史条件下，"在党的建设上走出一条不搞政治运动，而靠改革和制度建设的新路子"。②

以江泽民同志为核心的党的第三代中央领导集体深刻认识到党的

---

① 《邓小平文选》第 2 卷，人民出版社 1994 年版，第 333、342 页。
② 《沿着有中国特色的社会主义道路前进》，http：//www. gov. cn/test/2007 – 08/29/content_ 730445. htm。

历史方位发生的重大变化，提出加强和完善党的领导体制。江泽民强调："要按照总揽全局、协调各方的原则，进一步加强和完善党的领导体制，改进党的领导方式和执政方式，既保证党委的领导核心作用，又充分发挥人大、政府、政协以及人民团体和其他方面的职能作用。"① 1991 年 2 月 22 日，中共中央印发《关于加强对国家立法工作领导的若干意见》，明确中央对国家立法工作主要实行政治领导，即方针政策的领导，规定中央讨论的重要法律及程序，要求支持和保证全国人大及其常委会充分行使立法权，为新时期推进党的领导制度化法治化提供了制度依据。1993 年 3 月，八届全国人大一次会议修改宪法，将"中国共产党领导的多党合作和政治协商制度将长期存在和发展"载入宪法序言，从国家基本政治制度层面确立了党的领导制度。1997 年 9 月，党的十五大提出依法治国基本方略，明确了党的领导制度化法治化的基本含义："从制度和法律上保证党的基本路线和基本方针的贯彻实施，保证党始终发挥总揽全局、协调各方的领导核心作用。"②

党的十六大以来，以胡锦涛同志为总书记的党中央，着眼于提高党的建设科学化水平，坚持从实际出发，有针对性地建立健全党的领导制度。2006 年 1 月 6 日，胡锦涛在中央纪委六次全会上提出"要适应新形势新任务的要求，加强以党章为核心的党内法规制度体系建设"③，这是党的领导人首次提出党内法规制度体系建设目标任务，具有重大战略指导意义。党的十七届四中全会通过的《中共中央关于加强和改进新形势下党的建设若干重大问题的决定》提出，建立健全以党章为根本、以民主集中制为核心的制度体系，推进党的建设科学化、制度化、规范化。

---

① 江泽民：《在庆祝中国共产党成立八十周年大会上的讲话》（2001 年 7 月 1 日），人民日报 2001 年 7 月 2 日第 1 版。

② 在中国共产党第十五次全国代表大会上的报告　江泽民　http：//www.71.cn/2018/0131/1049933.shtml。

③ 《十六大以来重要文献选编》（下），中央文献出版社 2011 年版，第 181 页。

四 全面发展时期（2012 年以来）

党的十八大以来，以习近平同志为核心的党中央高度重视党的领导制度的完善，将"推进党的领导制度化、法治化"作为法治建设的重要任务。

2018 年 8 月 24 日，习近平总书记在中央全面依法治国委员会第一次会议上，首次提出推进党的领导制度化法治化。这个重大命题的确立，标志着我们党对党和法的关系的认识达到了新的理论高度，对共产党执政规律、社会主义建设规律、人类社会发展规律的认识达到了新的理论境界。习近平总书记进一步提出："我们要继续推进党的领导制度化、法治化，不断完善党的领导体制和工作机制，把党的领导贯彻到全面依法治国全过程和各方面。"① 2020 年 2 月，习近平总书记在中央全面依法治国委员会第三次会议上强调，要进一步推进党的领导入法入规，善于使党的主张通过法定程序成为国家意志、转化为法律法规，推进党的领导制度化、法治化、规范化。2020 年 11 月，习近平总书记在党的历史上首次召开的中央全面依法治国工作会议上指出，推进党的领导制度化法治化，通过法治保障党的路线方针政策有效实施。这次会议正式提出习近平法治思想，并将推进党的领导制度化法治化纳入其中。

党中央对推进党的领导制度化法治化作出一系列部署。党的十八大强调，构建系统完备、科学规范、运行有效的制度体系，使各方面制度更加成熟更加定型。党的十八届三中全会把完善和发展中国特色社会主义制度，推进国家治理体系和治理能力现代化确定为全面深化改革的总目标，明确国家治理体系是在党领导下管理国家的制度体系。党的十八届四中全会专题研究部署全面推进依法治国，提出全面推进依法治国的总目标是建设中国特色社会主义法治体系，建设社会主义法治国家，首次明确中国特色社会主义法治体系由国家法律体系

---

① 习近平：《加强党对全面依法治国的领导》，《求是》2019 年第 4 期。

和党内法规体系构成，确立党领导立法、保证执法、支持司法、带头守法的法治建设新十六字方针，强调把党的领导贯彻到依法治国全过程和各方面，健全党领导依法治国的制度和工作机制，这对于推进党的领导制度化法治化，具有里程碑意义。

党的十九大提出完善坚持党的领导的体制机制，明确将坚持党对一切工作的领导和坚持全面依法治国，纳入新时代坚持和发展中国特色社会主义的基本方略。党的十九届三中全会审议通过《深化党和国家机构改革方案》，提出完善坚持党的全面领导的制度，建立健全党对重大工作的领导体制机制，并将中央全面依法治国领导小组升格为中央全面依法治国委员会，作为党中央决策议事协调机构。2019年11月党的十九届四中全会突出党的领导制度在国家制度和治理体系中的统领地位，抓住了国家治理的关键和根本，强调要坚持和完善党的领导制度体系，建立不忘初心、牢记使命的制度，完善坚定维护党中央权威和集中统一领导的各项制度，健全党的全面领导制度，健全为人民执政、靠人民执政各项制度，健全提高党的执政能力和领导水平制度，完善全面从严治党制度，提高党科学执政、民主执政、依法执政水平，把党的领导落实到国家治理各领域各方面各环节。党的十九届六中全会通过的《中共中央关于党的百年奋斗重大成就和历史经验的决议》提出，党健全党的领导制度体系，完善党领导人大、政府、政协、监察机关、审判机关、检察机关、武装力量、人民团体、企事业单位、基层群众性自治组织、社会组织等制度，确保党在各种组织中发挥领导作用，进一步对建立健全党的领导制度体系提出了要求。

2016年2月，中共中央印发《中共中央关于加强党领导立法工作的意见》，对新时代党领导立法工作作出全面部署，明确党对立法工作的领导，包括党中央领导全国立法工作、研究决定国家立法工作中的重大问题，有立法权地方的党委按照中央大政方针领导本地区立法工作，提出完善党委领导、人大主导、政府依托、各方参与的科学立法工作格局。2018年3月，十三届全国人大一次会议修改宪法，在总纲第一条第二款后增写"中国共产党领导是中国特色社会主义最本质的特征"，这是推进党的领导制度化法治化的重大举措。2019 年 1 月中共中央发布《关于加强党的政治建设的意见》，提出贯彻落实宪法规定，制定和修改有关法律法规要明确规定党领导相关工作的法律地位。将坚持党的全面领导的要求载入人大、政府、法院、检察院的组织法，载入政协、民主党派、工商联、人民团体、国有企业、高等学校、有关社会组织等的章程，健全党对这些组织实施领导的制度规定，确保其始终在党的领导下积极主动、独立负责、协调一致地开展工作。2020 年 11 月，中央全面依法治国工作会议确立习近平法治思想为全面依法治国的指导思想，强调健全党领导全面依法治国的制度和工作机制，推进党的领导制度化法治化。2021 年 1 月，中共中央印发《法治中国建设规划（2020—2025 年）》，提出推进党的领导入法入规，着力实现党的领导制度化法治化，标志着党的领导制度化法治化从理论命题转化为实践课题，预示着党的领导制度化法治化将从理念一步步变为制度和现实，引领、推动和保障国家治理领域的深刻变革。

党的二十大提出，党的领导是全面的、系统的、整体的，必须全面、系统、整体加以落实。健全总揽全局、协调各方的党的领导制度体系，完善党中央重大决策部署落实机制，确保全党在政治立场、政治方向、政治原则、政治道路上同党中央保持高度一致，确保党的团结统一。

党的十八大以来，党中央制定修改《中国共产党中央委员会工作条例》《中共中央政治局关于加强和维护党中央集中统一领导的若干规定》《中国共产党重大事项请示报告条例》《中国共产党地方委员会工作条例》《中国共产党党和国家机关基层组织工作条例》《中国共产党支部工作条例（试行）》《中国共产党党组工作条例（试行）》《中国共产党国有企业基层组织工作条例（试行）》《中国共产党宣传工作条例》《中国共产党统一战线工作条例（试行）》《中国共产党政法工作条例》《中国共产党工作机关条例》《中国共产党机构编制工作条例》《中国共产党农村工作条例》等党内法规，推进党的领导制度化、规范化、程序化。

总的看，中国共产党成立以来，党的领导制度化法治化经历了一个从自发到自觉、从幼稚到成熟、从碎片化到体系化的过程，已形成覆盖党领导经济社会发展各方面的比较完善的制度体系，为党实现不同时期目标任务奠定了扎实制度基础。

第三节　党的领导制度化法治化的一般原理

与西方国家奉行的多党制和两党制不同，中国共产党是我国的领导党和长期执政党。在讨论党的领导制度化法治化一般原理之前，有必要先探讨一下坚持党的领导的原因。虽然这个问题学界关注已久，研究成果丰硕，但鉴于这是本书主题，且仍存在一些盲点，有必要作一简要梳理。

一是符合马克思主义的基本原理。坚持党的领导，是马克思主义建党学说和国家学说的一个基本观点。马克思主义历史唯物观认为，实现人类社会从资本主义社会向社会主义社会发展，必须有一个没有一己之私和一党之私的阶级及其政党，这个阶级就是无产阶级，这个政党就是作为无产阶级先锋队的共产党。列宁进一步提出，党的领导是由工人阶级的历史使命决定的，在创建新的社会主义制度的事业中，在完全消灭阶级的全部斗争中，只有俄共（布）才能成为全体被剥削劳动者的导师、领导者和领袖。[①] 中国共产党是以马克思主义为指导的无产阶级政党，秉持马克思主义建党学说和国家学说，不断深化拓展对党的领导的规律性认识。毛泽东指出，"工、农、商、学、兵、政、党这七个方面，党是领导一切的"。邓小平强调，"坚持四项基本原则的核心，是坚持党的领导"。党的十八大以来，习近平总书记开创性地提出中国特色社会主义最本质的特征、中国特色社会主义

---

① 陈登才、梁言顺主编：《马克思主义经典作家关于马克思主义政党建设的基本观点研究》，人民出版社 2017 年版，第 18—19 页。

制度的最大优势是党的领导，强调要"推进党的领导制度化、法治化"，深刻揭示了中国共产党领导与中国特色社会主义的内在统一性。① 党带领全国人民取得了新民主主义革命和社会主义建设的胜利，新时代新征程推进中国特色社会主义事业，实现国家现代化，也只有在中国共产党的领导下才能取得成功。

二是具有合法性。2018 年 3 月 11 日，十三届全国人大一次会议通过宪法修正案，在《宪法》总纲第一条第二款"社会主义制度是中华人民共和国的根本制度"后增写"中国共产党领导是中国特色社会主义最本质的特征"。在宪法的国家根本制度条款中载入党的领导，表明党的领导在中国特色社会主义制度中的核心地位，实现了党的领导制度与国家根本制度的有机衔接，确认了党在国家政权结构中总揽全局、协调各方的领导地位。这是将党的领导制度上升为国家根本领导制度最重要的宪法依据，是党依宪执政的重要体现。坚持和加强党的全面领导，具有充足合法性。

三是具有先进性和纯洁性。现代政治是政党政治。绝大多数国家都有政党，政党在国家生活和社会生活中占据显赫位置，执政党决定国家的方针政策和发展方向。在政党国家，理想的状态就是国家由先进、廉洁的政党引领。西方国家的政党似乎有先进性和纯洁性。选举中获胜的政党组建政府，将本党的方针政策通过法定程序变为国家的方针政策，政策的好坏在很大程度上决定了执政党政绩的大小，也决定了执政党能否连续执政，因而尽力使本党的方针政策符合实际，促进经济社会发展。执政党因受到在野党监督，需尽力保持清正廉洁，以免因自身贪腐而为在野党留下攻击把柄。但事实上，国外政党多为松散型政党，仅在大选时积极活动，许多政党不是靠方针政策，而是靠搞噱头、开空头支票来拉选票。政党走马灯似轮替，无法保证国家政策的连续性和稳定性，显然不利于国家的长远发展。选举花费不

---

① 陈希：《健全党的全面领导制度》，载本书编写组编著：《〈中共中央关于坚持和完善中国特色社会主义制度、推进国家治理体系和治理能力现代化若干重大问题的决定〉辅导读本》，人民出版社 2019 年版，第 71—72 页。

菲，当选者上台后总是设法酬庸或者谋取私利。在西方政党制度下，往往既难以保证政党的先进性，也难以保证政党的廉洁性。

中国共产党从诞生起，就重视党的建设，将此视为战胜敌人的三大法宝之一。[①] 党员从工人、农民、军人、知识分子和其他社会阶层的先进分子中挑选，入党后接受各式教育培训，确保了党员素质优良；党根据不同时期的国际国内形势和使命任务提出指导思想和方针政策，并与时俱进修改完善，确保党始终走在时代前列；党不断加强组织建设、作风建设、纪律建设，深入开展反腐败斗争，刀刃向内，自我革命，确保党的廉洁性和纯洁性，完全具备领导国家和社会的资格和条件。

四是具有民主性。早在新民主主义革命时期，党就提出全心全意为人民服务的根本宗旨。中华人民共和国成立后，党始终坚持走群众路线，坚持以人民为中心，坚持和发展全过程人民民主，一切以最广大人民的根本利益为出发点和落脚点，忠实反映群众的意志和利益，强化、发展了人民民主，赢得了人民的拥护和支持。

五是具有科学性。党的领导具有很强的科学性，保证了决策正确。这是党能够成为领导党和长期执政党的根本原因之一。首先，规划制度科学。党在一届政府的届中时期领导制定国民经济和社会发展五年规划，这样规划不因政府换届而改变，一届接着一届干，保持了经济社会发展的连续性。这与美国近几届政府换届后，改弦更张翻烧饼，一届对着一届干，形成鲜明对照。其次，决策机制科学。党的领导不是凭空产生的，而是坚持科学决策、民主决策、依法决策，深入调查研究，广泛征求意见，绝大多数决策来自于一线部门和群众意愿，并根据实践中出现的新情况新问题不断加以完善。再次，统筹机制科学。作为领导党，党发挥总揽全局、协调各方的领导核心作用，可以有效整合各方面资源，协调各方面力量，确保各项目标任务的顺

---

① 1939 年 10 月 4 日，毛泽东在《〈共产党人〉发刊词》中说，统一战线，武装斗争，党的建设，是中国共产党在中国革命中战胜敌人的三个法宝。《毛泽东选集》第 2 卷，人民出版社 1991 年版，第 606 页。

利高效完成。这与西方政党制度下，以党派划界，为反对而反对，不问对国家和人民是否有利的否决政治、低效政治相比，形成鲜明对照。

六是历史和人民的选择。1840年鸦片战争后，中国逐步沦为殖民地半殖民地国家。为救亡图存，挽救国家和民族命运，一些开明官员士绅和民族资产阶级发起洋务运动、维新变法运动和辛亥革命，推翻了封建帝制，建立了中华民国，实行内阁制、总统制、多党制、联省自治，结果无一不以失败告终。1921年中国共产党成立后，中国人民在党的领导下，实现了民族独立和人民解放。新中国成立以来，党领导人民创造了世所罕见的经济快速发展和社会长期稳定"两大奇迹"。党的领导地位是历史形成的，是历史和人民的选择。

由此可以得出一个基本结论：党的领导是中华民族发展进步、取得历史性成就的根本保证。新时代新征程，全面建设社会主义现代化国家、全面推进中华民族伟大复兴，必须坚持和加强党的领导。要做到这一点，就必须推进党的领导制度化法治化。

一是实现党的领导的基本方式。新中国成立以来，经过长期探索，党的十五大将依法治国确定为治国理政的基本方式。法治是政治权威的合法性来源，具有普遍性、规范性、稳定性、权威性的显著优势，具有固根本、稳预期、利长远的保障作用，是最有利于实现党的领导和使命任务的执政方式。党将自己的主张通过法定程序上升为法律，是法治原则的普遍要求，是依法执政的重要环节。只有坚定不移推进党的领导制度化法治化，在法律制度上确立党的领导地位，融入党的政策主张，实现党的领导、人民当家作主、依法治国有机统一，才能更好巩固党的领导地位，更好落实党的政策主张，更好把党的领导的制度优势转化为国家治理效能。

二是党克服执政风险的重要保证。当前，我国已进入全面建设社会主义现代化国家并局起步的关键时期，党面临的执政考验、改革开放考验、市场经济考验、外部环境考验将长期存在，精神懈怠危险、能力不足危险、脱离群众危险、消极腐败危险将长期存在。只有坚定不移推进党的领导制度化法治化，才能更好集中力量办大事，充分发挥党总揽全局、协调各方的领导核心作用，既合理分工、又密切配合，既充分发扬民主、又有效进行集中，避免相互掣肘、效率低下等弊端；才能有效应对各种风险挑战，统筹推进"五位一体"总体布局、协调推进"四个全面"战略布局、贯彻落实新发展理念，有力有效地把全体党员、全体人民组织起来、凝聚起来，推动经济社会持续健康发展；才能更好遵循法律制度所蕴含的党治国理政的基本规律，正确处理党和国家机关的关系，最大限度发挥党和国家机关各自的优势和作用，保证党在宪法和法律范围内活动，保证党的正确领导，树立法治权威，从制度上、法律上保证党的路线方针政策的贯彻执行，推进人民当家作主制度化、规范化、法律化，从根本上保证政权的巩固和国家的长治久安。

三是建设法治中国的内在要求。在我国，党是最高政治领导力量，党的领导是法律制度的根和魂。建设法治中国，根本上靠党来推动、来实行。党的领导制度化法治化的程度，很大程度上决定了国家法治建设的水平。推进党的领导制度化法治化，是贯穿社会主义法治建设的一条主线，必须把党的领导贯彻到全面依法治国各领域全过程，确保法治中国建设始终沿着正确方向前进。正如习近平总书记所说，党的领导和社会主义法治是一致的，社会主义法治必须坚持党的领导，党的领导必须依靠社会主义法治。①

四是总结新中国历史经验得出的基本结论。新中国成立以来，我国在法治建设方面走过一段弯路。"文化大革命"最大的教训就是忽视法治建设，法治没有权威。法治之所以得不到重视，主要原因是党的领导没有制度化法治化，造成封建专制和个人专断，人民民主遭到破坏，社会主义建设遭受严重损失。改革开放以来，党重视法治建设，强调党必须在宪法和法律的范围内活动，实行依法治国，建设社会主义法治国家，我国经济社会发展取得重大成就。新中国正反两方

---

① 习近平：《关于〈中共中央关于全面推进依法治国若干重大问题的决定〉的说明》，载本书编写组编著：《〈中共中央关于全面推进依法治国若干重大问题的决定〉辅导读本》，人民出版社 2014 年版，第 50 页。

面的历史经验表明：必须重视法治建设，推进党的领导制度化法治化，通过法治保障党的路线方针政策有效实施，保障党和国家事业健康发展。

第四节　党的领导制度化法治化面临的突出问题

党的十八大以来，党的领导制度化法治化取得重大成效，但由于各方面原因，仍存在一些问题，突出表现在：

一是缺乏顶层设计。当前，党的领导制度化法治化的顶层设计缺失，推进主体、程序、方式不明确，一些问题，比如，如果不是党的所有部署都需要制度化法治化，党的领导制度化法治化的条件是什么，哪些党内法规、规范性文件和法律、国家政策需要写入党的领导，如果写，应当写哪些内容，写到什么程度，等等，也不清楚。这些问题不解决，不利于党的领导制度化法治化的深入推进。

二是党的领导制度体系不健全。目前，党的领导制度体系尚未形成，还存在不少短板、弱项。比如，缺少一部党的领导基本规范，开展这项工作缺乏基本遵循；党领导全面深化改革、经济、法治、群团、人才、外事等方面的党内法规仍未出台；一些领域的相关法律法规还不完善，一些法律应当写入党的领导没有写，有的党内法规有关党的领导规定不完善，如《中国共产党政法工作条例》规定了党委政法委员会与政法单位的领导与被领导关系，但没有规定党委政法委员会与人大、政府和政协的关系。

三是推进党的领导制度化法治化的工作机制有待改进。制度机制是推进党的领导制度化法治化的重要支撑。这方面的问题主要有：（1）立法立规机制，《中国共产党党内法规制定条例》没有规定哪些党内法规需要对党的领导作出规定，立法法虽然将党的领导确立为立法基本原则，但哪些法律需要写入党的领导，写入党的领导的条件是什么，写到什么程度，并不明确；（2）立法转化机制，法律法规转化的原则、条件、主体、对象、程序、方式等，缺乏制度规定；（3）沟通协调机制，党的法规工作机构和国家法制机构人员、信息交流不畅，"两张皮"问题比较突出，成为制约党的领导制度化法治化深入推进的重要原因。

四是保证党正确领导的制度机制不完善。党的正确领导是推进党的领导制度化法治化的基本前提，是党的领导制度化法治化的一体两面。目前，保证党正确领导的制度机制还有待健全。比如，保证党在宪法和法律范围内活动的制度机制不完善，实践中一些党的文件起草时未充分考虑有关方针政策给法律制度带来的变化，可能造成方针政策同宪法法律的规定不一致，久而久之，不利于维护宪法法律权威；党的工作机构遇到合法性问题时，缺乏解决渠道；党的文件特别是党政联合发文损害公民权利的，公民能否寻求司法救济，缺乏共识和制度安排。上述问题，亟需采取有效措施加以改进。

第五节　深入推进党的领导制度化法治化

全面建设社会主义现代化国家、全面推进中华民族伟大复兴，关键在党。必须始终坚持和加强党的全面领导，适应党的领导和党的建设新形势新任务，深入推进党的领导制度化法治化。

第一，加强顶层设计。针对顶层设计缺失问题，建议有关部门适时出台推进党的领导制度化法治化的总体性文件，对推进党的领导制度化法治化的重要意义、指导思想、基本原则、主要目标、重点任务和保障措施等作出全面系统规定，为这项工作的开展提供基本遵循。

一是明确党的领导制度化法治化的基本原则。主要包括：（1）坚持党中央集中统一领导。坚持党的全面领导，最根本的是坚持党中央权威和集中统一领导。推进党的领导制度化法治化，首要的是完善坚定维护党中央权威和集中统一领导的各项制度。（2）坚持以党章和宪法为根本遵循。党章是党内法规体系的基础和依据，确认党的领导体制机制、主要内容、方式方法和制度措施。宪法是国家法律体系的核心和基础，确认党的领导地位。推进党的领导制度化法治化，必须以党章为根本法规，遵守在宪法和法律范围内活动的原则，确保党的领导法规制度合章合宪。（3）坚持民主集中制。民主集中制是党的根本组织制度和领导制度。推进党的领导制度化法治化，必须完善发展党内民主和实行正确集中的相关制度。（4）坚持统筹推进。党的领导依靠党规国法，涵盖党内党外。推进党的领导制度化法治化，必须坚持统筹谋划，一体推进党规、国法的规划计划、立改废释纂，使党的领导制度体系内部协调一致、相辅相成。

二是明确党的领导制度化法治化的责任主体。各级党组织和党员领导干部都有贯彻党的领导的责任和义务，都是推进党的领导制度化法治化的责任主体。有关法规制度应当明确各级党组织和党员领导干部在推进党的领导制度化法治化方面的职权职责以及履行职权职责的程序和方式。

三是明确党的领导入法入规的基本条件。推进党的领导制度化法治化，应当具备下列条件：（1）所涉问题具有普遍性、反复适用性，不是针对个别人、个别事项或者短期、不可反复适用的事项；（2）所涉问题比较重要，具有基础性、框架性、长期性，不是枝节性问题；（3）相关规定具有可行性、可操作性；（4）立规、立法条件成熟。关于所涉问题是以党内法规文件还是以国家法律政策调整，可以调整对象为标准，主要规范党组织和党员行为的，用党内法规或党内规范性文件；主要规范国家机关和公民行为的，用国家法律或国家政策。关于哪些法律写入党的领导，一般说来，法律主要调整国家机关和公民的关系，不宜写入党的领导，但如直接涉及党的政治、思想、组织领导，比如法律的执行主体是党的工作机构，所调整的事项属于教育、国家安全、意识形态等领域，则应当写入党的工作机构、领导地位和职责权限；法律中党的领导写到什么程度，要具体问题具体分析，一般说来，政治性较强的法律，党的领导体现的较为充分、具体；反之则规定得较少、较原则。

第二，健全党的领导制度体系。健全总揽全局、协调各方的党的领导制度体系，是党的二十大提出的战略任务。有必要采取有力有效措施，建立健全坚持和加强党的全面领导的制度体系。

一是制定党的领导基本规范。关于党的领导基本规范，究竟是制定政党法，还是制定党的领导基本法规，学界存在两种截然不同的观点。一种观点认为，我国应当制定政党法，因为宪法有关政党活动的规定比较原则，需用政党法将其具体化；在全面依法治国背景下，对党的领导和执政行为进行规范化调整，有助于指引党的领导和执政行为。另一种观点认为，我国不宜制定政党法，而应制定党的领导基本法规。因为党在经济社会发展中发挥总揽全局、协调各方的领导核心作用，如果不坚持依规治党、将党的领导活动纳入党内法规轨道，就不可能实现经济社会发展活动的法治化；以国家法律的形式来为一个政党制定行为规范，无论是在理论上还是在现实中都存在一些问题，应尽快用党章和党内基本法规来完成这一任务，党章解决依宪行使领导的原则和基本规则问题，有关党内法规解决依宪依法领导的具体规则问题。① 笔者倾向于后一种观点。主要理由如下：（1）根据《中国共产党党内法规制定条例》第四条第二项的规定，党的领导和党的建设的体制机制、标准要求和方式方法，制定党内法规。党的领导基本规范主要调整的是党的领导的体制机制、标准要求和方式方法问题，理应用党内法规予以调整。根据立法法，立法主要调整国家事务和社会事务，而部分法律对政党活动作出原则规定，主要是确认党的领导地位，明确党的工作机构和职责权限，旨在党和国家之间搭建桥梁，通过法律将党的领导延伸到国家和社会。（2）党的领导基本规范属于党管党治党、依规治党的范畴，应采取党内法规的形式。（3）中国共产党是我国的领导党，对包括全国人大及其常委会在内的国家机关、社会组织进行领导。在这种党政关系下，立法机关不宜对党的领导进行规范。（4）党的领导遵循特定的领导规律，在领导体制、主体、对象、内容、标准、程序和方式等方面具有特殊性。立法机关并不掌握

---

① 转引自欧爱民、向嘉晨《党的领导法治化的复合模式及其实施路径》，《吉首大学学报》（社会科学版）2020 年第 2 期。

相关情况，难以作出全面准确判断。

建议制定《中国共产党领导准则》，作为党的领导基本法规。之所以用准则命名党的领导基本法规，主要原因是：党领导某一领域重要关系或者某一方面重要工作，主要用条例来调整，比如《中国共产党宣传工作条例》《中国共产党组织工作条例》《中国共产党政法工作条例》。显然，基本法规的位阶应当高于条例。按照《中国共产党党内法规制定条例》的规定，准则对全党政治生活、组织生活和全体党员行为作出基本规定，一般由党的中央委员会全体会议通过，其地位高于条例，仅次于党章。因而用准则来命名是适当的，能够涵摄党领导各领域、各方面工作的条例。建议《准则》以党的领导制度化法治化总体性文件为基础，总结党的领导制度化法治化经验，在系统整合现有党的领导法规基础上，规定党的领导的指导思想、基本原则、领导体制、主要内容、程序方式、制度机制和监督保障等内容，对党领导经济、政治、文化、社会、生态文明建设等各领域、各方面工作作出原则规定，为建立健全总揽全局、协调各方的党的领导制度体系提供基本遵循。

二是制定和完善党的领导专门法规制度。2023 年 3 月中共中央印发的《中央党内法规制定工作规划纲要（2023—2027 年）》，对未来五年党内法规制定工作进行部署，其中涉及党的领导专门法规主要包括：完善党内政治生活相关制度，健全党中央总揽全局、协调各方的制度，健全中央政治局及其常务委员会决策制度，健全党中央在领导推进中国特色社会主义事业中把方向、谋大局、定政策、促改革的制度，完善党中央对各级各类组织设立和运行的领导制度，完善中央一级党组织向党中央请示报告工作的制度，完善中央一级党组织确保党的理论和路线方针政策在本机关本系统本领域全面贯彻落实的制度，健全领导本地区本部门本系统全面从严治党工作的制度，完善党领导人大、政府、政协、监察机关、审判机关、检察机关、武装力量、人民团体、企事业单位、基层群众性自治组织、社会组织等制度，完善党领导群团工作的制度，健全党领导经济社会发展各方面重要工作的制度，健全党领导全面深化改革工作、全面依法治国工作、民族工作、宗教工作、教育工作、科技工作、社会主义精神文明建设工作、网络安全和信息化工作、生态文明建设等方面的制度，完善中国共产党领导的多党合作和政治协商制度，健全党际交往制度，制定《贯彻落实党中央重大决策部署条例》《中国共产党领导外事工作条例》《党中央决策议事协调机构工作条例》《新区、开发区、高新区党的工作委员会工作规定》《中国共产党思想政治工作条例》《党委（党组）重大决策程序规定》，修订《中国共产党地方委员会工作条例》等。① 建议以规划纲要有关部署为指南，有序推进党的领导专门法规制度制定工作，把党的领导落实到国家治理各领域各方面各环节，不断提高党的领导制度化规范化程序化水平。

三是完善相关党内法规和国家法律。在党内法规方面，按照《中央党内法规制定工作规划纲要（2023—2027 年）》的规定，制定《规范地方党委政策性文件制定工作规定》，推动地方党委文件精简数量、提高质量、改进文风；深入推进机构编制制度化法定化，巩固党和国家机构改革成果；健全党的职能部门统一归口协调管理的制度，从机构职能上解决好党对一切工作领导的体制机制问题；制定《党委（党组）落实统战工作责任制规定》，把党委（党组）统战工作主体责任落到实处；研究制定《健全落实新形势下维护社会稳定责任制规定》，构建党政同责、一岗双责、齐抓共管的风险防控责任体系。② 在国家法律方面，按照中央要求，贯彻落实宪法规定，制定和修改有关法律法规要明确规定党领导相关工作的法律地位。将坚持党的全面领导的要求载入人大、政府、法院、检察院的组织法，载入政协、民主党派、工商联、人民团体、国有企业、高等学校、有关社会组织等的章程，健全党对这些组织实施领导的制度规定，确保其始终在党的领导

---

① 中共中央印发《中央党内法规制定工作规划纲要（2023—2027 年）》_ 中央有关文件_ 中国政府网 http：//www. gov. cn/zhengce/2023－04/18/content_ 5752088. htm。
② 中共中央印发《中央党内法规制定工作规划纲要（2023—2027 年）》_ 中央有关文件_ 中国政府网 http：//www. gov. cn/zhengce/2023－04/18/content_ 5752088. htm。

下积极主动、独立负责、协调一致地开展工作。①

　　四是健全配套法规制度。有关地方和部门要按照中央党内法规和国家法律的要求，及时制定配套法规制度，确保党的领导落实到位。比如，严格落实《关于新形势下党内政治生活的若干准则》，完善党内政治生活相关制度，巩固和加强党的团结统一；制定推动《中国共产党中央委员会工作条例》贯彻落实的配套制度，坚定维护党中央权威和集中统一领导。②

　　第三，建立健全党的领导制度化法治化的制度机制。按照《中央党内法规制定工作规划纲要（2023—2027年）》的规定，完善推动党的全国代表大会重大决策部署贯彻落实的工作机制，健全党中央领导实施重大战略的体制机制，推动重大决策部署落地见效。完善党中央重大决策部署的任务分工、督办落实、定期报告、检查通报、跟踪问效、监督问责等全链条工作机制，确保党中央政令畅通、令行禁止。健全地方党委对同级人大常委会、政府、政协、法院、检察院党组实施领导的体制机制，加强地方党委对本地区经济社会发展和党的建设的领导；健全党员领导干部思想淬炼、政治历练、实践锻炼、专业训练的制度机制，提高领导现代化建设、统筹发展和安全能力，增强推动高质量发展本领、服务群众本领、防范化解风险本领。③

　　此外，建议建立完善以下三项制度机制：一是立规立法机制。这是推进党的领导制度化法治化的关键环节。建议完善《中国共产党党内法规制定条例》，明确哪些党内法规需要对党的领导体制、主要内容、程序方式和保障措施作出规定，在党内法规中更好贯彻党的政策主张。适时完善立法法、《行政法规制定程序条例》和《规章制定程序条例》，总结提炼党的领导入法入规一般规律，明确哪些法律需要

----

　　①　（受权发布）中共中央关于加强党的政治建设的意见_ 机关党建网　https：//www. spp. gov. cn/dj/zyjs/201902/t20190227_ 409711. shtml。

　　②　中共中央印发《中央党内法规制定工作规划纲要（2023—2027年）》_ 中央有关文件_ 中国政府网　http：//www. gov. cn/zhengce/2023－04/18/content_ 5752088. htm。

　　③　中共中央印发《中央党内法规制定工作规划纲要（2023—2027年）》_ 中央有关文件_ 中国政府网　http：//www. gov. cn/zhengce/2023－04/18/content_ 5752088. htm。

写入党的领导，写入党的领导的条件是什么，写到什么程度，把党的领导贯穿立法工作全过程和各方面。二是法律法规转化机制。明确法律法规转化的原则、条件、主体、对象、程序和方式，发挥中央办公厅、立法机关党组在党的决策转化中的关键作用，及时将党在经济、政治、文化、社会、生态文明建设等方面的决策部署转化为法律法规。三是沟通协调机制。党的法规工作机构和国家法制机构沟通顺畅，是推进党的领导制度化法治化的基本要求。建议建立党的法规工作机构和国家法制机构之间人员轮岗、定期交流、交叉参与起草、互相征求意见等制度，破解"两张皮"问题，为推进党的领导制度化法治化创造有利条件。

第四，建立健全保证党正确领导的制度机制。一是前置审核制度。《党政机关公文处理工作条例》规定了前置审核制度①，目的是在重要公文文稿审议前，对其进行合法性、合规性、合理性审核，最大程度消除文稿中的原则性错误，提高公文制定质量，但《条例》未明确审核标准。实践中这项规定未得到有效落实。党的法规文件合宪合法，是党遵守在宪法和法律范围内活动原则的应有之义。2023年3月中共中央印发的《中央党内法规制定工作规划纲要（2023—2027年)》，已将《条例》修改列入其中。建议在《条例》修改时，确定重要文稿的范围，并将合法性、合规性、合理性确定为审查标准，发现存在合法性问题的文稿，退起草单位修改完善，确保有关法规文件合法合规合理。

二是不一致说明制度。多数情况下，党提出与宪法法律不一致的方针政策，是党实施政治领导的体现。但也有个别情况，因为疏忽而在法规文件中出现违法违规问题。建议建立不一致说明制度。制定机关在起草法规文件时，慎重出台突破宪法法律规定的政策举措，确需突破宪法法律规定的，应当经过充分论证，并作专门说明。这样做，

---

① 《党政机关公文处理工作条例》第二十条第二款规定，需要发文机关审议的重要公文文稿，审议前由发文机关办公厅（室）进行初核。

可以在很大程度上消除法规文件中的违法违规问题，也有助于制定机关必要时提出宪法解释、法律解释或宪法修改、法律修改建议，及时将有关规定通过法定程序上升为国家意志，维护宪法法律权威。

三是衔接联动机制。《中国共产党党内法规和规范性文件备案审查规定》第四条第三款规定，各级党委应当与同级人大常委会、政府等有关方面建立健全备案审查衔接联动机制。这对于形成备案审查合力，提高法规、规章和规范性文件质量，维护社会主义法制统一和尊严具有重要意义。但这一机制仅适用于备案审查工作，法规、规章、规范性文件制定、实施、解释、清理、评估等工作中遇到相关问题时，无法通过这一机制得到解决。建议扩大备案审查衔接联动机制的适用范围，规定党内法规、党内规范性文件在制定、实施、解释、清理、评估等工作中遇到合法性问题时，移送全国人大常委会征求意见，保证法规文件合法合规。

四是公民权利受到党政联合发文侵犯的司法救济制度。一般说来，党政联合发文不能直接规范公民行为，如果有关规定触及公民权利，需要通过法定程序上升为法律法规。实践中，有的党政联合发文直接规范公民行为，个别文件甚至对公民权利造成损害。建议从维护公民权利的角度出发，赋予公民向司法机关提起诉讼的权利，如果有关规定属于党组织的职权范围，暂停案件审理，由司法机关通过特定程序，就有关规定的合法性征求发文机关意见，并按照发文机关的意见作出裁决，同时提出将有关规定法律化的司法建议；如果有关规定属于行政机关的职权范围，司法机关可依照行政诉讼法对其合法性进行审查，并根据审查结果作出裁决。

第二章　形成完善的党内法规体系研究

2021 年 7 月 1 日，习近平总书记在庆祝中国共产党成立 100 周年大会上宣布，我们坚持依规治党、形成比较完善的党内法规体系。这是人类法治史上前所未有的创举，是党的制度建设史上的重要里程碑，标志着党内法规建设迈入高质量发展新阶段①。同时也要清醒看到，这同党的十八届四中全会提出的"形成完善的党内法规体系"目标相比，还有不少差距。

当前，我国正处于全面建成社会主义现代化强国、实现第二个百年奋斗目标的关键发展阶段，我们党肩负着实现中华民族伟大复兴的历史重任。党的二十大提出，全面建设社会主义现代化国家、全面推进中华民族伟大复兴，关键在党。必须适应新形势新任务要求，始终坚持制度治党、依规治党，加快形成完善的党内法规体系，为党团结带领全国人民实现中华民族伟大复兴的中国梦提供更加坚强有力的制度保障。本章拟围绕党内法规体系的形成过程、建设经验、主要问题和改进路径，作一初步探讨。

第一节　党内法规体系建设的百年历程

党内法规是无产阶级政党的天然基因，与中国共产党相生相伴，

---

① 中共中央办公厅法规局：《中国共产党党内法规体系》（2021 年 7 月），人民出版社 2021 年版，第 1 页。

经过 100 年的持续努力，终于形成比较完善的党内法规体系。这个过程大体可分为萌芽、探索、初创、形成四个阶段。

一　萌芽阶段：从中国共产党成立到新中国成立

1921 年 8 月 3 日，中国共产党第一次全国代表大会通过党的第一个党内法规《中国共产党第一个纲领》，宣告中国共产党诞生，规定党的组织，严明党的纪律。此后我们党制定发布了一系列党内法规，在管党治党、维护党的团结统一等方面发挥了不可或缺的独特重要作用。

1938 年 11 月 6 日，党的六届六中全会通过《关于中央委员会工作规则与纪律的决定》《关于各级党委暂行组织机构的决定》《关于各级党部工作规则与纪律的决定》三个党内法规，规定了党的中央组织、地方组织、地方组织工作部门的产生、组成、职责和工作规则、工作方式、工作纪律，以及党员和党组织、党组织和党组织之间的关系，初步搭建起党的组织法规体系框架。这是党内法规体系建设的滥觞。

从总体上看，受制于社会历史条件，这个时期党主要依靠适应性、灵活性更强的政策文件，而不是内容科学、程序严密的党内法规来处理党内事务；党的建设基本范畴是思想建设、组织建设、作风建设，对制度建设尤其是党内法规建设还不够重视[①]；党内法规较少，据粗略统计，1921—1949 年约 40 部，年均仅 1 部多[②]，构建党内法规体系的必要性不大，未提出党内法规体系思想。

二　探索阶段：从中华人民共和国成立到党的十一届三中全会召开

中华人民共和国成立初期，少数党员干部革命意志衰退、个人主义膨胀，官僚主义、命令主义作风严重，个别人甚至以权谋私、腐化

---

① 江金权：《坚持制度治党依规治党》，《时事报告》2016 年第 4 期。
② 宋功德：《党内法规的百年演进与治理之道》，《中国法学》2021 年第 5 期。

堕落。党的领导人强调加强纪律、监察等制度建设，健全党的监督体系。为此中共中央先后发布《关于实行精兵简政、增产节约、反对贪污、反对浪费和反对官僚主义的决定》《关于"三反"斗争有关问题的指示》《关于反对官僚主义、反对命令主义、反对违法乱纪的指示》等成龙配套的法规制度，整治堕落颓废、官僚主义、贪污腐化等行为取得明显成效。①

为适应新形势新任务的需要，党出台了一系列规范党和国家关系的党内法规。1949年10月30日，中央宣传部和新华社总社印发《关于中央人民政府成立后宣传工作中应注意事项的请示》，要求改变过去以中国共产党名义向人民发布行政性质的决定、决议和通知的做法，"凡属政府职权范围者应由中央人民政府讨论决定，由政府明令颁布实施"。为保证党对中央政府的领导，1949年11月，中央政治局审议通过《关于在中央人民政府内组织中国共产党党委会的决定》和《关于在中央人民政府内建立中国共产党党组的决定》，加强党对政府工作的领导，塑造了我国党政关系的基本格局。1953年3月，中共中央发布《关于加强中央人民政府系统各部门向中央请示报告制度及加强中央对于政府工作领导的决定》，进一步强化了党对政府工作的领导。为保证党对政法工作的领导，建立有关案件的党内审批制度。为加强党对国营企业的领导，建立国营企业党委领导下的厂长负责制。为加强党对农业合作化的组织指导，中共中央作出《关于建立农村工作部的决定》。② 1956年9月，党的八大通过党章，强调党必须充分发挥国家机关的作用，使国家机关能够相对独立地、负责地开展工作。上述举措，搭建起较为完备的党领导国家政权机关的法规制度体系。

但此后不久，党的指导思想出现"左"的偏差，社会主义建设进程遭受严重挫折，党内法规建设陷于停顿。党的九大和十大通过的党

---

① 本书编写组：《中国共产党党内法规制度建设历程研究》，法律出版社2021年版，第247—248页。

② 本书编写组：《中国共产党党内法规制度建设历程研究》，法律出版社2021年版，第236—240页。

章反映了党在社会主义建设进程中遭受的严重挫折，是党章史上的严重倒退。

这段时期，党适应形势任务的需要，对党内法规体系建设作了有益探索。但党内法规建设未受到应有的重视，党内法规数量不多。据粗略统计，1949—1978 年约 30 部，年均 1 部。① 中华人民共和国成立初期党内法规体系建设的探索之旅刚刚起步便戛然而止。

三　初创阶段：从党的十一届三中全会到党的十八大

改革开放后，汲取"文化大革命"的惨痛教训，以邓小平同志为代表的中国共产党人深刻认识到，在执政条件下，党面临的许多问题涉及体制制度问题，单靠意识形态灌输和思想道德教育难以解决，因此强调制度治党，逐渐产生党内法规体系思想。

1978 年 12 月，邓小平在中央工作会议上提出："国要有国法，党要有党规党法。党章是最根本的党规党法。没有党规党法，国法就很难保障。"② 首次将党内法规与国家法律摆在同等重要位置。党的十一届三中全会强调，健全党的民主集中制，健全党规党法，为新时期党内法规建设指明了方向。1980 年 8 月，邓小平在中央政治局扩大会议上指出，制度问题更带有根本性、全局性、稳定性和长期性，要求健全党的领导、组织和监督等制度。③ 1986 年 9 月，党的十二届六中全会通过《中共中央关于社会主义精神文明建设指导方针的决议》，强调"建设好党的作风，思想教育很重要，制度建设也很重要"，首次在思想建设、组织建设、作风建设之外，提出制度建设的主张，将制度建设纳入党的建设总体布局。1987 年 10 月党的十三大提出，"在新的历史条件下，在党的建设上走出一条不搞政治运动，而靠改革和制度建设的新路子"。1990 年 7 月，中共中央印发被称为党内"立法法"的《中国共产党党内法规制定程序暂行条例》，首次提出编制中

---

① 宋功德：《党内法规的百年演进与治理之道》，《中国法学》2021 年第 5 期。
② 《邓小平文选》第 2 卷，人民出版社 1983 年版，第 147 页。
③ 《邓小平文选》第 2 卷，人民出版社 1983 年版，第 333 页。

央党内法规制定工作规划计划，为统筹推进党内法规建设提供了法规依据。1992 年年初邓小平在南方谈话中提出，希望经过三十年的努力，在各方面形成一整套更加成熟、更加定型的制度。① 这一重要论述蕴含党内法规体系思想。

江泽民继承了邓小平的体系建设思想，2000 年 5 月他强调："对党内已经确立的制度要严格执行，同时要根据实践的发展，不断健全各项制度，形成一套从严治党的制度机制。"② 2006 年 1 月 6 日，为进一步推进党风廉政建设和反腐败工作制度化规范化，胡锦涛在十六届中央纪委六次全会上首次提出，加强以党章为核心的党内法规制度体系建设。③ 同年 6 月 29 日，中央政治局总结全党保持共产党员先进性教育活动的理论和实践经验，提出"逐步建立健全以党章为核心的党内制度体系"。④

按照党中央决策部署，党的制度建设有序推进，党内法规大量涌现。据粗略统计，1978—1989 年约 20 部，年均不到 2 部；1989—2002 年约 50 部，年均近 4 部；2002—2012 年约 80 部，年均达 8 部。⑤ 由于党内法规越来越多，保证党内法规之间的协调一致就成为一个紧迫课题。2012 年 5 月 26 日，中共中央修订《中国共产党党内法规制定程序暂行条例》，将此条例更名为《中国共产党党内法规制定条例》，首次提出"逐步构建内容协调、程序严密、配套完备、有效管用的党内法规制度体系"的目标任务，以解决党内法规制定工作中叠床架屋、冲突矛盾等问题。与此同时，党在局部领域开展党内法规体系建设探索。2000 年 6 月，中央办公厅印发《深化干部人事制度改革纲要》，提出今后 10 年干部人事制度改革的基本目标和方针原则。党的十七大后，中共中央先后印发党政领导班子、后备干部队

---

① 《邓小平文选》第 3 卷，人民出版社 1993 年版，第 372 页。
② 《江泽民文选》第 3 卷，人民出版社 2006 年版，第 29 页。
③ 《十六大以来重要文献选编》（下），中央文献出版社 2011 年版，第 181 页。
④ 新华社：《建立以党章为核心的制度体系》，https：//news. sina. com. cn/o/2006 - 06 - 30/07239336414s. shtml。
⑤ 宋功德：《党内法规的百年演进与治理之道》，《中国法学》2021 年第 5 期。

伍、干部人事制度改革、干部教育培训改革、国家人才发展等 6 个中长期规划，对未来 5 到 10 年相关领域需要出台的法规文件进行部署安排。从 2005 年公务员法颁布到 2011 年，中共中央、国务院及中央组织部等有关部门为贯彻实施公务员法，制定《公务员范围规定》《公务员登记实施办法》《公务员职务与级别管理规定》等 20 多个配套法规，形成了以公务员法为核心的中国特色公务员法律法规体系。①2005 年、2008 年，中共中央先后印发《建立健全教育、制度、监督并重的惩治和预防腐败体系实施纲要》《建立健全惩治和预防腐败体系 2008—2012 年工作规划》，统筹安排反腐倡廉建设法规制定工作。2009 年以来，中央办公厅每年编制中央文件发文计划，内含党内法规年度制定项目。

四　形成阶段：从党的十八大到中国共产党成立 100 周年

党的十八大以来，以习近平同志为核心的党中央坚持全面从严治党、依规治党，全方位推进党内法规体系建设。

习近平总书记高度重视党内法规建设，对推动形成党内法规体系作出一系列重要论述。主要有：要举全党之力，推动形成内容协调、程序严密、配套完备、有效管用的中国特色党内法规制度体系；要构建以党章为根本、若干配套党内法规为支撑的党内法规制度体系；全面从严治党必须坚持思想建党和制度治党相结合，全方位扎紧制度笼子；要尽快形成立体式、全方位的厉行节约反对浪费制度体系；要建立严格、完善的作风建设法规制度体系；要加强反腐倡廉党内法规制度建设，尽快形成内容科学、程序严密、配套完备、有效管用的反腐败制度体系；要以改革创新精神加快补齐党建方面的法规制度短板，力争到建党 100 周年时形成比较完善的党内法规制度体系。② 习近平

---

①　中共中央组织部编：《中国共产党组织建设一百年》，党建读物出版社 2021 年版，第 407—409 页。

②　转引自中共中央办公厅法规局编著《中国共产党党内法规制定条例及相关规定释义》，法律出版社 2020 年版，第 53 页。

总书记的上述重要思想和指示要求，为新时代加快形成比较完善的党内法规体系指明了前进方向、提供了基本遵循。

党中央加强统筹谋划，对党内法规体系建设作出一系列安排部署。2013 年 11 月，中共中央印发《中央党内法规制定工作五年规划纲要（2013—2017 年）》，这是党的历史上第一个党内法规制定工作五年规划，强调加快构建党内法规制度体系，首次提出到建党 100 周年时，全面建成内容科学、程序严密、配套完备、运行有效的党内法规制度体系。与规划纲要相衔接，从 2014 年开始，中央办公厅单独编制中央党内法规制定工作年度计划。2014 年 10 月，党的十八届四中全会把党内法规纳入中国特色社会主义法治体系，首次提出形成完善的党内法规体系这一战略任务。2016 年 12 月，中共中央印发《关于加强党内法规制度建设的意见》，对新形势下党内法规制度建设进行顶层设计，首次提出党内法规制度体系"1 + 4"基本框架，明确"力争到建党 100 周年时形成比较完善的党内法规制度体系"。2017年 10 月党的十九大提出，加快形成覆盖党的领导和党的建设各方面的党内法规制度体系。2018 年 2 月，中共中央印发《中央党内法规制定工作第二个五年规划（2018—2022 年）》，着眼于到建党 100 周年时形成比较完善的党内法规制度体系，进一步明确党内法规制度体系建设的任务书、时间表、路线图。2019 年 9 月修订的《中国共产党党内法规制定条例》提出，"形成完善的党内法规体系，推进依规治党"。同年 10 月，党的十九届四中全会对健全总揽全局、协调各方的党的领导制度体系作出部署，对加快形成完善的党内法规体系作出安排。2020 年 11 月，中央全面依法治国工作会议重申，建设中国特色社会主义法治体系，形成完善的党内法规体系。上述规划部署，有力推动了党内法规体系建设。

在党中央的坚强领导下，各地区各部门通力协作，法规工作制度机制不断健全，党内法规体系建设加速推进。一是 2012—2014 年、2018—2019 年，中央先后两次部署开展党内法规和规范性文件集中清理，在中央层面决定废止、宣布失效和修改 865 件法规文件，一揽子解决党内法规制度存在的不适应、不衔接、不协调、不一致问题，为形成党内法规体系创造了有利条件。二是 2012 年 6 月中央办公厅印发《中国共产党党内法规和规范性文件备案规定》，要求中央、省、市、县 4 级党委逐级开展备案审查。党的十八大以来，共审查地方和部门向党中央报备的党内法规和规范性文件 3.2 万件、发现和处理"问题文件" 1400 余件，有力促进了党内法规体系和谐统一。① 三是党的十八大以来，中央书记处研究讨论重要中央党内法规草案，每年听取中央办公厅的党内法规工作情况报告，对党内法规工作中的重要事项作出部署安排。四是 2015 年 7 月，根据党中央要求，中央书记处建立由中央办公厅牵头，中央纪委机关、中央组织部等 13 家成员单位参加的中央党内法规工作联席会议制度，搭建跨部门会商协作机制，统筹推进党内法规体系建设。五是 2015 年 7 月，中央办公厅印发党内第一部关于党内法规解释的规定，促进党内法规统一正确实施。六是 2019 年 9 月，中共中央印发修订后的《中国共产党党内法规制定条例》《中国共产党党内法规和规范性文件备案审查规定》以及新制定的《中国共产党党内法规执行责任制规定（试行）》，连同此前印发的清理、解释等法规文件，对党内法规工作进行全链条制度规范，为推进党内法规体系建设提供了有力制度支撑。

适应新时代党的领导和党的建设需要，制定机关密集出台一大批标志性、关键性、引领性党内法规。为促进党章与时俱进，党的十九大修改党章，将习近平新时代中国特色社会主义思想确立为全党指导思想，确认党的十八大以来有关管党治党、治国理政的重大理论观点和重大战略思想。为坚持和加强党的全面领导，强化"两个维护"制度保障，制定修订《中共中央政治局关于加强和维护党中央集中统一领导的若干规定》《中国共产党中央委员会工作条例》《中国共产党地方委员会工作条例》《中国共产党党和国家机关基层组织工作条

---

① 中共中央办公厅法规局：《中国共产党党内法规体系》（2021 年 7 月），人民出版社 2021 年版，第 21 页。

例》《中国共产党党组工作条例》《中国共产党重大事项请示报告条例》等党内法规。为加强全方位监督管理，健全正向激励机制，制定修订关于干部选拔任用、教育管理、纪律处分、考核、问责等一系列党内法规。为改进党风政风，相继出台中央八项规定、党政机关厉行节约反对浪费条例以及经费管理、国内差旅、因公出国（境）、公务用车、会议活动、办公用房等方面50多个配套法规制度。为党领导各方面工作提供制度保障，制定发布党中央领导经济工作规定、领导国家安全工作条例、统一战线工作条例、政法工作条例、机构编制工作条例、宣传工作条例、农村工作条例以及党政领导干部生态环境损害责任追究办法、地方党政领导干部食品安全责任制规定、地方党政领导干部安全生产责任制规定等法规制度。据统计，2012—2021年十年间，党中央共制定修订中央党内法规147部，年均约15部，占现行有效中央党内法规70%①，制定力度之大、推进速度之快前所未有，为形成比较完善的党内法规体系搭建起四梁八柱；中央纪委和党中央工作机关出台100部部委党内法规，占现行有效部委党内法规61%，为加强党的各方面工作提供重要遵循；省区市党委出台2184部地方党内法规，占现行有效地方党内法规67%，推动党中央决策部署在本地区贯彻落实。②

截至2021年7月1日，全党现行有效党内法规共3615部。其中，党中央制定的中央党内法规211部，中央纪委以及党中央工作机关制定的部委党内法规163部，省、自治区、直辖市党委制定的地方党内法规3241部③，以党章为根本，以民主集中制为核心，以准则、条例等中央党内法规为主干，以部委党内法规、地方党内法规为重要组成部分，由各领域各层级党内法规组成，覆盖党的领导和党的建设各方

---

① 中共中央办公厅法规局：《中国共产党党内法规体系》（2021年7月），人民出版社2021年版，第19页。

② 中共中央办公厅法规局：《中国共产党党内法规体系》（2021年7月），人民出版社2021年版，第19页。

③ 中共中央办公厅法规局：《中国共产党党内法规体系》（2021年7月），人民出版社2021年版，第2页。

面，内容科学、程序严密、配套完备、运行有效的党内法规体系基本形成，党内生活主要方面基本实现有规可依、有章可循。

五 扼要评述

形成比较完善的党内法规体系，是党历经百年艰辛探索取得的重大制度成果。它唤醒并增强了广大党员群众的党内法规意识，催生出一大批基础主干法规、配套法规制度，促进党内法规制定质量不断提高，带动备案审查、解释、清理等工作机制不断完善，推动党内法规工作体系不断健全，标志着党的制度建设实现了历史性跨越、取得了历史性成就。

形成比较完善的党内法规体系，是继 2010 年形成中国特色社会主义法律体系后，党的领导制度化法治化取得的又一重大成就，弥补了中国特色社会主义法治体系建设的一大短板，标志着中国特色社会主义法治体系党规国法双轮驱动格局正式形成，全面依法治国迈入新阶段。

形成比较完善的党内法规体系，表明党执政治国所依托的制度更加成熟定型，这不仅有助于加强和改进党对各方面工作的领导，提高党的执政能力和水平，而且有助于强化依规治党法规制度，织密织牢制度笼子，不断推动全面从严治党向纵深发展。

形成比较完善的党内法规体系，这在全球约 6000 个政党中独树一帜，中国共产党党内法规的规模之宏大、内容之丰富、体系之严密、地位和作用之突出，可谓独领风骚，拓宽了政党政治的理论边界，丰富了政党治理的实践模式，彰显出中国共产党作为世界上最大执政党具有的大党气派、大党智慧、大党治理之道，是理解"中国之治"的一把钥匙，为世界政党治理贡献了中国智慧和中国方案。

第二节 党内法规体系建设的基本经验

党内法规体系百年建设史，积累了丰富经验。归结起来，主要有以下八个方面：

一是坚持党的领导。这是形成党内法规体系的根本保证。坚持党的领导是马克思主义政党的本质特征。党内法规建设，第一位要求就是坚持和加强党的全面领导，增强"四个意识"、坚定"四个自信"、做到"两个维护"。党的十八大以来，党内法规制定工作认真落实中央部署和要求，确保了党内法规体系建设的正确方向。完善党内法规体系，必须始终坚持以习近平新时代中国特色社会主义思想为指导，把习近平总书记关于制度治党、依规治党的思想贯彻到党内法规制定工作全过程，始终坚持党中央集中统一领导，把党中央决策部署贯彻到党内法规制度安排各方面，夯实"两个维护"法规制度，使每一项制度、每一部法规都经得起政治检验、实践检验和历史检验。

二是坚持顶层设计。这是形成党内法规体系的关键之举。随着党内法规建设深入推进，党内法规制定主体越来越多，推进速度越来越快，法规数量越来越大，不同党内法规边界不清、叠床架屋、相互掣肘、冲突打架等问题日益突出，维护党内法规协调统一的需要日益紧迫。唯物辩证法认为，世界是普遍联系的，联系的表现，就是不同方面、不同领域、不同层次大大小小的系统。党内法规建设不能头痛医头、脚痛医脚，也不能打补丁式的修修补补，而是要运用系统论的方法，以战略思维、全局视野，统筹考虑各方面、各层次、各要素，科学设计党内法规建设的总体思路、主要方向、重点任务，有计划、分步骤地组织实施。2013 年、2018 年，党中央先后两次编制中央党内法规制定工作五年规划，确立一段时期内党内法规建设的原则、任务和要求，为形成党内法规体系指明了努力方向，发挥了关键作用。完善党内法规体系，必须加强顶层设计，做好战略谋划，坚持近期目标与中远期目标相结合，有计划、按步骤、分阶段统筹推进党内法规制定工作，保证党内法规体系建设全链条环环紧扣、无缝衔接，同时发力、同向发力、综合发力。

三是坚持以党章为根本遵循。这是形成党内法规体系的根本依据。党章是党的根本大法，集中体现党的性质和宗旨、党的理论和路线方针政策、党的重要主张，规定党的重要制度和体制机制①，在党内具有最高权威性和最大约束力，是全党必须遵守的总章程和总规矩。它是所有党内法规的源头，是制定其他党内法规的基础和依据②，在党内法规体系中居于统领地位，搭建了党内法规体系的基本框架。简言之，党章在促进党内法规建设协调发展的同时，也推动了党内法规建设的体系化进程。改革开放以来，党的全国代表大会先后9次修改完善党章，推动党章与时俱进，为形成党内法规体系注入强大动力。习近平总书记指出，建立健全党内制度体系，要以党章为根本依据。③ 完善党内法规体系，必须以党章为根本遵循，尊崇党章、遵守党章、贯彻党章、维护党章，根据党章制定其他党内法规，不断细化和落实党章的规定和要求，为形成以党章为核心的党内法规体系提供有力制度保证。

四是坚持以民主集中制为核心。这是贯穿党内法规体系的核心要义。民主集中制是党的根本组织原则，也是党的根本组织制度和领导制度，规范党与国家权力机关、行政机关、司法机关和人民团体的关系，规范党员与党员、党员与组织、下级组织与上级组织、全党与中央的关系，贯穿于党的组织和活动各方面，体现在党的路线方针政策制定实施全过程。党内各项制度，包括领导制度、组织制度、生活制度、工作制度，实质上都是民主集中制原则在党的建设和党内生活中的具体体现和实际应用。党的十八大以来，党始终把贯彻民主集中制作为党内法规制定工作的基本原则，不断完善党的领导各项制度，维护党中央权威、维护党的团结统一。完善党内法规体系，必须坚持以民主集中制为核心，把民主集中制的精神和要求贯彻到党内法规制定工作的方方面面，健全民主集中制各项制度，使党的领导各方面关系

---

① 习近平：《认真学习党章 严格遵守党章》（2012 年 11 月 16 日），http：//www. gov. cn/ldhd/2012 – 11/19/content_ 2269862. htm。

② 中共中央办公厅法规局：《中国共产党党内法规体系》（2021 年 7 月），人民出版社 2021 年版，第 25 页。

③ 习近平：《认真学习党章 严格遵守党章》（2012 年 11 月 16 日），http：//www. gov. cn/ldhd/2012 – 11/19/content_ 2269862. htm。

制度化、规范化、科学化，为形成系统完备、协调统一的党内法规体系固本强基、铸魂塑形。

五是坚持问题导向和目标导向并重。这是形成党内法规体系的基本要求。党内法规体系建设的出发点和落脚点，就是解决和应对党的建设面临的各种问题。坚持问题导向和目标导向，有助于提高党内法规制定质量，提升党内法规制定效率，增强体系建设的针对性和实效性。党内法规建设百年史，就是回应党在领导革命、建设、改革进程中遇到的各种问题的历史。党的十八大以来，党内法规建设紧紧围绕统筹推进"五位一体"总体布局和协调推进"四个全面"战略布局，坚持从新时代党管党治党、治国理政实际出发，推动党的领导全面加强，全面从严治党取得重大成果，党的执政能力和领导水平显著提高。完善党内法规体系，必须立足党的建设实际，紧扣当前党的建设突出问题，着眼党内法规体系建设目标，加快出台党的建设亟需、社会反映强烈、制定条件成熟的党内法规，着力解决党的建设中普遍存在的深层次矛盾和问题，做到党的领导和党的建设涉及什么领域、进行到什么程度，党内法规建设就跟进到什么领域、发展到什么程度，确保党始终走在时代前列，始终成为中国特色社会主义事业的坚强领导核心。

六是坚持突出重点和全面推进相结合。这是形成党内法规体系的重要方法。受制定条件、立规资源、人员素质等因素制约，党内法规制定工作不可能面面俱到、平均用力。建设党内法规体系，需要围绕党中央管党治党大政方针，按照轻重缓急、先后主次，以点带面、有序推进，重点抓好起支架作用、群众反映强烈、制定条件成熟党内法规的制定工作。党的十八大以来，针对党的建设和党的工作中存在的突出问题，我们党以严肃党内政治生活、严明政治纪律和政治规矩、从严管理干部、推进作风建设、规范权力行使、发展党内民主、加强党内监督、强化责任追究为重点，制定出台一大批党内法规，切实解决了干部群众普遍关注的热点难点问题。完善党内法规体系，必须着眼于党内法规体系建设目标，立体式、全方位推进党内法规制定工作，维护党内法规体系的协调统一，同时，以发展党内民主、规范权力行使、严明党的纪律为重点，集中资源力量，抓紧制定实践迫切需要的党内法规，推动各领域党内法规齐头并进，加快形成覆盖党的领导和党的建设各方面的党内法规体系。

七是坚持继承和创新相结合。这是形成党内法规体系的必然要求。"法与时转则治，治与世宜则有功。"在继承的基础上创新，是党内法规体系建设的一条基本规律。形成党内法规体系，基础在继承，关键在创新，不善于继承，就没有创新的基础；不善于创新，就缺乏继承的活力。继承与创新有机结合，是促进党内法规体系形成和完善的不竭动力。党的十八大以来，我们既坚持过去行之有效的制度和规定，又针对新情况新问题出台新的制度和规定，成功实现党内法规建设的与时俱进。完善党内法规体系，必须坚持继承和创新相结合，认真总结党在管党治党实践中的经验教训，继承和发扬党在长期实践中形成的制度规定和优良传统，同时坚持探索在前、实践在先，不断研究新情况、解决新问题、总结新经验，及时把党的建设和党的工作中的成功经验和规律性认识上升为党内法规，及时修改同实践要求不相适应的党内法规，使党内法规建设始终随着实践的发展而发展、随着时代的进步而进步。对于一些暂不适宜全面施行的重大制度设计，鼓励基层试点，及时总结经验，为全党全国提供可复制、可推广的制度成果。

八是坚持依法治国和依规治党有机统一。这是形成党内法规体系的重要条件。党的十八届四中全会强调，坚持依法治国和依规治党有机统一。党内法规和国家法律是辩证统一的关系。党内法规是党的政策主张的重要载体，是党和人民意志的体现，引领和影响国家法律的制定；党内法规通过法定程序上升为国家意志，是制定国家法律的一个重要源头；包括党内法规制定实施在内的党的一切活动，都必须遵守在宪法和法律的范围内活动原则，并为宪法和法律的实施提供政治保障；宪法和法律是党领导人民制定的，也是党和人民意志的体现；一些党员干部具有党员和公职人员双重身份，一些党政机构合署办公，党的思想、组织、作风、纪律建设既涉及党内法规又涉及国家法律，受党内法规和国家法律的共同调节。党内法规和国家法律衔接协调，是党内法规体系建设的内在要求。党的十八大以来，党中央建立党内法规和规范性文件备案审查衔接联动机制，先后两次开展党内法规和规范性文件集中清理，有力促进了党内法规和国家法律的衔接协调。完善党内法规体系，必须正确处理依法治国和依规治党的关系，坚持依法治国和制度治党、依规治党统筹推进、一体建设，推进党的领导制度化法治化，实现党管党治党和治国理政无缝衔接、融合贯通，努力形成党内法规和国家法律相辅相成、相互促进、相互保障的格局。

第三节　党内法规体系建设存在的主要问题

　　形成比较完善的党内法规体系，是一项彪炳史册的辉煌成就。同时也要看到，由于起步较晚、历史欠账较多等原因，党内法规体系还存在形式和内容不协调不统一、体系化程度不高等问题，与新时代党的领导和党的建设要求不相适应。主要表现在：

　　一是制定工作不平衡。长期以来，由于工作性质和工作需要的原因，中央纪委以及中央办公厅、中央组织部等部委经常制定党内法规，并依规开展工作，党的纪律建设、制度建设、组织建设等领域党内法规较为齐备，已形成比较系统的法规制度体系。而在党的领导领域，由于需要适应日新月异、千变万化的社会现实，多以规范性文件来调整，党领导经济、政治、文化、社会、生态文明建设等领域的党内法规屈指可数；党的政治建设在 2017 年党的十九大才纳入党的建设总体布局，党内法规不多；思想建设强调教育引导，一般不适合用规则严格、逻辑严密、处罚严厉的党内法规予以调整，党内法规自然也不多。上述领域体系建设相对滞后。

　　二是基础主干法规不齐全。目前，党中央已制定 3 部准则、43 部条例，涵盖党的领导和党的建设多数领域，搭建起党内法规体系的基本框架。但由于各方面原因，一些领域仍缺乏综合性、集成性的基础主干法规。比如，党领导人大、政府、群团、外事、人才等方面工作的基础主干法规尚未出台，目前这些领域的法规制度位阶普遍偏低，规定比较分散；党的民主集中制建设方面缺乏党的代表大会制度、党委集体领导制度、党内选举制度等方面的基础主干法规；党的思想建设领域缺乏思想道德准则，作风建设领域缺乏密切联系群众准则。

三是配套法规制度不健全。由于配套立规制度缺位，有关配套主体、配套内容、配套时间等问题缺乏统一规定，上下级制定机关之间缺乏沟通协调，配套法规制度与现实需要相比，仍存在较大差距。其一，配套不到位。一些中央党内法规提出明确配套要求，但有关制定机关少配套、不配套、越权配套、选择性配套，影响中央党内法规落地生效。其二，机械重复。一些地方和部门制定配套法规制度时，忽视本地区本部门实际，照搬照抄上位法规。其三，配套时间滞后。一些综合性较强的中央党内法规出台后，有关制定机关没有及时制定更为具体、更具针对性的实施细则和配套规定，无法形成上下紧密衔接的制度合力，影响了有关制度的实施。比如，2019 年 8 月 19 日《中国共产党农村工作条例》颁布实施，经查阅公开资料，条例的配套法规共 12 部，其中云南省 2019 年 12 月 27 日最早发布配套实施办法，湖南省 2020 年 11 月 1 日最晚发布，最早发布和最晚发布的时间跨度长达 10 个多月，这无疑给上位法规在全党全国的一体施行带来消极影响。此外，中央党内法规失效、修订后，部分配套法规制度未随之进行及时调整。比如，2019 年修订的《中国共产党党组工作条例》第四十五条规定："本条例自 2019 年 4 月 6 日起施行。2015 年 6 月 11 日中共中央印发的《中国共产党党组工作条例（试行）》同时废止。"但是，山东、安徽两省依据 2015 年条例制定的配套法规仍处于现行有效状态。这将严重影响党内法规运行秩序，造成中央党内法规与配套法规衔接错位，削弱中央党内法规的执行效能。[①]

---

① 以上内容参见吴涛、李冲《党内法规配套立规优化路径研究》，《党政研究》2022 年第 4 期。

　　四是制定质量有待提高。近年来，随着《中国共产党党内法规制定条例》的颁布施行，各地区各部门依规加强制定工作，党内法规制定质量大幅提高。但制定工作中仍存在一些突出问题。其一，制定程序存在瑕疵。一些地方和部门制定比较随意，论证不够全面，出台的党内法规主要是重申相关规定，"克隆"现象严重，特色和创新内容不多，针对性和实效性不强。一些地方和部门深入基层不够、征求意见不充分，闭门造规、主观臆断，提出的制度措施不接地气，可行性较差，有的带有部门主义、地方主义色彩甚至违法违规问题。其二，条款的可行性和操作性不足。一些党内法规过于原则笼统，缺乏方式、时限、步骤等方面规定，措施不够具体，标准不够明确，存在制度漏洞和盲区。一些党内法规相互脱节、缺乏衔接配合，形不成系统化的制度链条，产生不了综合效应。一些党内法规一般性规定多、一律性规定少，弹性、随意性大，比如有的党内法规规定，"情节严重"的违纪行为可适用撤销党内职务、留党察看、开除党籍处分，裁量幅度过大。一些党内法规实体性规定多、程序性保障性惩戒性规定少，提倡性、号召性规定多，义务性、强制性要求少，执行主体不清，或者执行主体缺位，致使相关制度措施缺乏约束力，变成"稻草人"。一些党内法规相互之间交叉重复、冲突打架。比如，根据《中国共产党问责条例》，问责方式按照严厉程度依次为通报、诫勉、组织调整或组织处理、纪律处分，其中纪律处分最为严厉；根据《中国共产党组织处理规定（试行）》，组织处理分为五种：停职检查、调整职务、责令辞职、免职、降职；根据《中国共产党纪律处分条例》，纪律处分有五种：警告、严重警告、撤销党内职务、留党察看、开除党籍。但是，免职、降职等组织处理对于党员干部的惩戒力度，明显高于警告、严重警告等纪律处分措施，这与《中国共产党问责条例》有关问责方式严厉程度的序列规定相矛盾。其三，一些党内法规制定技术不规范。部分党内法规使用模糊语言，如《中国共产党纪律处分条例》第四条中的"抓早抓小""治病救人"，突出党内法规政治特色，但精确性、规范性不足，不利于相关规定的贯彻执行。部分党内法规直接援引政治术语和政策用语，未作精确界定；沿袭文件表达方式，使用号召、动员、引领、指导等措辞，以及"一般""原则上"等模糊词语。

五是党内法规实施保障机制不完善。近年来，随着党内法规制定工作条例、党内法规和规范性文件备案审查规定、党内法规解释工作规定等的颁布施行，党内法规备案审查、解释、清理、实施后评估等工作机制不断健全并有效运行，推动不同领域、不同位阶、不同效力的党内法规相互衔接，党内法规的系统性、协调性、统一性明显提高。但上述工作机制仍存在一些问题，不利于党内法规体系的形成和完善。其一，备案审查。备案审查是党内监督的重要制度，是保证党内法规制度上下衔接、协调统一的基本途径。目前仅有主动审查一种方式。实际上许多问题是在党内法规执行过程中发现的。由于党组织和党员不享有党内法规生效后对有关问题提出审查建议的权利，实践中即便发现问题也求告无门。各地区各部门备案审查标准不统一问题仍然存在。2019 年修订的《中国共产党党内法规和规范性文件备案审查规定》第十一条对审查标准作了修改完善，但仍不够具体。中央办公厅法规局编著的释义对审查标准作了比较详细的解释①，但释义属于学理解释，不具有权威性。一些地方和部门的审查机构设置和人员素质能力仍不适应备案审查工作需要。其二，党内法规解释。解释是党内法规的补充和完善，是党内法规制定工作的继续和延伸，有利于促进党内法规正确实施，维护党内法规的稳定性，推动党内法规体系发展完善。2015 年《中国共产党党内法规解释工作规定》未明确两个以上部门联合制定党内法规由谁解释问题。此外，第六条第一款规定，党内法规的请示，应当逐级向解释机关提出，不得越级提出。实践中由于请示程序不畅，需要解释的问题得不到及时处理。其三，实施后评估制度。实施后评估是修改完善党内法规、实现党内法规体系高质量发展的有效途径。一些地方已开展党内法规实施后评估，并

---

① 中共中央办公厅法规局编著：《中国共产党党内法规制定条例及相关规定释义》，法律出版社 2020 年版，第 150—161 页。

积累了一些经验。但由于缺乏统一规范，各地做法不一，评估主体、对象、内容、程序、方式和步骤不统一、不规范，影响了实施后评估工作的质量和效果。

六是党内法规和国家法律衔接协调不紧密。党内法规和国家法律都是中国特色社会主义法治体系的重要组成部分。党的十八届四中全会提出，注重党内法规同国家法律的衔接和协调。受诸多主客观条件的限制，党规国法之间还存在一些衔接不够紧密、协调不够有力问题。其一，宪法法律贯彻党的领导的制度机制不健全。目前党领导立法工作主要通过国家法制机构党组、全面依法治国委员会进行，这一工作机制尚未制度化法治化。其二，党的政策主张遵守在宪法和法律范围内活动原则的制度机制不完善。比如，2021 年 5 月 31 日中央政治局审议《关于优化生育政策促进人口长期均衡发展的决定》，提出实施一对夫妻可以生育三个子女政策及配套支持措施，但如何认识三孩政策与计划生育法律制度不一致问题，如何处理决定出台后相关法律法规的修改对接问题，缺乏制度依据。其三，党规国法立改废释纂衔接机制不健全，整合程度不高，造成部分党内法规和国家法律交叉重复，一些法律未体现党的领导原则、主体、程序，一些党内法规的规定有待于转化为法律。其四，党内法规工作机构与国家法制机构之间缺乏信息、人员交流，不利于法律全面准确贯彻中央决策部署，也不利于保证党内法规制定工作在宪法和法律的范围内活动。

上述问题的存在，影响了党内法规的制定质量及其遵守执行，不利于党内法规体系建设的顺利推进。必须采取切实有效措施，加快完善党内法规体系。

第四节　完善党内法规体系的基本路径

形成比较完善的党内法规体系，是党的建设史上的重要分水岭。站在新的历史起点上，党内法规建设当务之急是厘清思路、继往开来，推动党内法规体系从比较完善走向完善。中办法规局提出，必须与时俱进、改革创新，紧紧围绕贯彻党的指导思想，坚持党的全面领导，保持党同人民群众血肉联系，全面从严治党，党和国家工作大局，坚持和完善中国特色社会主义制度、推进国家治理体系和治理能力现代化，推进中国特色社会主义法治建设，不断完善党内法规体系①，规划了今后一段时期党内法规建设的方向和路径。这里围绕形成标志、形成目标、体系构成三个问题，谈谈促进党内法规体系进一步完善的基本思路。

一　以形成标志为引领

形成标志是衡量党内法规体系完备程度的标识和基准，也是引领党内法规建设的目标方向和任务要求。

近年来，党的文件对党内法规体系的形成标志有所涉及，但始终没有形成一个明确完整的表述。

最早提及形成标志的是 2012 年 5 月中共中央印发的《中国共产党党内法规制定条例》。该条例第八条提出，逐步构建"内容协调、程序严密、配套完备、运行有效"的党内法规制度体系。2019 年修订后的条例将这一表述微调为"内容科学、程序严密、配套完备、运行有效"。从字面上看，这十六个字有两层含义：一是对党内法规制定工作提出要求，即内容科学、程序严密、运行有效；二是对体系构建提出要求，即配套完备。这显然不够全面，也不够具体，难以有效引领党内法规体系建设。中办法规局在《中国共产党党内法规制定条例及相关规定释义》中，将上述十六个字解释为：涵盖党的领导和党的建设各个领域，能够适应管党治党、执政兴国的现实需要；每个领域的基础主干法规制定齐全，每部基础主干法规的配套法规比较完备；党内法规体系内部有机统一，实体性规范、程序性规范、保障性规范相匹配；注重党内法规同国家法律的衔接和协调，党内法规体系

---

① 中共中央办公厅法规局：《中国共产党党内法规体系》（2021 年 7 月），人民出版社 2021 年版，第 39—54 页。

与国家法律体系相互协调，形成相辅相成、相互促进、相互保障的格局。① 这一解释比较全面，操作性较强，但属于学理解释，权威性不足。

2013 年 11 月，中共中央印发的《中央党内法规制定工作五年规划纲要（2013—2017 年)》，第一次提出党内法规建设工作目标，即涵盖党的建设和党的工作主要领域、适应管党治党需要，内容科学、程序严密、配套完备、运行有效，基础主干党内法规更加健全、实践亟需的党内法规及时出台、配套党内法规更加完备、各项党内法规之间协调统一，保证党内法规体系与中国特色社会主义法律体系内在统一。相对于《中国共产党党内法规制定条例》来说，上述表述更加全面、具体，但纲要没有明确工作目标就是形成标志。2018 年 2 月，中共中央印发的《中央党内法规制定工作第二个五年规划（2018—2022 年)》，在第一个五年规划基础上新增了一项要求，即坚持党内法规和规范性文件相得益彰，强调规范性文件在党内法规体系中的地位和作用，但同样没有明确形成标志。

2014 年 10 月，党的十八届四中全会从建设中国特色社会主义法治体系的高度，提出形成完善的党内法规体系。2016 年 12 月，《中共中央关于加强党内法规制度建设的意见》提出，到建党 100 周年时形成比较完善的党内法规体系。但"完善""比较完善"这两个词弹性很大、主观性很强，显然不是形成标志。恰恰相反，"完善""比较完善"的内涵需要形成标志予以细化、具体化。

综上所述，党的文件没有明确党内法规体系的形成标志，相关表述也不完整集中，这不利于人们判断党内法规体系的完备程度，不利于引领党内法规建设的发展方向。建议在相关文件中明确党内法规体系的形成标志，并作出权威概括。

根据中央有关规定，结合党内法规建设实际，党内法规体系的形

---

① 中共中央办公厅法规局编著：《中国共产党党内法规制定条例及相关规定释义》，法律出版社 2020 年版，第 54 页。

成标志可归结为以下五方面:

一是适应党的领导和党的建设需要。党内法规建设的根本目的,是服从服务于党的领导和党的建设需要。构建党内法规体系,必须立足党情国情,遵循党的制度建设规律,体现党和人民意志,及时出台实践亟需的党内法规,与全面从严治党、依规治党的需要相适应,与国家法治建设的需要相协调。

二是基础主干法规齐备。基础主干法规是党内法规体系的支架和基础。构建党内法规体系,必须做到覆盖党的领导和党的建设各领域、各方面的党内法规门类齐全,各党规部门基本的、主要的党内法规齐备,党的领导和党的建设各领域、各方面基本实现有规可依。

三是配套法规完备。配套法规是党内法规体系的枝叶和"毛细血管"。2012 年《中国共产党党内法规制定条例》(2019 年修订)、2013 年《中央党内法规制定工作五年规划纲要(2013—2017 年)》,均将配套完备确定为党内法规体系建设的工作目标之一。构建党内法规体系,必须有针对性地制定配套法规,增强基础主干法规的针对性和实效性,使党内法规体系上下配套、衔接协调,形成严密结构和制度合力。

四是体系内部和谐统一。这是党内法规体系的基本特征。构建党内法规体系,必须以党章为根本遵循,确保不同党规部门之间、不同位阶党内法规之间、实体性规范与程序性保障性惩戒性规范之间、党内法规与规范性文件之间,前后衔接、左右联动、不相交叉、不相抵触、系统集成。

五是党内法规和国家法律衔接协调。这是形成党内法规体系的内在要求。构建党内法规体系,必须遵守党必须在宪法和法律范围内活动的原则,确保党内法规同国家法律衔接协调,形成党内法规和国家法律相辅相成、相互促进、相互保障的格局。

形成完善的党内法规体系,应当围绕上述五方面形成标志,全方位扎实推进。

二　以形成目标为方向

形成目标是党内法规体系的最终表现形态，决定党内法规体系建设的内容和方向。

关于党内法规体系的形成目标，党的文件有两种不同表述：一是党内法规体系，二是党内法规制度体系。2012年《中国共产党党内法规制定条例》、2013年《中央党内法规制定工作第一个五年规划纲要（2013—2017年）》、2016年《中共中央关于加强党内法规制度建设的意见》、2017年党的十九大报告、2018年《中央党内法规制定工作第二个五年规划（2018—2022年）》，以及党的二十大报告，都规定党内法规建设的目标是构建党内法规制度体系。2014年《中共中央关于全面推进依法治国若干重大问题的决定》，首次将党内法规建设的目标确定为"形成完善的党内法规体系"。2019年修订的《中国共产党党内法规制定条例》也提出，制定党内法规的目标是构建党内法规体系。党的二十大将不断健全党内法规体系写入党章。为什么党的文件出现上述两种表述，未见权威正式说明。

从字面上看，党内法规制度体系比党内法规体系多了"制度"二字，二者内涵和外延显然不同。所谓党内法规，按照2019年新修订的《中国共产党党内法规制定条例》，是党的中央组织，中央纪律检查委员会以及党中央工作机关和省、自治区、直辖市党委制定的体现党的统一意志、规范党的领导和党的建设活动、依靠党的纪律保证实施的专门规章制度。它一般规定党的领导和党的建设的体制机制、职权职责、义务权利、标准要求、方式方法等事项，调整的是普遍性、基础性、框架性问题，管根本、管基础、管长远，更具体、更规范、更稳定，更可预测、更可操作。所谓党内法规制度，是党内法规和党内规范性文件的总称。① 这就是说，党内法规制度除了党内法规外，还包括规范性文件。规范性文件是2012年《中国共产党党内法规和

---

① 江金权：《坚持制度治党依规治党》，《时事报告》2016年第4期。

规范性文件备案规定》首创的概念。① 所谓规范性文件，按照 2019
年修订的《中国共产党党内法规和规范性文件备案审查规定》，是
指党组织在履行职责过程中形成的具有普遍约束力、在一定时期内
可以反复适用的文件。它一般涉及政策制定、任务部署等事项，或
者解决局部、具体、短期问题，总结需要继续探索的经验，采取动
态调整的灵活政策措施。相对于党内法规来说，规范性文件更复杂
一些，少部分调整普遍性、基础性、框架性问题，如中央全会决
定、中央党内法规制定工作五年规划，大部分规定的是局部、具
体、短期问题，更具适应性、灵活性、针对性，侧重于贯彻党的方
针政策，解决特定问题。

习近平总书记在庆祝中国共产党成立 100 周年大会上宣布"形成
比较完善的党内法规体系"，是相对于党的十八届四中全会提出的
"形成完善的党内法规体系"目标而言的。党内法规是党的制度核心
规范，同国家法律相对应。四中全会在建设中国特色社会主义法治体
系的语境下，使用"党内法规体系"这一表述是合理的。需要说明的
是，这里所说的"形成完善的党内法规体系"，是全面依法治国总目
标建设中国特色社会主义法治体系的五个体系之一，是一个长期目
标，与全面建设社会主义现代化国家的战略安排相适应，尚无确切的
形成时间表，并不是说在建党 100 周年时形成。2016 年 12 月、2018
年 2 月中共中央分别印发《关于加强党内法规制度建设的意见》《中
央党内法规制定工作第二个五年规划（2018—2022 年）》，明确提出
到建党 100 周年时，形成"比较完善的"党内法规制度体系。在建党
100 周年之际，党内法规体系已基本成形，但与"完善的党内法规体
系"相比尚有一段距离。所以，习近平总书记宣布"形成比较完善的

---

① 之所以在备案规定中创立规范性文件这一概念，主要考虑是：制定机关除制定党内
法规外，还制定大量规范性文件即通常所说的红头文件，对党的有关工作进行规范和指导。
实践中红头文件违法违规问题比较突出，一些地方出现本应以政府名义发布的文件改以党
委名义或党政联合名义发布，规避政府规范性文件备案审查的情形。把规范性文件纳入备
案审查范围，主要目的是减少红头文件违法违规问题。

党内法规体系"，既有权威依据，也是实事求是的。

党内法规建设目标的提法从最初的党内法规制度体系演变为党内法规体系，在笔者看来，最主要的原因是体系的形成时间较短。虽然早在 2006 年，时任中共中央总书记胡锦涛就提出加强党内法规制度体系建设目标任务，党的建设局部领域也进行过一些探索，但体系建设正式启动是 2013 年 11 月《中央党内法规制定工作五年规划纲要（2013—2017 年）》印发，此时距 2021 年中国共产党成立 100 周年不足 8 年时间。而且，党的十八大后，党内法规大规模建设的基础比较薄弱，党员干部的党内法规意识普遍不高，多数党中央工作机关和省区市党委的法规工作机构没有建立，法规工作人员的素质能力也难以胜任党内法规工作。此外，为适应全面深化改革、全面从严治党的需要，党内法规的制定修订需求很大，立规任务繁重艰巨。实践中，规范性文件的数量数倍于党内法规，类型多、范围广、变化快，质量参差不齐，若将其一道纳入体系建设，在如此短的时间内，形成比较完善的党内法规制度体系，几乎是一个不可能完成的任务。相对而言，党内法规体系的构成比较清晰，易于通过编制规划计划的方式统筹推进，形成的难度小很多。换个角度，如果对比国家法律体系形成所用时间，就更容易理解一些。1997 年党的十五大首次提出"到 2010 年形成有中国特色社会主义法律体系"，其时国家立法的工作体系、制定经验、完备程度都远优于党内法规体系大规模建设起步时期，但到 2010 年如期建成也用了近 14 年的时间。事实上，党的十一届三中全会提出恢复和重建社会主义法制，就拉开了中国特色社会主义法律体系建设的序幕①，如果从那时算起，国家法律体系建成足足用了 32 年的时间。总的看，受制于时间、精力、能力等客观条件，在建党 100 周年时形成比较完善的党内法规制度体系的条件尚不具备，形成比较完善的党内法规体系则是可行的。

---

① 李飞主编：《中国特色社会主义法律体系辅导读本》，中国民主法制出版社 2011 年版，第 15 页。

那么，如何认识党内法规建设的未来发展目标，是党内法规体系，还是党内法规制度体系？对于这个问题，需要具体情况具体分析。从中国特色社会主义法治体系建设的角度看，党的十八届四中全会已将党内法规体系确定为党内法规建设的未来发展目标，而从党的制度建设角度看，未来发展目标确定为党内法规制度体系似更合适。

一般说来，党的领导和党的建设由党内法规和规范性文件共同调整。一些领域，如组织建设、作风建设、纪律建设，需要订立规矩，严格管理，主要靠党内法规，辅以规范性文件；一些领域，如党的领导，需要灵活适应快速多变的社会关系，特定领导领域可以有一部基础性、综合性党内法规，对本领域党的领导原则、主管机构、职责权限、主要任务、监督保障等作出统一规定，其他则由规范性文件调整；党的思想建设依赖于教育引导，主要靠规范性文件，一般也不用党内法规。无论哪种情况，党的领导和党的建设都离不开党内法规和规范性文件。仅关注党内法规，无异于盲人摸象、以偏概全。比如，2021年中央办公厅编辑出版《中国共产党党内法规汇编》，收录党领导农村工作的党内法规只有1部，领导统一战线工作的党内法规只有2部，领导机构编制工作的党内法规只有3部，领导法治建设和社会治理的党内法规均只有4部①，这几部党内法规，显然不可能全面反映党对上述领域的领导情况。

实践中，一些领域存在党内法规和规范性文件的共管地带和灰色地带。2019年《中国共产党党内法规制定条例》第四条第二款首次建立党规保留原则，即凡是涉及创设党组织职权职责、党员义务权利、党的纪律处分和组织处理的，只能由党内法规作出规定。保留范围以外的事务，党内法规和规范性文件都可以调整，什么情况下用党内法规，什么情况下用规范性文件，视具体情况而定，不是一成不变

_____

① 中共中央办公厅法规局编：《中国共产党党内法规汇编》，法律出版社2021年版，目录第2页。

的。比如，1993 年 4 月 27 日，中央办公厅、国务院办公厅印发《关于严禁党政机关及其工作人员在公务活动中接受和赠送礼金、有价证券的通知》，用规范性文件的形式对公务活动中接受和赠送礼金等行为进行规范。1995 年 4 月 30 日，两办又印发《关于对党和国家工作人员在国内交往中收受礼品实行登记制度的规定》，以党内法规的形式对公务活动中收受礼品行为作出规定。又如，2014 年 7 月 12 日中央办公厅、国务院办公厅印发《关于全面推进公务用车制度改革的指导意见》，部署公务用车制度改革。2017 年 12 月 5 日，两办又印发《党政机关公务用车管理办法》，进一步规范党政机关公务用车制度。即便在保留范围，也存在一些灰色地带，比如规定党组织机构职责人员的"三定"方案，采取的就是规范性文件形式。

事实上，党内法规和规范性文件都属于党的制度范畴，都是党管党治党、治国理政的重要载体。建议将党内法规制度体系确定为党内法规建设目标，将规范性文件同党内法规一道纳入体系，必要时将规范性文件纳入中央党内法规制定工作规划计划，使党内法规和规范性文件各展其长、相辅相成，不错位、不掣肘。考虑到规范性文件系统性、协调性不强，以及体系建设面临的党规部门体系化、党内法规法典化、党规国法衔接协调等棘手难题，估计至少需要两个五年规划，也就是说，在 2035 年左右，才能形成完善的党内法规体系。

三　以体系构成为重心

体系构成是党内法规体系的划分标准，关系体系构建的科学性和有效性，为体系建设提供目标和方向。

目前党内法规体系的划分标准，主要有党规部门和板块两种。

第一种党规部门说，认为党内法规体系是由彼此相互联系、性质相同的党规部门组成的。这种方法主要又有四种划分标准。

一是以党章的章名为划分标准。由中央办公厅法规室、中央纪委法规室、中央组织部办公厅编辑的《中国共产党党内法规选编》

（1978—1996）、（1996—2000）、（2001—2007）①，依照党章体例编排，将党内法规分为党章、党员、党的组织制度、党的中央组织、党的地方组织、党的基层组织、党的干部、党的纪律、党的纪律检查机关和其他等党规部门。这种分类方法凸显党章的核心地位，有助于完善以党章为核心的党内法规体系。但存在两个明显不足：一是随着党内法规不断发展完善，越来越多的党内法规难以对号入座，只能归入"其他"法规，日积月累"其他"法规成为一个内容庞杂、无所不包的"大口袋"，这显然背离了分类初衷；二是党章章名未涉及党的领导和党的政治建设、思想建设、作风建设等方面，无法全面反映党内法规建设状况。实践中很少使用这种分类方法。

二是以党内法规的名称为划分标准。将党内法规分为党章、准则、条例、规定、办法、规则、细则七类。这种分类方法较为常见，据此可对党内法规的名称和性质一目了然。但目前党章仅1个、准则3个、条例40多个，条例以下则数以千计。按照这种分类方法，各类党规部门严重失衡，人们从名称上也无法知晓调整对象，因而不宜作为划分党规部门的正式标准。

三是以党内法规的制定主体为划分标准。将党内法规分为中央党内法规、部委党内法规、地方党内法规。这种分类方法也较常见，便于人们了解党内法规的地位和效力，但每个党规部门都由不同类别的党内法规构成，不利于党内法规的学习研究和遵守执行，也不宜作为划分党规部门的正式标准。

四是以党内法规的调整对象为划分标准。2013年《中央党内法规制定工作五年规划纲要（2013—2017年）》和《中国共产党党内法

---

① 中共中央办公厅法规室、中共中央纪委法规室、中共中央组织部办公厅编：《中国共产党党内法规选编》（1978—1996），法律出版社1996年版；中共中央办公厅法规室、中共中央纪委法规室、中共中央组织部办公厅编：《中国共产党党内法规选编》（1996—2000），法律出版社2001年版；中共中央办公厅法规室、中共中央纪委法规室、中共中央组织部办公厅编：《中国共产党党内法规选编》（2001—2007），法律出版社2009年版。

规选编（2007—2012）》①，根据党内法规的调整对象，将党内法规分为党章及相关法规、党的领导法规、思想建设法规、组织建设法规、作风建设法规、反腐倡廉建设法规、民主集中制建设法规、党的机关工作法规等八个党规部门。这种分类方法符合党的制度建设规律，符合党内法规体系建设内在逻辑，具有较强科学性和合理性，得到广泛认可和接受。

第二种板块说，认为党内法规体系由若干制度板块构成。2016年12月，中共中央印发的《关于加强党内法规制度建设的意见》，首次提出按照"规范主体、规范行为、规范监督"相统筹相协调原则，完善以"1＋4"为基本框架的党内法规制度体系。这是目前党内法规体系划分的正式标准。这里的"1"是指党章，"4"是指体系的四大制度板块，即党的组织法规制度、党的领导法规制度、党的自身建设法规制度、党的监督保障法规制度。其中，党的组织法规制度侧重从"主体"上规范党的中央组织、地方组织、基层组织，党的纪检机关、工作机关、派出机关、党组以及其他党组织的产生和职责问题；党的领导法规制度侧重规范和加强党对党外实施的领导"行为"，规范党领导经济建设、政治建设、文化建设、社会建设、生态文明建设以及外事、国防军队建设等活动；党的自身建设法规制度侧重规范党在党内实施的自身建设"行为"，规范党的政治建设、思想建设、组织建设、作风建设、纪律建设等活动；党的监督保障法规制度侧重从"监督保障"上规范党的工作责任制、党内监督、问责、组织处理、党纪处分、奖励表彰、党员权利保障、党的机关运行保障等活动。据此，形成主体、行为、监督保障三位一体的党内法规制度架构。②

为什么提出"1＋4"划分标准？权威观点认为，与以调整对象为划分标准的法律体系不同，"1＋4"划分标准重在反映党内法规体系的整体框架，更加强调不同制度板块相互间的相辅相成、三位一体，

①　中共中央办公厅法规室、中共中央纪委法规室、中共中央组织部办公厅编：《中国共产党党内法规选编》（2007—2012），法律出版社2014年版。

②　宋功德：《党规之治：党内法规一般原理》，法律出版社2021年版，第108页。

更有助于强化不同党内法规制度之间的分工合作、衔接协调，有助于凸显党内法规作为政党规章制度的内在逻辑，其意义不限于在学理上回答党内法规体系的基本构成问题，更在于为党内法规制定工作提供路线图和风向标。①

毋庸置疑，"1+4"划分标准具有创新性。体系构成中，除党的领导法规和党的自身建设法规外，还提出党的组织法规和监督保障法规两个制度板块，对于夯实党执政治国的组织制度基础、增强党内法规的有效性和约束力，推进党内法规体系建设具有重要指导作用。但细加斟酌，"1+4"划分标准有存疑之处。②

体系划分标准，无论是党规部门，还是板块，都应符合党内法规体系建设的一般原理。为保证体系划分科学合理，划分标准应当遵循以下三项原则：一是实现党的领导和党的建设全覆盖；二是各部分之间界限清晰，不相互交叉；三是各部分数量及分布大体相当，不畸重畸轻。

不可否认，实践中确有少部分党内法规的调整对象横跨不同领域，可以归入不同党规类别。比如《干部教育培训工作条例》，既可以归入教育引导干部坚定理想信念、增强党性观念的思想建设法规，也可以归入对干部进行教育管理的组织建设法规。这类党内法规如何分类，要具体问题具体分析，找出决定其归属的主要因素，使分类符合实际。总的看，这类党内法规数量有限，对体系划分不构成实质性影响。

按照上述原则，"1+4"划分标准大体上是符合的，但最大的问题是不符合第二项标准，即各部分之间界限清晰，不相互交叉。一般说来，一个结构完整的党内法规，主要由党组织的设置职责、行为要求和监督保障三部分构成。只有明确党组织的设置产生、地位功能、

---

① 宋功德：《党规之治：党内法规一般原理》，法律出版社2021年版，第662—663、637页。

② "1+4"划分标准出台后，学界有支持和反对两种不同观点。相关讨论参见蒋清华《党内法规体系的部门划分：一种"1+3"体系》，《党内法规理论研究》2022年第一辑。

职权职责，才能有效确定主管机关和执规部门；只有明确行为要求，党内法规才能发挥引领、规范、保障作用；只有明确监督保障措施，才能确保相关规定落到实处。换句话说，主体、行为、监督是党内法规内部相互联系、不可分割的构成要素。将主体、行为、监督作为划分标准，既不符合党内法规的内在逻辑，也必然产生交叉关系。试以各板块党内法规为例。《中国共产党中央委员会工作条例》，按照"1+4"划分标准，属于典型的组织法规，但该条例不仅规定中央委员会的职责权限，而且第五章"议事和决策"规范"行为"，第六章"监督和追责"涉及"监督保障"；《中国共产党农村工作条例》，按照"1+4"划分标准，属于典型的领导法规，第三章"主要任务"规定党对农村工作的领导内容，属于"行为"，但第二章"组织领导"规定中央农村工作领导小组及其办公室的机构设置和职责权限，以及地方各级党委在领导农村工作方面的职责权限，第五章、第六章分别规定保障措施、考核监督；《党政领导干部选拔任用工作条例》，按照"1+4"划分标准，属于典型的自身建设法规，第二章到第十章明确选拔任用领导干部的规则及程序，但总则部分第六条规定组织部门的职责，第十一章规定纪律和监督；《中国共产党巡视工作条例》，按照"1+4"划分标准，属于典型的监督保障法规，不仅规定巡视范围和内容、工作方式和权限、工作程序，而且第二章"机构和人员"规定巡视机构的职责，第六章规定纪律与责任。总而言之，无论是哪一个板块的党内法规，都包含主体、行为、监督三部分内容。从内容上看，主要调整党组织的设置产生、地位功能、职权职责的组织法规，属于组织建设法规的范畴；主要调整党内监督、问责、组织处理、党纪处分、工作责任制的监督保障法规，属于纪律建设法规的范畴。设立党的组织法规、监督保障法规两大制度板块，似缺乏科学依据。此外，监督法规制度和保障法规制度，前者如《中国共产党纪律处分条例》，以惩戒性规则为主，后者如《中国共产党党员权利保障条例》，以授权性规则为主，二者性质差异明显，难以整合为一个部门。①

　　考虑到建党一百周年时已形成比较完善的党内法规体系，"1+4"划分标准"路线图和风向标"的作用已基本实现，建议适时对这一标准进行修正，将调整对象即党规部门确定为党内法规体系的划分标准，并将党内法规体系概括为"1+3+5+5"基本框架。其中，"1"是指党章，"3"是指党章相关法规、党的领导法规和党的自身建设法规。为什么增设党章相关法规？这个党规部门曾在《中国共产党党内法规选编（2007—2012）》的划分标准中出现过，主要包括细化党章重要原则和规定的党内法规，也包括部分难以归入其他党规部门的党内法规。具体说来，主要包括党代表大会制度、党内政治生活、党委议事决策、党员权利保障、党的象征标志等方面党内法规。鉴于其重要地位，党章相关法规居于其他党规部门之上。第一个"5"指代的是党的领导法规类别，规范党的领导和执政活动，为党发挥总揽全局、协调各方领导核心作用提供制度保证。主要有两种划分标准：一是中国特色社会主义"五位一体"总体布局，即党领导经济建设、政治建设、文化建设、社会建设、生态文明建设以及外事、国防军队建设等活动；二是党领导的具体工作领域，即党领导农村工作、机构编制工作、法治建设、宣传思想文化工作、社会治理、统一战线工作等②。由于党领导一切，以党领导的具体工作领域为标准，必然类别众多，且难以穷尽。相比之下，第一种划分标准更为科学，据此党的领导法规分为五类，即党领导经济建设法规、党领导政治建设法规、党领导文化建设法规、党领导社会建设法规、党领导生态文明建设法规。第二个"5"指代的是党的自身建设法规类别，规范党的政治建设、思想建设、组织建设、作风建设、纪律建设等自身建设活动，着力提高党的建设科学化水平。以新时代党的建设总体布局为标准，党的自身建设法规分为五类，即党的政治建设法规、党的思想建设法

　　① 孟涛：《党内法规体系的形成与完善》，《法学研究》2021年第6期。
　　② 参见中共中央办公厅法规局编《中国共产党党内法规汇编》，法律出版社2021年版，目录第2—3页。

规、党的组织建设法规、党的作风建设法规、党的纪律建设法规。需要说明的是，中国特色社会主义事业和党的建设始终处于发展完善之中，党规部门的划分标准也将随之作出相应调整，不同时期有不同内涵和表现形式。

将调整对象确定为划分标准，主要考虑：一是党规部门是由体系中同类法规规范构成的整体，以此作为划分标准，不会产生交叉问题。二是凸显党章及党章相关法规的统领地位，体现党内法规体系建设以党章为根本遵循的特点。三是覆盖党的领导和党的自身建设各领域各方面，符合"大党建"格局和党的制度建设规律。四是清晰明了，简便易行，易于为理论界和实务界接受。

形成党内法规体系，建议以调整对象为划分标准，通过推进各部门党内法规体系化，推动党内法规体系的整体完善。

第五节　完善党内法规体系的重点任务

党的二十大提出，坚持制度治党、依规治党，以党章为根本，以民主集中制为核心，完善党内法规制度体系，增强党内法规权威性和执行力。新形势下，统筹推进"五位一体"总体布局和协调推进"四个全面"战略布局，必须进一步加大党内法规建设力度，不断促进党内法规体系的形成和完善，为新时代党的建设新的伟大工程提供更加坚强有力的制度保障。

一　加强顶层设计

形成完善的党内法规体系，首要任务是坚持统筹规划、整体推进。

2023 年初，中共中央印发《中央党内法规制定工作规划纲要（2023—2027 年）》，对今后 5 年中央党内法规制定工作进行顶层设计。除此之外，建议适度推进党的领导和党的建设局部体系化，以局部体系化增进党内法规整体体系化。

改革开放以来，党内法规建设曾在公务员、反腐败、厉行节约反对浪费等领域探索局部体系化，取得了积极成效。局部体系化不同于编订纂修特定领域的全部党内法规，使之成为一部系统化党内法规的编纂，而是整合特定领域法规制度，使不同位阶党内法规制度层次分明、上下配套，不同类型党内法规制度各就各位、相互匹配，不同形式党内法规制度各展其长、相得益彰。推行局部体系化，主要原因是党组织在不同时期可能就同类事务发布不同的规范性文件，如不作特别说明，这些规范性文件全部有效，就同一事务所作的不同规定，以最新发布的文件为准。久而久之，旧文件哪些规定有效，党在该领域的全部政策主张是什么，无法判别、无从知晓。特定领域党内法规制度体系化，有利于全景展现该领域党的政策主张，推动该领域法规制度系统集成，以局部体系化推进整体体系化。建议总结借鉴局部体系化的成功经验，适时推动条件具备、时机成熟的领域法规制度体系化。当前的首要任务是，按照党的二十大报告的要求，制定工作方案，落实新时代党的建设总要求，健全全面从严治党体系，总揽全局、协调各方的党的领导制度体系，党的自我革命制度规范体系，党统一领导、全面覆盖、权威高效的监督体系和干部考核评价体系，促进党内法规体系不断健全。

二　出台基础主干法规

针对基础主干法规不齐备问题，建议研究制定一批基础主干法规，进一步完善党内法规体系的基本框架。

一是党的二十大修改党章，提出把党的十九大以来习近平新时代中国特色社会主义思想新发展，以中国式现代化全面推进中华民族伟大复兴，不断健全党内法规体系，明确街道、乡、镇和村、社区党组织的地位和作用，完善国有企业党委（党组）加强党组织自身建设的职责任务，完善党的纪律相关内容，明确派驻纪律检查组的范围，充实纪委的主要任务，调整充实党组的职责定位等内容写入党章。建议将上述内容涉及的基础主干法规制定项目，纳入党内法规制定工作规划计划，确保二十大党章的规定和精神落到实处。

二是按照中央既定规划部署，积极稳妥出台准则和条例。由于各方面原因，中央党内法规制定工作第二个五年规划确定的部分制定项目尚未完成。建议按照第二个五年规划的要求，制定思想道德准则、密切联系群众准则，为各级党组织和全体党员行为作出基本规定；对党领导经济、改革、法治、外事、军队和群团、人才工作作出基础性规定，实现条例对党的领导和党的建设各领域各方面全覆盖。加强对上述制定项目起草工作的督促检查，确保制定任务如期完成。

三是适应党的建设新形势新任务需要，制定和完善一批基础主干法规。坚持和加强党的全面领导，制定《中国共产党领导准则》，作为党的领导基本法规，对党领导各方面工作的原则、程序、内容和方式作出统一规范，为健全党的领导制度体系提供基本遵循。制定规范性文件制定条例，为深化党的制度建设提供法规依据。

三　优化配套法规制度

成龙配套是提升党内法规实效的重要途径。必须加强中央党内法规配套建设，使基础主干法规的配套法规制度不断健全，程序性保障性惩戒性规定不断强化，党内法规体系的匹配性、操作性、实用性明显增强。

一是树立正确的"配套观"。坚持有所为、有所不为，该配套的配套，不该配套的不得配套，防止以文件落实文件，形成新的"文山"。确需配套的，应着眼于全面准确贯彻中央党内法规，在总体要求、主要精神和基本原则上同中央党内法规保持高度一致，不得超出中央党内法规规定的范围；紧密结合自身实际，对中央党内法规进行细化、具体化，仔细甄别哪些规定和自己有关系、哪些没有关系，涉及自身的才写入配套法规制度，切忌全盘照搬照抄、"上下一般粗"。①

二是借鉴国家立法经验，建立配套法规制度与基础主干法规同步

---

① 杨沈阳：《制定党内法规配套制度应把握的原则》，《秘书工作》2020 年第 2 期。

起草、同步出台、同步实施的"三同步"制度，确保中央党内法规与配套法规制度步调一致、协同配合。

三是建立上下级制定机关沟通协调机制。含有配套条款的中央党内法规发布后，上下级制定机关可围绕配套条款，通过召开座谈会、论证会等方式沟通协商，传达中央党内法规意图，明确配套立规目标和重点，增强配套法规制度的针对性和实效性。

四是提高配套立规技术水平。配套立规技术规范缺位，是造成当前配套立规水平不高的重要原因。建议有关部门在制定《党内法规制定技术规则》时，建立配套立规技术规范，坚持配套法规的明确、具体标准，突出针对性、操作性要求，强化配套立规的精准化、规范化。

五是加强对配套立规的监督。含有配套条款的中央党内法规出台后，有关部门要适时组织检查配套条款的执行情况，对仍未配套立规的进行通知催告。配套法规制定主体要建立自查机制，定期举办工作会议，对配套立规的数量、内容进行研讨，不断改进配套立规水平。畅通配套法规执行意见反馈渠道，及时反馈配套法规修订和改进情况。①

四 进一步提升党内法规制定质量

党内法规制定质量直接关系到党内法规体系质量。建议采取切实有效措施，进一步提高党内法规制定质量，推动党内法规体系建设高质量发展，将党内法规制度优势更好转化为管党治党、治国理政的治理效能。

一是严格制定程序。重点把握好调查研究、征求意见和前置审核三个环节。起草单位要深入基层一线，深入调查研究，准确把握群众需求，坚决杜绝闭门造规。在党内法规立改废释纂各环节，要贯彻群众路线，把专家论证与群众参与结合起来，确保党内法规体现党员群众意愿，适应党的建设需要，经得起实践和历史检验。党内法规草案

---

① 吴涛、李冲：《党内法规配套立规优化路径研究》，《党政研究》2022 年第 4 期。

送审前，法规工作机构要加强前置审核，严格政治性、合法性、合规性、合理性审查，把违法违规问题消灭在萌芽状态。

二是增强针对性和操作性。树立问题意识，紧紧围绕全局性关键性问题和人民群众普遍关注的热点难点问题，在研究新情况、总结新经验的基础上提出切实可行的制度措施。党内法规的内容要具体明确、简便易行，既要有实体性规定、也要有程序性保障性惩戒性规定，既要有原则规定、也要有具体措施，既要规定责任、也要匹配权利，既要有行为要求、也要有责任追究，确保党内法规行得通、做得到、管得住、用得好。

三是完善制定技术。目前有关部门尚未发布党内法规制定技术规范。有学者起草《〈党内法规制定技术规范〉试拟稿》①，但未获权威机构认可。建议尽快制定《党内法规制定技术规则》，对党内法规的名称、结构、用语、表述方式、基本要求等作出系统规定，提高立规语言的规范性、内容设计的严谨性、体例结构的逻辑性和制度措施的操作性，推动党内法规制定工作规范化制度化。

五　推进党内法规法典化

2019 年修订的《中国共产党党内法规制定条例》首创党内法规编纂制度。该条例第三十九条规定，党内法规的编纂、汇编、出版等事宜，由制定机关所属法规工作机构按照有关规定办理。对党内法规进行编纂，是借鉴法典化思维，由制定机关在党内法规清理和汇编的基础上，将现存同类党内法规或同一领域党内法规进行研究审查，从统一性原则出发，决定其存废，对其加以修改、补充，最终形成集中统一、系统的党内法规。②

法典化是制度建设的一条基本规律。世界上第一部成文法典可追

---

① 苏绍龙：《〈党内法规制定技术规范〉试拟稿》（上）（下），分别刊载于《党内法规理论研究》2020 年第 2 期、2021 年第 2 期。

② 中共中央办公厅法规局编著：《中国共产党党内法规制定条例及相关规定释义》，法律出版社 2020 年版，第 115 页。

溯至 4000 多年前西亚两河流域的《乌尔纳姆法典》。① 如今法典编纂已成为世界潮流，除英美法系国家外，其他国家都选择了法典化道路。② 相对于无序、碎片化、不连贯甚至互相冲突矛盾的判例法，法典具有确定性、系统性、统一性等显著优势。但其缺点也比较明显，一是不周延性，难以将同一领域的所有事项全部纳入法典；二是滞后性，法典因体系庞大而难于修改，难以灵活适应一日千里、多姿多彩的社会生活。

虽然我们党在建党 100 周年时，已形成比较完善的党内法规体系，但由于制定主体众多，法规数量庞大，调整领域宽广，时间跨度较长，一些党内法规仍存在不适应、不衔接、不协调、不一致问题，一些领域基础主干法规缺位，一些配套法规尚不齐备，一些法规之间不尽一致。编纂党内法规，对特定领域的党内法规进行增删整合，创制新的规范，修改不合适的规范，废除过时的规范，形成体例科学、结构严谨、内容完整、规范合理、和谐统一的法典，有助于提高党内法规制定质量，提升党内法规体系化水平，促进中国特色社会主义法治体系建设，推进国家治理体系和治理能力现代化。

近年来，在党中央坚强领导下，党内法规体系建设取得了显著进展。2012 年，我们党启动了党内法规和规范性文件备案审查工作，有力促进了党内法规制度的协调统一。2012 年、2018 年中央先后两次对党内法规和规范性文件进行集中清理，在很大程度上解决了党内法规制度的不适应、不衔接、不协调、不一致问题。2020 年 5 月，十三届全国人大三次会议表决通过《中华人民共和国民法典》，为党内法规编纂提供了有益经验。2021 年 7 月，中央办公厅法规局将现行有效且向社会公开发布的党内法规结集出版。上述情况表明，编纂党内法规的时机和条件已经比较成熟。

---

① 封丽霞：《法典编纂论——一个比较法的视角》，清华大学出版社 2002 年版，第 27 页。
② 何勤华：《"法典化"并非立法的最终归宿》，《上海法治报》2021 年 12 月 24 日第 7 版。

同时也要看到，党内法规编纂是一块尚未开发的处女地，面临诸多不利条件。一是基本共识不足。法典的构成要件、效力等级和与党章、准则、条例的关系，以及规范性文件是否编入法典等问题众说不一。二是体制机制不明。《中国共产党党内法规制定条例》仅对编纂作了原则规定，未明确编纂的体制机制，谁有权编纂，编纂权限有多大，依据什么原则，遵照什么程序，缺乏制度依据。三是基础条件不佳。根据民法典编纂经验，法典编纂应当具备法律制度成熟、社会关系稳定等基础条件。而党内法规快速发展也就十年左右时间，且不同领域发展不平衡，一些领域的党内关系变化较快、不易定型，一些党内法规不对外公开，党内法规编纂涉及法学、党建、政治学等多个学科，这些都增加了编纂难度。四是编纂技术缺乏。如何安排法典各编以及各编的制度、规则体系，如何处理总则和分编、编和纂的关系等，尚不明确。

为有序推进党内法规法典化，提出如下建议：

一是加强统筹谋划。建议有关部门尽快出台《党内法规编纂办法》，对法典的性质、地位和编纂的原则、主体、权限、条件、程序和机制作出系统规定，为党内法规编纂提供制度依据。在《办法》中明确下述事项：编纂本质上是党内法规制定活动，各级党内法规制定机关都有权在职权范围内编纂法规；只有具备党内关系稳定、体系结构完整、基础规则完备、所属法规齐全等条件，才能开展编纂工作；规范性文件是党实施领导、履行职责的重要载体，内含一些基础规则，为保证法典规则的完整性，必要时可将规范性文件编入法典。适时修订《中国共产党党内法规制定条例》，明确法典编纂的原则、权限和程序。

二是开展编纂试点。由于党内法规编纂是一项开创性工作，没有现成经验可循，建议采取先试点、后推广的方式稳步推进。考虑到编纂难度，建议先由党的中央组织进行编纂。

从公开发布的党内法规情况看，党的领导和党的政治建设、思想建设、作风建设领域法规较少，党的纪律建设领域的法规制度比较完备，但不太稳定。上述领域党内法规法典化的条件暂不成熟。相较之下，组织法规的编纂条件较为成熟。2013 年，中央组织部印发法规制定工作五年规划。经过多年努力，组织、干部、公务员、人才等各方面法规制度现已比较成熟定型。2014 年 8 月，中央政治局会议审议通过《深化党的建设制度改革实施方案》，部署深化党的组织制度改革、干部人事制度改革、基层组织建设制度改革和人才发展体制机制改革，推动形成比较完备的组织法规制度体系。据统计，现行有效的组织法规中，组织制度方面 51 件，干部工作方面 594 件，基层组织建设方面 169 件，人才工作方面 53 件，组织部门自身建设方面 31 件，已基本实现组织工作全覆盖。与此同时，根据党中央决策部署，中央组织部对组织法规文件进行了集中清理，为推进组织法规法典化打下了扎实基础。2021 年 5 月，中共中央印发《中国共产党组织工作条例》，这是党的历史上第一部关于组织工作的统领性、综合性基础主干法规，为编纂组织法典提供了基本框架。此外，组织法规执行取得了丰富经验，相关理论研究也达到较高水平。《中央党内法规制定工作规划纲要（2023—2027 年）》提出，探索推进党的组织法规制度法典化。建议将组织法典列入中央党内法规制定工作年度计划，尽早启动组织法典编纂工作。

组织法典编纂遵循《中国共产党党内法规制定条例》的有关规定，以组织法规制度清理和汇编为基础，以组织、干部、公务员、人才等方面的条例为主，规定、办法为辅，全面分析现行组织法规制度，找出它们的可用和不可用、重复和空白之处，保留可用之处，扬弃不可用之处，删除重复之处，填补空白之处。借鉴民法典编纂经验，以逻辑性和体系性为主线，科学排列组织法典各编以及各编的制度、规则体系，确保法典的系统性、协调性、统一性；坚持问题导向，提高法典规则的针对性和实效性；正确处理总则和分编的关系，总则为贯穿法典始终的原则和规则，分编对总则原则和规则进行扩展和细化；正确处理取和舍的关系，法典只规定特定领域的基础规则，特殊问题由特别法规调整；正确处理改革创新和法典稳定的关系，法典规则保持适当的原则性、超前性和开放性，以有效应对党的建设中出现的新情况新问题；正确处理编和纂的关系，既系统整合现有法规制度，又进行必要的制度创新。

组织法典印发后，全面清理组织法规及相关规范性文件。根据清理结果，及时出台与法典配套施行的法规制度，修改和废止不适当的法规制度，促进组织法规制度协调统一，保障组织法典正确实施。加强法典解释，避免频繁修改。必要时采取修正案方式，对法典进行修订。

可以预见的是，随着党内法规体系化深入推进，法典将从组织建设领域逐步推广到作风建设、纪律建设等领域，未来将形成以条例、法典为支架和主干，由单行法规和特别法规等组成的党内法规体系。

六　健全党内法规实施保障机制

实施保障机制是形成党内法规体系的关键支撑。为进一步健全党内法规实施保障机制，实现党内法规体系各制度要素上下配套、互动关联、融贯协调、和谐统一，提出如下建议：

一是改进党内法规和规范性文件备案审查制度。针对备案审查工作中出现的突出问题，建议适时修订《中国共产党党内法规和规范性文件备案审查规定》，赋予党组织和党员对认为存在问题的党内法规和规范性文件提出审查建议的权利，并建立反馈机制。有关部门根据备案审查规定第十一条确立的审查标准，以及中央办公厅法规局所作的有关解释，结合备案审查工作实践，总结提炼更加具体、更具操作性的审查标准，促进备案审查工作的科学规范统一。持续加强审查机构和人员力量建设，通过教育培训、人员交流等方式提升审查人员素质能力，提高备案审查工作质量。

二是完善党内法规解释机制。建议适时修订《中国共产党党内法规解释工作规定》，明确两个以上制定机关联合立规的，由牵头制定机关作出解释；降低申请门槛，允许党组织直接向党内法规解释机关提出申请，提高解释的及时性和便利性。由于解释同党内法规具有同等效力，建议制定机关定期汇编解释，并附于相关党内法规之后公开出版，以便于党员干部学习研究和遵守执行。

三是制定《党内法规实施后评估办法》。建议根据《中国共产党党内法规制定条例》有关规定，吸收党内法规实施后评估实践经验，制定《党内法规实施后评估办法》，对党内法规实施后评估的主体、对象、内容、程序、标准、方式和步骤作出规定，促进实施后评估工作制度化规范化。适时组织专门力量对若干关系全局、党员群众关注的重要党内法规开展实施后评估，及时发现制定工作和贯彻执行中的共性问题，提出有针对性的改进建议。

七　促进党内法规和国家法律衔接协调

针对目前党内法规和国家法律衔接不够紧密、协调还不够有力问题，提出如下建议：

一是建立党规国法制定工作全程对接机制。明确党规国法衔接协调的原则、程序和方式，推动党内法规制定工作规划计划和国家立法规划计划、党章修改和宪法修改、党内法规和国家法律立改废释纂衔接协调，推动党内法规和国家法律在价值取向、功能定位、规则效力等方面无缝衔接，消除二者之间不必要的交叉重复和冲突矛盾。适时修订立法法、《中国共产党党内法规制定条例》，规定党规国法衔接协调机制，为党规国法衔接协调提供制度遵循。

二是建立党规国法衔接协调规则。党规、国法分属两套不同的制度规范，有各自的调整对象和职责范围，但存在交叉关系。建议按照各尽其职、各负其责、紧密配合的原则，构建党规国法的衔接协调规则：对于立法法明确规定应由法律规定的事项，党内法规不得作出规定；对于法律已有明确规定的事项，党内法规不作重复规定，仅在行为后果上设定相应的党纪处分种类和幅度；对于法律赋予公民的基本权利和自由，党内法规不得随意限制或者剥夺；对于法律设定的公民基本义务和责任，党内法规不得随意变通或者豁免；对于法律明令禁止的事项，党内法规不得解禁或者突破；对于法律没有规定也不宜规定的事项，由党内法规作出规定；对于调整事项交叉重合的，根据具体情况确定是用党内法规还是国家法律予以规范。

三是建立党内法规通过法定程序上升为国家意志的转化机制。明确党内法规转化为国家法律的条件、主体、程序和方式，做好党领导立法工作程序与立法程序的对接，善于使党的主张通过法定程序上升为国家意志。在全社会还不具备实施条件的规范和要求，可以先制定党内法规，对党员提出要求，在党内实行，待条件成熟时再转化为法律在国家层面施行。及时将全面深化改革的实践经验和制度成果，通过法定程序转化为国家法律，保证党的路线方针政策贯彻执行。

四是建立党委法规工作机构和国家法制机构沟通协调、人员轮岗交流等机制，确保法律充分体现党的方针政策，党内法规在宪法和法律的范围内活动，促进党规国法相辅相成、相互促进、相互保障。

党的建设永无止境，党内法规体系建设永远在路上。在新的历史条件下，要充分认识完善党内法规体系的重大意义，遵循党的制度建设规律，以滴水穿石的韧劲、锲而不舍的定力，采取行之有效措施，不断推动党内法规体系朝着更加完善、更加成熟、更加定型的方向发展，为新时代党管党治党、治国理政提供持续、稳定的制度基础和保障。

第三章　统筹推进党章宪法研究

党章和宪法是党执政治国的两大支柱和依托，是党的领导制度化法治化的两个首要环节。党的十八届四中全会提出，依法执政，既要求党依据宪法法律治国理政，也要求党依据党内法规管党治党。党的二十大进一步提出，以党章为根本，完善党内法规制度体系，同时完善以宪法为核心的中国特色社会主义法律体系。统筹推进党章宪法，对于协同推进党内法规制度体系和中国特色社会主义法律体系建设，深入推进全面依法治国，不断提高党的执政能力和水平，推进和拓展中国式现代化，具有重要意义。本章拟在梳理党章和宪法关系的基础上，探讨统筹推进党章宪法的一般原理，并针对存在的问题提出对策建议。

第一节　党章和宪法的关系

作为党内法规制度体系和中国特色社会主义法律体系的核心和基础，党章和宪法的关系问题备受学界关注。有的认为，党章是中国不成文宪法的有机组成部分。[①] 有的认为，党章和宪法的性质、约束对象、效力形式不同，分属不同的规范体系，不可混为一谈。二者又相得益彰，统一于治国理政与从严治党的实践中。[②] 有的认为，宪法统

---

① 强世功：《中国宪法中的不成文宪法——理解中国宪法的新视角》，《开放时代》2009 年第 12 期。

② 周叶中、汤景业：《论党章和宪法的关系》，《中共中央党校学报》2017 年第 3 期。

领党规国法，党章在宪法构建的规则秩序之中，党内法规制度建设应表达宪法价值，遵循宪法原则。① 有的认为，党章与宪法之间，一方面可以说没有关联性；另一方面，实际上又具有密不可分的关系。宪法内容反映党章内容，是因为党章反映党所领导的中国政治、经济发展的方式和成果，但绝不意味着党章就具有对全国人民的约束力。② 上述观点从不同侧面揭示了党章和宪法的关系，彼此间并不完全一致。这里不打算对上述观点进行评述，拟列举一些现象和事实，说明党章和宪法的关系。

毋庸置疑，党章和宪法是两种不同规则，制定主体、内容、调整对象和效力形式等截然不同。宪法是国家的根本法，由全国人大制定和修改，规定国家根本任务、政权组织形式、公民基本权利和义务、国家机构等内容，适用于全国各族人民、一切国家机关和武装力量、各政党和各社会团体、各企业事业组织，具有最高法律效力，是国家法律体系赖以建立的基础。而党章是党的根本法规，由党的全国代表大会制定和修改，主要规定党的组织机构、组织制度、党员条件、党员义务和权利、党的纪律等内容，对党的各级组织和全体党员产生拘束力，是党内法规体系赖以建立的基础。但细究党章和宪法的关系后发现，二者除了诸多不同之处外，也有不少共同点和联结点。

一是内容上的一致性。从文本上看，党章和宪法的正文部分泾渭分明，党章主要调整党组织和党员的行为，宪法主要调整国家机关和公民的关系，是两条互不相交的平行线，但党章总纲和宪法序言却高度契合，既保证了党在宪法中的地位，又保证了党章宪法彼此的独立性，坚守住两者应有的本分。③ 党章、宪法都确立了党的领导地位。党章总纲明确，中国共产党领导是中国特色社会主义最本质的特征，党是最高政治领导力量。党政军民学，东西南北中，党是领导一切的。党必须按照总揽全局、协调各方的原则，在同级各种组织中发挥

---

① 叶海波、刘梦妮：《党规中的法理》，《河南社会科学》2020 年第 6 期。
② 姚岳绒：《论党章与宪法的关系》，《河北法学》2012 年第 2 期。
③ 姚岳绒：《论党章与宪法的关系》，《河北法学》2012 年第 2 期。

领导核心作用，并对党领导人民发展社会主义市场经济、发展社会主义民主政治、发展社会主义先进文化、构建社会主义和谐社会、建设社会主义生态文明作出部署，为党领导国家事务和社会事务提供基本遵循。《宪法》第一条第二款规定，中国共产党领导是中国特色社会主义最本质的特征，为党执政治国提供了宪法依据。党的领导是根和魂，宪法、党章确认党的领导，是中国之治的最大特色，为党的领导提供了合法性。党章总纲、宪法序言还分别将马克思列宁主义、毛泽东思想、邓小平理论、"三个代表"重要思想、科学发展观、习近平新时代中国特色社会主义思想确定为全党、全国的指导思想，共同确认了党领导取得新民主主义革命胜利和社会主义建设成就、历史方位、民族政策、统一战线、祖国统一，规定了社会主义初级阶段的基本路线，坚持和完善公有制为主体、多种所有制经济共同发展，按劳分配为主体、多种分配方式并存，社会主义市场经济体制等基本经济制度，确立了新发展理念，将建设富强民主文明和谐美丽的社会主义现代化强国确定为奋斗目标，等等。上述内容，集中反映了党的路线方针政策，是党执政治国的政治和理论基础。

二是价值上的统一性。党章、宪法都是党和人民意志的集中体现，在本质上是一致的，体现了党一以贯之的价值追求和执政理念。主要表现为：（1）确立社会主义核心价值观。党章总纲规定，加强社会主义核心价值体系建设，坚持马克思主义指导思想，树立中国特色社会主义共同理想，弘扬以爱国主义为核心的民族精神和以改革创新为核心的时代精神，培育和践行社会主义核心价值观，倡导社会主义荣辱观，增强民族自尊、自信和自强精神，抵御资本主义和封建主义腐朽思想的侵蚀，扫除各种社会丑恶现象，努力使我国人民成为有理想、有道德、有文化、有纪律的人民。《宪法》总纲第二十四条第二款规定，国家倡导社会主义核心价值观，提倡爱祖国、爱人民、爱劳动、爱科学、爱社会主义的公德，在人民中进行爱国主义、集体主义和国际主义、共产主义的教育，进行辩证唯物主义和历史唯物主义的教育，反对资本主义的、封建主义的和其他的腐朽思想。（2）明确国家根本任务。党章总纲规定，我国社会主义建设的根本任务，是进一步解放生产力，发展生产力，逐步实现社会主义现代化。宪法序言规定，国家的根本任务是，集中力量进行社会主义现代化建设。（3）发展社会主义民主政治。党章总纲规定，中国共产党是中国工人阶级的先锋队，同时是中国人民和中华民族的先锋队，代表中国最广大人民的根本利益，坚持人民至上，坚持民主集中制，坚持全心全意为人民服务；中国共产党领导人民发展社会主义民主政治，坚持党的领导、人民当家作主、依法治国有机统一；发扬党内民主，尊重党员主体地位，保障党员民主权利。宪法总纲规定，国家的一切权力属于人民，人民行使国家权力的机关是全国人民代表大会和地方各级人民代表大会。人民依照法律规定，通过各种途径和形式，管理国家事务，管理经济和文化事业，管理社会事务。（4）实行依法治国。党章规定，全面依法治国，建设社会主义法治国家；完善中国特色社会主义法律体系，加强法律实施工作；党必须在宪法和法律的范围内活动；党要适应改革开放和社会主义现代化建设的要求，坚持科学执政、民主执政、依法执政，加强和改善党的领导；党员必须模范遵守国家的法律法规，领导干部必须依法办事，监督党员干部和其他任何工作人员严格遵守国家法律法规，严重触犯刑律的党员必须开除党籍。宪法总纲规定，国家实行依法治国，建设社会主义法治国家。国家维护社会主义法制的统一和尊严。一切国家机关和武装力量、各政党和各社会团体、各企业事业组织都必须遵守宪法和法律。一切违反宪法和法律的行为，必须予以追究。此外，党章、宪法都规定国家尊重和保障人权。总的看，党章、宪法在价值层面高度统一，共同确立了富强、民主、法治、人权等价值。

三是时序上的继受性。一般说来，我国宪法的制定和修改时间，在党的全国代表大会修改党章之后。宪法修改的内容与党章修改的内容呈现较强的时序性和关联性，即党章修改先于宪法修改，党章修改引领宪法修改，宪法修改部分内容来源于党章新修改的内容。1949 年《中国人民政治协商会议共同纲领》、1954 年宪法都是在 1945 年七大党章通过后颁布的，1975 年宪法、1978 年宪法、1982 年宪法分别在十大党章、十一大党章、十二大党章通过后颁布。现行宪法的 5 个修正案也是在现行党章的各次修改之后颁布的。据统计，1982 年宪法 5 次修改共有 49 个修改点，其中 19 个修改点来源于党章。比如，1993 年宪法修改，宪法序言所规定的我国正处于社会主义初级阶段，建设有中国特色的社会主义理论，中国共产党领导的多党合作和政治协商制度将长期存在，社会主义市场经济，1999 年宪法修改所规定的邓小平理论，2004 年宪法修改所规定的"三个代表"重要思想，推动物质文明、政治文明和精神文明协调发展，2018 年宪法修改所规定的科学发展观、习近平新时代中国特色社会主义思想，健全社会主义法治，贯彻新发展理念，建设富强民主文明和谐美丽的社会主义现代化强国，实现中华民族伟大复兴，致力于中华民族伟大复兴的爱国者，坚持和平发展道路，坚持互利共赢开放战略，推动构建人类命运共同体，中国共产党领导是中国特色社会主义最本质的特征，监察机关，国家倡导社会主义核心价值观，都来源于此前党章的新修改内容，涉及指导思想、国家发展定位、党的领导、基本政治制度、基本经济制度、国家发展总体布局、治国方式、国家发展目标、统一战线构成、民族关系、外交政策和国家机构等 12 个方面。除监察机关一项修改外，其他 11 个方面都属于宪法序言部分。

如何理解党章修改先于宪法修改，党章修改引领宪法修改？笔者认为，主要有以下原因：

1. 党章修改先于宪法修改，是由党章的先进性决定的。一方面，党章集中体现了党的先进意志，党领导人民治国理政，其意志具有引领作用。作为"党的总章程"，党章总纲开篇就表明了中国共产党的先进性质，第一、二条反映了党员的先进性。党章总纲所载明的党的性质、指导思想、奋斗目标、基本路线、基本原则、路线方针等，体现了全党的最高理性和价值诉求。党章正文对党员、党的组织制度、党的组织、党的纪律等作出规定，为党的领导和党的建设提供根本遵循。同时，作为党的根本法规，党章在党内法规体系中具有最高效力，各级党组织和全体党员都必须以党章为根本遵循，都不得违反党章的规定和要求。此外，党章修改坚持科学性和民主性原则，根据党的全国代表大会报告与时俱进作出改变，可以及时反映社会现实的发展变化。因此，党章既是党先进意志的集中体现，也是党的先进性的根本保障，党章修改引领宪法修改，有助于宪法准确把握社会现实，不断发展完善。

2. 党章修改先于宪法修改，是贯彻党的主张的差序反映。无论是党章修改，还是宪法修改，都是党的主张的制度化法治化。党治国理政的一个特点是，在上年年底（多为 10 月、11 月）召开党的全国代表大会，总结过去五年工作，对未来五年甚至更长一段时期工作作出部署，形成新的方针政策。在党的全国代表大会召开的同时，党章根据新的方针政策进行修改。而全国人民代表大会一般在第二年的 3 月召开，如果党的新主张突破宪法，需要全国人民代表大会修改宪法，时间上一定晚于党章修改。以 1982 年以来党的历次全国代表大会报告为参照，5 次宪法修改的 49 个修改点中 19 处修改来源于党章修改，却有 33 处修改来源于党的全国代表大会报告，而这 19 处修改，除了一个修改点①外，其他修改点都在这 33 处修改范围之内。显而易见，党章修改和宪法修改都来源于党的方针政策。宪法主要依据党的方针政策来修改，有学者将这种现象概括为"政策性修宪"，是有一定道理的。② 宪法修改同党章修改相衔接，是贯彻落实党的领导的基本要求。简言之，贯彻党的全国代表大会和党章的新规定新精神，适时修改宪法，是我国宪法修改的一条基本规律。

3. 党章修改先于宪法修改，反映了治国必先治党、治党务必从严、从严必依法度的治理逻辑。即先修改党章，统一党内思想，形成

---

① 十九大党章将民族关系表述为平等团结互助和谐，这一修改的十九大报告并未涉及，修改的最早来源是 2005 年 5 月中央民族工作会议，这次会议首次将社会主义民族关系表述为"各民族平等、团结、互助、和谐"。

② 所谓政策性修宪，是指以执政党的政策作为制定和修改宪法的指导原则，并在政策的指导下修改宪法，通过修宪将党的某些政策制度化、宪法化，是我国宪法修改的基本的和主要的模式。殷啸虎：《论"政策性修宪"及其完善》，《法商研究》2000 年第 1 期。

全党共识，必要时再修改宪法，将有关内容上升为宪法条文，适用于全国。党员干部是我国干部队伍的骨干力量，是推进中国特色社会主义事业的中流砥柱。党的全国代表大会报告通过后，党章根据报告精神进行修改，对广大党员干部进行宣传教育，统一全党思想和行动，使其自觉遵守党章规定，在思想上、组织上、行动上同党中央保持高度一致。当党章修改有关内容突破宪法规定时，通过宪法修改，将这部分内容转化为宪法条文，成为全国人民共同遵守的行为准则。用党员干部的模范带头作用引领全国人民遵守宪法新规定新要求，确保党的方针政策落到实处，万众一心、协调一致推进社会主义现代化建设。

需要注意的是，虽然多数情况下党章修改先于宪法修改，但也存在宪法修改先于党章修改的情形。比如，2004 年 3 月十届全国人大二次会议通过宪法修正案，将国家尊重和保障人权写入宪法；2007 年10 月党的十七大将尊重和保障人权写入党章。又如，1999 年 3 月九届全国人大二次会议将依法治国，建设社会主义法治国家写入宪法，2002 年 11 月党的十六大将此基本方略写入党章。对此应作何理解？笔者认为，主要有三个原因：一是虽然党章全面反映党的政策主张，但以党的领导和党的建设为主要内容，在党章修改遵循可改可不改的不改原则情况下，党的全国代表大会报告中属于国家方针政策的部分内容，可能未写入党章。而由宪法修改对报告中的这部分内容先行予以确认。二是社会发展变化纷繁复杂，党的全国代表大会报告不可能把所有变化都囊括其中，其中某些变化突破宪法规定，宪法先于党章作出相应调整。三是党章、宪法的定位、作用不同，宪法不是党章的"传声筒""应答器"，二者各有自己独立的运行机制，互促互进，相辅相成，共同推进国家治理体系和治理能力现代化。这就是说，在时序上，党章修改和宪法修改具有双向性，不能片面认为都是清一色的党章修改先于宪法修改，宪法变迁也为党章修改提供动力和养分。

四是修改频率上的差异性。宪法是全体人民的"最大公约数"，具有更高稳定性；党章是全党意志体现，尽管也有很高稳定性，但出于客观执政环境改变、执政党与时俱进等因素，党章修改的频率一般高于宪法。从1922年党章颁行以来，此后几乎每一届党的全国代表大会都对党章作了修改（五大没有修改党章，后由中央政治局会议修改）。十二大党章通过以来，党的全国代表大会每五年召开一次，党章也每五年修改一次，迄今共修改8次。1982年宪法颁布至今，共修改5次，明显低于党章修改的次数。如何理解二者修改次数上的差异？笔者认为，主要有以下两方面原因：

一方面，党章每隔五年修改一次，是党与时俱进，用党章引领党和国家发展的需要。作为党的根本法规，党章应当有稳定性，频繁更动不利于形成稳定的党内生活秩序，但这并不是说党章文本就应一成不变。面对错综复杂、千变万化的国际国内形势，作为国家最高政治领导力量，党必须及时作出回应，并在五年一度的全国代表大会上总结提炼新的方针政策，引领国家和社会发展。其中具有全局性、基础性、长期性，符合事物发展规律，宜于写入党章的内容，及时吸收进党章之中，用发展了的党章统一全党思想和行动，引领、规范、促进、保障党的领导和党的建设各项工作。换句话说，党章主要不是靠稳定性而是靠先进性来支撑它的权威，只有赋予党章一定的适应性和灵活性，不断根据形势任务的发展变化提出新的方针政策，把党的新思想新观点新举措写在党章这面旗帜上，统一全党思想和行动，才能确保党始终立于时代潮头，走在时代前列，确保党的先进性和战斗力，引领党和国家事业不断前进。因而十二大党章颁布以来，每五年修改一次，成为党章发展的惯例，党章的稳定性是相对的。

另一方面，相对于党章而言，宪法具有更大稳定性。稳定性是宪法的基本特征之一，是宪法权威的重要来源。国家的经济社会发展、人们的日常生活都需要可预期的稳定秩序。宪法长期保持稳定，就有确定的制度环境，经济社会发展就会有序进行，人们的日常生活就会有序展开。如果宪法频繁修改，人们的共识不断变化，经济社会发展就会受到影响，人们也会无所适从。制宪者深刻认识到，宪法是根本法，是法律体系的根基，频繁修改，必然地动山摇，整个国家和社会都将陷入动荡之中。为避免宪法的频繁修改，制宪者使宪法的术语、条文在保证确定性的前提下，具有尽可能多的包容性，以便能够通过立法、宪法解释等方式适应日新月异、变幻莫测的现实生活。即便社会生活发生改变，有权机关也可通过立法、宪法解释等方式，而不是通过宪法修改，来调整宪法条文与变化了的社会现实之间的紧张关系。只有在社会现实的发展突破宪法，运用立法、宪法解释等方式已无法完全吸收社会现实的巨大能量时，才会进行宪法修改。

党章的适应性、灵活性与宪法的稳定性、权威性，二者之间是存在一定矛盾的。正是这一矛盾，揭示了党执政治国的一个规律。从稳定性的角度看，党章和宪法一动一静，以动促静，党章修改为宪法修改提供依据；以静制动，只有符合宪法要求的规律性认识和共识性成果才能上升为宪法条文，这样，既适应快速变化的执政环境，又能保持国家和社会的稳定秩序，二者衔接协同，相辅相成，体现了适应性和稳定性的统一，反映了党章修改和宪法修改之间的辩证统一关系，是党治国理政的一个秘诀和制度优势。

五是效力上的从属性。有人认为，党章作出同宪法不一致的规定，表明党的重大政策具有比法律更高的权威，党中央在宪法体制上高于全国人大。[1] 这种观点值得商榷。党必须在宪法和法律的范围内活动，是十二大党章和1982年宪法确立的一项基本原则，也是各国宪法的一项普遍原则，是我们党经过十年"文化大革命"得出的宝贵经验教训，是党执政地位的重要合法性基础。这项原则，任何人、任何时候、任何条件下都不得违反。正如习近平总书记所说，党领导人民制定宪法和法律，党领导人民执行宪法和法律，党自身必须在宪法和法律的范围内活动。[2] 需要强调的是，党章修改先于宪法修改，并不违反党必须在宪法和法律的范围内活动原则。党的领导是中国特色社会主义最本质的特征。党是国家的大脑、司令部，是经济社会发展

---

① 强世功：《党章与宪法：多元一体法治共和国的建构》，《文化纵横》2015年第4期。
② 习近平：《习近平谈治国理政》，外文出版社2014年版，第142页。

的引擎、源动力。党总结过去成功经验，提出新的方针政策，是党的政治领导的重要体现。如果党不与时俱进提出适应时代发展要求的方针政策，就没有很好履行领导党的职责。而且，党章根据党的全国代表大会报告作出修改，其效力仅限于党内，适用于各级党组织和全体党员，原则上对国家和社会不发生作用。党章修改有关内容只有经过法定程序上升为国家意志，才能对全体人民发挥作用。因而党章修改先于宪法修改、引领宪法修改，是党实施领导的一种方式，并不与党必须在宪法和法律的范围内活动原则相悖。理解宪法与党章的关系，既不能将二者混为一谈，也不能将二者截然对立。一方面，宪法高于党章，党章不得违反宪法的规定，同时接受宪法的指引，并积极维护宪法；另一方面，党章引领宪法，宪法也应当及时跟上社会发展的步伐。党章和宪法互促互动，是辩证统一的关系，共同为社会主义现代化建设提供坚实的法治保障。

第二节　统筹推进党章宪法的基本原理

由上可知，党章和宪法是辩证统一关系，这决定了党章宪法必须统筹谋划、一体推进。

一是贯彻党的方针政策的需要。在依法执政背景下，党的主张首先通过党章、宪法予以确认，再通过党章、宪法分别将党的主张传导到党内法规制度体系、国家法律制度体系，这是党的领导制度化法治化的重要体现，是贯彻党的方针政策最重要的两个渠道，也是实现党的领导的一条基本规律。党章、宪法奠定了政党治理、国家治理的制度框架。为适应经济社会的发展变化，引领国家和社会发展进步，党每五年召开一次全国代表大会，在大会报告中提出新的方针政策，对党的自身建设作出安排，对经济社会发展作出部署。按照惯例，党的全国代表大会报告通过后，党章根据报告作出修改，带动党内法规制度体系联动，把党中央新提出的方针政策全面落实到位。必要时，宪法根据党的全国代表大会报告和党章修改，作出解释或修改，带动国家法律制度体系联动，推动党的方针政策在国家生活和社会生活中落地见效。党章修改、宪法修改构成贯彻落实党的领导的完整链条，密切相关、缺一不可。必须统筹推进党章宪法，共同保证党的方针政策在党和国家层面得到完整、准确、全面贯彻。

二是适应经济社会发展变化的需要。党对国家和社会的领导不是凭空产生的，建立在经济社会发展实际基础之上。这是党的方针政策具有强大生命力和活力的根本原因。无论是党章还是宪法，都必须适应经济社会的发展变化，与时俱进作出相应调整，否则就不能发挥应有的作用。比如，党的十四大适应经济社会发展要求，改变传统的计划经济体制，确立社会主义市场经济体制目标，党章、宪法先后予以确认。与其说宪法修改是党章修改的要求，还不如说是经济社会发展变化的要求。当经济社会发展取得重大成果，党中央将其总结提炼形成新的方针政策后，必须统筹推进党章修改和宪法修改，同步纾解党章和宪法与经济社会脱节的张力，更好调适社会关系，更好发挥党章作为党的根本法规和宪法作为国家根本法的作用。

三是保持中国特色社会主义法治体系统一性的需要。中国特色社会主义法治体系是一个由国家法律体系和党内法规体系构成，党规国法各安其位、各尽其责、相辅相成、和谐统一的有机整体。统一性是中国特色社会主义法治体系的基本特征。作为党内法规制度体系、国家法律制度体系的"领头羊""带头大哥"，党章、国法的定位、作用不同，但理念、目标、价值相同，都是党和人民意志的高度统一，都是党执政治国的重要载体，必须统筹推进、一体建设。如果二者各自为战，相互冲突，甚至相互抵触，必将影响党的领导的全面实现，给国家治理造成极大混乱。

四是维护宪法权威的需要。党必须在宪法和法律的范围内活动，是认识和处理党章、宪法关系的一条基本准则，也是宪法权威的根本保证。政党活动遵守宪法和法律，各国大多如此。尤其是在像我国这样一党长期执政的国家，党更需要依法办事。党是最高政治领导力量。只有党尊重、遵守宪法和法律，宪法和法律才有权威，才会被社会尊重、遵守，如果党不受宪法和法律约束，宪法和法律就没有权威，法治就会名存实亡。改革开放以来，党奉行法治，遵守在宪法和法律范围内活动的原则，不仅在党章、《中国共产党党内法规制定条例》《党政机关公文处理工作条例》等重要法规文件中确认这项原则，而且设置专门机构，对法规文件进行合宪性、合法性审核，切实维护宪法法律权威和尊严。作为党的最高决策的载体，党的全国代表大会报告①往往内含与宪法不一致的新思想、新论断、新举措，体现的是党对国家和社会的政治领导，并不违反党必须在宪法和法律的范围内活动原则。这是因为，党章修改根据党的全国代表大会报告，将党领导人民进行建设、改革的成功经验和党的理论创新、制度创新、实践创新成果固定下来，并对新形势下全党的目标任务、基本原则、方针政策提出新要求，以适应形势任务的发展变化，推进党的工作、加强党的建设。换言之，党的全国代表大会报告与时俱进提出新的方针政策，党章以根本法规的形式固化党的新鲜经验和最新成果，甚至作出同宪法不一致的规定，用以规范和指导党的领导和党的建设工作，是党执政治国的一条基本规律和必经途径。苛求党章不得突破宪法，始终同宪法保持一致，无异于刻舟求剑，是行不通的。但党章规定和宪法规定长期不一致，必然给人们带来党章新内容是否违反宪法的困惑，不利于维护宪法权威。历史经验表明，党章和宪法是一荣俱荣、一损俱损的关系。"文化大革命"中，党的民主集中制遭到破坏，党内政治生活不正常，九大党章、十大党章中一些好的东西被修改，党的群众观点、群众路线不提了，党员权利也被取消。同样的是，国家法制遭到破坏，法律虚无主义盛行，1954 年宪法也被束之高阁。另一方面，七大党章为新中国第一部宪法 1954 年宪法提供了思想基础和政治基础，十二大党章为 1982 年宪法的制定提供了基本遵循，1954 年宪法、1982 年宪法实施都取得了显著成效。必须统筹推进党章修改和宪法修改，及时通过宪法解释、宪法修改等方式，把党和人

---

① 李雪勤、王冠：《中央重大决策体制研究》，《中国领导科学》2022 年第 4 期。

民在实践中取得的重大理论创新、制度创新、实践创新成果通过国家根本法确认下来，保持党章、宪法同步，共同推动经济社会发展，否则宪法权威将受到冲击，法治根基将受到侵蚀，党和国家事业将遭受重大损失。

五是全面从严治党的需要。全面从严治党是党的十八大以来党中央作出的重大战略部署，是"四个全面"战略布局的重要组成部分，是实现国家治理体系和治理能力现代化的必然要求，也是政党现代化的必然要求。全面从严治党，基础在全面，关键在严，要害在治，必须大力推进以宪法为基础的法律体系建设和以党章为核心的党内法规体系建设，实现依法治国和依规治党相结合。以宪法为基础的国家法律对党员行为提出底线要求，以党章为核心的党内法规对党员行为提出更高要求，触及党员的内心和灵魂，宪法法律和党章党规功能互补，实现守底线和高标准的统一、以德治党和依规治党的统一。二者关系的精髓在于，党章对党员干部的要求比宪法对公民的要求要严。党章管党治党，对党员干部遵守宪法法律提出明确要求，从根本上保证宪法的权威和尊严；党员干部受到宪法法律的底线约束和党章党规的高线约束，凸显党的先进性纯洁性。宪法和党章并行不悖、相互支持，通过党章党规的教化强化党员干部的党性修养，涵养其宪法意识；通过宪法法律的实施塑造党员干部的规矩意识，促进其党性修养的提升。必须统筹推进党章宪法，为党全面从严治党、依规治党，推进自我革命提供更为坚实的制度保障。

第三节　统筹推进党章宪法面临的现实挑战

当前，在统筹推进党章宪法方面，主要存在以下问题：

一是党章修改和宪法修改存在脱节现象。党章、宪法是党治国理政的两大支柱，犹如鸟之双翼、车之两轮，相辅相成、不可分离。长期以来，我们党重视依据党章、宪法执政治国，但统筹发挥党章宪法作用还不够充分。实践中，党章修改有时未考虑宪法修改及后续措施，造成党章修改与宪法修改衔接不够紧密。由于党章是党的根本法规，对国家生活和社会生活有极大影响力，若党章的新规定与宪法长时间不一致，即便相关内容无需入宪，也会给人们带来党章不同于宪法的困惑，甚至产生"无形修改"问题①，削弱宪法权威。这显然不利于协调一致推进中国特色社会主义法治体系建设，推进国家治理体系和治理能力现代化。

二是统筹推进党章宪法的体制不明确。目前，党章修改和宪法修改都由党中央主导，但统筹推进党章宪法由谁负责，具体工作由谁承担，相关程序和方式是什么，并不清楚，不利于统筹推进党章宪法。

三是统筹推进党章宪法的制度机制不完善。比如衔接机制，如前所述，党章是根据党的全国代表大会报告修改的，实现了与党的全国代表大会报告的衔接，但目前尚未建立宪法同党的全国代表大会报告的衔接机制。党的全国代表大会报告、党章修改中哪些内容的变化，改变到什么程度，宪法需作出修改，有必要建立相应的制度予以规范。又如宪法修改制度，《宪法》第六十四条规定，宪法的修改，由全国人民代表大会常务委员会或者五分之一以上的全国人民代表大会代表提议，并由全国人民代表大会以全体代表的三分之二以上的多数通过。实践中这一制度未得到完全落实。1982 年宪法颁布后的 5 次修改都是由党中央向全国人大常委会提出宪法修改建议，经党中央全会审议和通过，形成《中华人民共和国宪法修正案（草案）》，由全国人大常委会提请全国人大审议和通过，已形成宪法修改惯例。这一做法有待制度化法律化。再如宪法解释制度，2017 年党中央印发关于健全宪法解释工作程序的指导性文件，但这个文件是党内文件，未公开发布。1982 年宪法实施以来，实践中还未进行严格意义上的宪法解释。

四是统筹推进党章宪法的理论有待深化。比如，党的全国代表大会报告及其他中央文件、党章有时提出同宪法不一致的规定和要求，

---

① 所谓无形修改，是指不经法定程序，也不对宪法的内容和文字作任何改动，而是基于政策变化，引起宪法内容事实上的变化。如 1958 年中共中央发布《关于在农村中建立人民公社的决定》，直接改变 1954 宪法有关农村基层政权的规定。

是否符合党必须在宪法和法律的范围内活动原则？如果党的全国代表大会报告及其他中央文件、党章可以作出同宪法不一致的规定，中央纪委以及党中央工作机关、省区市党委能否作出同宪法不一致的规定？党章修改后，宪法是否需要立即跟进修改？上述问题亟待破解，以为统筹推进工作提供理论支持。

第四节　统筹推进党章宪法的若干设想

党章是党的根本法规，宪法是国家的根本法，都是中国特色社会主义法治体系的基础规则，都是党执政治国的重要依托。深入推进全面依法治国，更好实现党的领导，必须统筹推进党章宪法。

第一，树立党章宪法一体化观念。目前，人们关于党章宪法一体推进的意识比较淡薄。鉴于党章宪法相辅相成、有机统一，建议在起草党的全国代表大会报告时，站在建设中国特色社会主义法治体系的立场和高度，通盘考虑可能涉及的党章修改和宪法修改问题，将研究讨论党章修改和宪法修改作为起草工作的必经程序，即便党的全国代表大会报告和党章修改不涉及宪法修改问题，也进行相关研究，并提出不予修改建议。

第二，完善统筹推进党章宪法的体制。一是明确由党中央统筹推进党章宪法，具体工作由中央办公厅承担。《中国共产党中央委员会工作条例》第五条规定，涉及全党全国性的重大方针政策问题，只有党中央有权作出决定和解释。党章修改和宪法修改是涉及党和国家工作大局的重大问题，应由党中央讨论决定。由中央办公厅承担统筹推进党章宪法的具体工作，主要出于以下考虑：（1）职责对口，中央办公厅法规工作机构负责统筹协调党内法规制定工作，承担中央领导国家立法的具体服务工作；（2）经验丰富，中央办公厅法规工作机构长期从事党内法规工作和服务党领导国家立法工作，积累了大量经验；（3）中央办公厅是党中央综合办事机构，在党中央领导下工作，具备其他机构所不具备的组织协调能力。

　　二是充实起草机构中的法学背景人员。按照惯例，党的全国代表大会筹备工作启动后，成立文件起草组和党章修改小组，分别负责党的全国代表大会报告和党章修正案的起草工作。为做好统筹推进党章宪法工作，建议选派中央办公厅法规工作机构和全国人大常委会法制工作委员会的同志参加文件起草组和党章修改小组，就党的全国代表大会报告和党章修改过程中的合宪性、涉宪性问题提出意见建议，保证报告起草和党章修改工作在宪法和法律的范围内活动；在党的全国代表大会报告稿初稿形成后，就是否需要党章修改和解释、宪法修改和解释提出意见建议，保证党章修改和宪法发展的同步性、协调性。此外，选派人员熟悉党的全国代表大会报告和党章修改的起草背景和有关内容的含义意图，回归本职岗位后，有助于促进本单位完整、准确、全面贯彻党中央决策部署。

　　第三，健全统筹推进党章宪法的制度机制。一是建立前置审核制度。所谓前置审核，是指在党的全国代表大会报告稿送审前，文件起草组组织法学、党内法规等方面专家组成审核小组，对报告稿的合宪性、合法性、合规性、合理性进行审核，确保报告稿合宪合法、合规合理，并在此基础上提出对党章、宪法的修改、解释方案。方案如涉及宪法修改和宪法解释，应送全国人大常委会法制工作委员会征求意见。这样做，可以最大限度保证报告稿符合党章、宪法，为党章修改和可能的宪法修改，以及党内法规体系和国家法律体系的完善奠定基础。

　　二是建立不一致说明制度。党对宪法工作的领导主要是政治领导，即方针政策的领导。这在党的全国代表大会报告中体现得最为突出、最为充分。报告对过去五年工作进行系统总结，并根据形势任务的发展变化对未来五年甚至更长时期的工作进行展望，是党的最高决策的载体，是党章修改和宪法修改的权威依据。因而，党在过去五年间形成的理论创新、制度创新和实践创新成果，以及新提出的方针政策，可能出现同现行宪法不一致的情况。这并不违反党必须在宪法和法律范围内活动的原则。因为党领导一切，包括对宪法修改工作的领导，党提出同宪法不一致的方针政策，属于党的政治领导范畴；党以全心全意为人民服务为根本宗旨，没有一丝一毫的私利，忠实代表最广大人民的根本利益；党的领导不是随心所欲的，而是建立在对最广大人民意志和利益、经济社会发展趋势的准确把握之上，在社会生活发生重大改变，需要对宪法作出相应调整时，党完全有资格、有能力提出适应社会发展新变化、同宪法不一致的方针政策。换句话说，宪法不是故步自封的自杀公约，必须随着社会的发展而发展，才能发挥引领、规范、促进、保障国家生活和社会生活的作用，而宪法修改的动力很大程度上来自于党。建议借鉴立法法中的不一致说明制度①，在起草党的全国代表大会报告和党章修正案时，对于同宪法规定不一致的内容作出专门说明，讲清楚有关内容突破宪法规定的必要性，并提出宪法修改或者解释的建议，以此提醒起草机构慎重对待合宪性、涉宪性问题，认真研究哪些无需突破宪法规定，哪些需要通过宪法解释予以说明，哪些确需进行宪法修改，为报告稿的完善提供方向，为将来有关内容的转化提供依据，这既有利于提高报告稿质量，也有利于维护宪法权威。

三是健全宪法修改和宪法解释制度。一是在总结宪法修改实践经验基础上，制定宪法修改法，固定宪法修改惯例，明确宪法修改的原则、提起主体和条件、受理、草案拟制、审议、通过和公布等，为宪法修改提供统一、权威的制度遵循。鉴于宪法是国家法律体系的基础，宪法修改必须慎之又慎，具备下述四项条件：（1）有现实需要，所修改的内容已突破宪法规定。（2）有民意基础，所修改的是各方面普遍要求修改、具有广泛共识的内容。（3）有权威依据，党的全国代表大会报告、党章修改已对相关内容作出规定，或者党中央已提出修

---

① 立法法第六十四条规定，法律草案与其他法律相关规定不一致的，提案人应当予以说明并提出处理意见，必要时应当同时提出修改或者废止其他法律相关规定的议案。这种修改方式又被称为联动修改、捆绑式修改，旨在督促提案人在提出法律案时统筹兼顾相关法律规定，增强法律的及时性、系统性，维护法制统一。全国人大常委会法制工作委员会国家法室编著：《中华人民共和国立法法释义》，法律出版社 2015 年版，第 185—186 页。

宪建议。（4）有成熟条件，所修改的是已被实践证明成熟，无法通过宪法解释、立法等方式处理，宪法上非改不可，且具有可操作性的内容，不成熟的，不作修改，可以通过宪法解释或者有关法律处理，保持宪法的连续性、稳定性、权威性。二是制定宪法解释法。为适应瞬息万变的社会现实，党的全国代表大会报告和党章修改必然包含新思想、新观点、新举措，对宪法条文的稳定性造成冲击。宪法是国家的根本法，频繁变动不利于经济社会发展，也不利于形成稳定秩序，树立宪法权威。一般通过宪法解释来保持宪法和社会现实的一致性，不到万不得已，不对宪法进行修改。建议在 2017 年中共中央有关健全宪法解释工作程序的指导意见基础上，总结实践成功经验，借鉴国外有益做法，尽快制定宪法解释法，对宪法解释的启动事由、条件、方式以及受理、审议、通过、公布和效力等作出规定，推进宪法解释制度化、规范化、程序化。[①]

四是完善党章修改和党章解释制度。如前所述，统筹推进党章宪法具有双向性，不仅宪法需要根据党章修改作出相应调整，党章也需要根据宪法变迁进行相应完善。为保证党章及其他党内法规与宪法修改保持一致，有必要健全党章修改和党章解释制度。就党章修改制度而言，现行党章仅规定"修改党的章程"属于党的全国代表大会的职权，未对党的全国代表大会如何行使修改党章的职权作出规定，也未规定谁有党章修改的提议权，以及党的全国代表大会通过修改的党章的法定人数，这不利于党章与时俱进修改完善。党的一大党纲规定，党章"须经三分之二全国代表大会代表同意，始得修改"。许多外国政党的党章规定了党章修改制度。建议参照我国宪法有关宪法修改的规定，在党章中增加规定：党章的修改，由党的中央委员会或者五分之一以上的党的全国代表大会代表提议，并由党的全国代表大会以全体代表的三分之二以上的多数通过。[②] 就党章解释制度而言，现行党

---

① 李忠：《论健全保证宪法全面实施的制度体系》，《西北大学学报》（哲学社会科学版）2023 年第 2 期。

② 张晓燕：《中国共产党历次党章修改的启示》，《中共中央党校学报》2001 年第 1 期。

章未规定党章解释制度。作为党的根本法规，党章条文具有很强的原则性和概括性，党章实施必然要求对党章术语、条文的含义和意图作出解释。党的二大党章规定，党章的"解释之权属中央执行委员会"。党的五大党章取消这个规定后，历次党章修改都没有规定党章解释制度。虽然《中国共产党党内法规制定条例》规定了党内法规解释制度，2015 年中央办公厅发布了《中国共产党党内法规解释工作规定》，但都没有对党章解释作出规范。建议在党章中增加党章解释的规定，明确提起党章解释的主体和党章解释的主体、程序、方式、效力，促使党章和宪法保持一致。

五是建立宪法问题日常回应机制。党章修改后，对于各方面提出的党章同宪法有关规定不一致问题，建议由全国人大常委会会同中央办公厅，对提出的问题及时作出回应，并由全国人大常委会向提出者反馈，如涉及重大体制和重大政策调整问题，或者需要提出宪法解释或者宪法修改建议，经党中央讨论后，再由全国人大常委会向提出者反馈，或者按照法定程序作出宪法解释或者宪法修改。

六是改进党章宪法贯彻实施机制。党章、宪法分别为党内法规体系、国家法律体系的基础和依据。党章、宪法修改后，党内法规体系、国家法律体系也应及时作出相应修改完善。建议完善党章宪法贯彻实施机制，根据党章、宪法新修改的内容，通过清理、专项审查等方式，促进党内法规体系、国家法律体系同新党章、新宪法保持一致。

第四，深化理论研究。党章宪法关系是一个跨领域、跨学科的重大课题。建议有关部门通过设置课题、组织跨学科专家学者等方式，对实践中出现的"政策性修宪"、党章修改条件、宪法修改条件等问题，展开深入持久研究，形成高质量研究成果，为统筹推进党章宪法提供学理支持和智力支撑。

第四章　党内法规制度合宪性审查初探[*]

党的十九大提出推进合宪性审查工作，这是加强我国宪法实施和监督的重大举措。2018 年 1 月，党的十九届二中全会通过《深化党和国家机构改革方案》，将全国人大法律委员会更名为全国人大宪法和法律委员会，并将合宪性审查这项职能赋予宪法和法律委员会。2018 年 3 月宪法修正案和 2018 年 6 月十三届全国人大常委会三次会议通过的《关于全国人民代表大会宪法和法律委员会职责问题的决定》对此予以确认。一些人据此认为，合宪性审查只是全国人大的事。这种观点是片面的、不正确的。

在我国，除通过法律外，还通过道德、习惯、国家政策、党内法规制度等规范来调整社会关系。在这些规范中，道德主要依靠社会舆论、内心信念和传统习惯来评价人的行为、调节社会关系，属于社会意识形态，不存在合宪性审查问题；习惯和国家政策充当填补法律漏洞的角色，主要涉及合法性问题；党内法规制度则是我们党执政治国的重要工具，它对我国国家事务和社会事务的影响是道德、习惯、国家政策不可同日而语的。

改革开放以来，中央高度重视党内法规制度建设，特别是党的十八届四中全会，将党内法规和国家法律一并列为中国特色社会主义法

---

* 本章内容发表于《西北大学学报》（哲学社会科学版）2019 年第 1 期，收入本书时略作修改。

治体系的重要组成部分①，首次在党的文件中赋予党内法规和国家法律同等重要的地位。随着党的建设深入推进，党内法规制度在我国政治生活和社会生活中扮演越来越重要的角色。八项规定深刻改变中国，就是一个典型例证。② 推进合宪性审查工作，仅考虑国家法律的合宪性问题显然是不够的，还必须同时考虑党内法规制度的合宪性问题。

第一节　党内法规制度合宪性审查的一般原理

党内法规制度是党内法规和党内规范性文件的总称，近年来才逐渐进入人们的视野。③

按照 2019 年修订的《中国共产党党内法规制定条例》（以下简称《制定条例》），党内法规是党的中央组织，中央纪委以及党中央工作机关和省区市党委制定的体现党的统一意志、规范党的领导和党的建设活动、依靠党的纪律保证实施的专门规章制度。党内规范性文件是2012 年 6 月 4 日中央办公厅印发的《中国共产党党内法规和规范性文件备案规定》（以下简称《备案规定》）首次提出的概念，是指党组织在履行职责过程中形成的具有普遍约束力、在一定时期内可以反复适用的文件。相较而言，党内法规主要调整党的性质和宗旨、指导思想和目标任务、党的组织设置、党员义务权利、党内行为规范、党的

---

①　党的十八届四中全会提出，全面依法治国的总目标是建设中国特色社会主义法治体系，建设社会主义法治国家，并将形成完备的法律规范体系、高效的法律实施体系、严密的法治监督体系、有力的法治保障体系，形成的完善的党内法规体系，作为建设中国特色社会主义法治体系的重要内容。参见《中共中央关于全面推进依法治国若干重大问题的决定》（2014 年 10 月 23 日中国共产党第十八届中央委员会第四次全体会议通过）。

②　八项规定不仅纯洁了党内关系，也极大改变了政治生态和社会生态。有关情况参见梁相斌、祝捷《八项规定改变中国》，湖北人民出版社 2015 年版。

③　党内法规与党相伴而生，1921 年党的一大通过的《中国共产党第一个纲领》，宣告中国共产党成立，是党的历史上第一个党内法规。党内法规这个概念是 1938 年毛泽东首次提出的，此后为历任领导人所接受。党的十八大后，我们党高度重视党内法规制度建设，提出党要管党、依规治党，制定出台一系列党内法规，产生了广泛社会影响，党内法规这个词也逐步为人们所熟悉。

纪律要求等，多采取条款形式，比如党章、《关于新形势下党内政治生活的若干准则》《中国共产党地方委员会工作条例》《中国共产党党委（党组）理论学习中心组学习规则》《中国共产党党旗党徽制作和使用的若干规定》《党政领导干部生态环境损害赔偿责任追究办法（试行）》《中国共产党发展党员工作细则》等；党内规范性文件主要规定党对某一方面或某一领域工作的指导思想、基本原则、总体要求、主要任务和保障措施等，多采取段落形式，比如《关于建国以来党的若干历史问题的决议》《中共中央关于全面推进依法治国若干重大问题的决定》《中共中央办公厅关于开展党内法规和规范性文件清理工作的意见》《中共中央关于加强农村基层组织建设的通知》等。总体上看，党内法规和党内规范性文件都是我们党治国理政的重要工具，二者适用于不同的对象和场合：党内法规主要用以调节党内关系、规范党内秩序，更具普遍性、规范性、操作性、稳定性；党内规范性文件主要用以统筹社会力量、平衡社会利益，更具灵活性、原则性、指导性、探索性，更能反映党的执政特点和优势。它们相互补充、相辅相成。

目前，社会上有一种普遍性看法，一说党执政治国，只提党内法规，不提党内规范性文件，这是片面的。党内法规和规范性文件都是党实施领导、履行职责的载体，何种情况下采取党内法规的形式，何种情况下采取规范性文件的形式，取决于调整对象、主要内容、制定条件等因素。有的针对同类事项，既可以采取党内法规的形式，也可以采取规范性文件的形式，比如节庆庆典，2012 年 5 月 29 日中央办公厅、国务院办公厅印发《节庆活动管理办法（试行）》，这是党内法规，而 2011 年 4 月 5 日中央办公厅、国务院办公厅印发的《关于开展清理和规范庆典、研讨会、论坛活动工作的实施意见》，则是党内规范性文件。有的是当前制定党内法规的条件不成熟，先采取规范性文件的形式，待条件成熟时，再上升为党内法规，比如厉行节约，2009 年 2 月 20 日中央办公厅、国务院办公厅印发《关于党政机关厉行节约若干问题的通知》，实施一段时间后，2013 年 11 月 18 日，中共中央、国务院总结经验，印发《党政机关厉行节约反对浪费条例》。有的上位规定采取党内法规的形式，配套制度采取规范性文件的形式，仍以厉行节约为例，针对厉行节约反对浪费问题，中央制定了"1+20"制度框架，其中"1"是指《党政机关厉行节约反对浪费条例》，"20"是指与之配套的制度，包括《党政机关国内公务接待管理规定》《中央和国家机关会议费管理办法》《关于全面推进公务用车制度改革的指导意见》等，后一个就是规范性文件。而且，党内规范性文件，特别是党的全国代表大会、中央委员会、中央政治局及其常委会通过的报告、决议、决定、意见等，是我们党在特定历史阶段作出的具有全局性、战略性的决策部署，是全党必须贯彻执行的行动指南，某些情况下其所起的作用是党内法规无法比拟的。脱离党内规范性文件来看待党的治国理政，难免会盲人摸象、以偏概全。

实践中，党内法规制度主要通过以下方式对国家事务产生影响：

一是党章修改先于宪法修改。从近些年党章修改、宪法修改的情况来看，我们党理论创新、实践创新、制度创新的最新成果总是先载入党章，条件成熟时再转化为宪法规范。比如，邓小平理论是在1997年党的十五大党章中确立为党的指导思想，1999年宪法修改时将其确立为全国人民的指导思想；科学发展观、习近平新时代中国特色社会主义思想，分别在2012年党的十八大党章、2017年党的十九大党章中确立为党的指导思想，2018年宪法修改时将其确立为全国人民的指导思想；1992年党的十四大党章提出经济体制改革的目标是建立和完善社会主义市场经济体制，1993年宪法修正案作了相应规定；2017年党的十九大党章提出中国共产党的领导是中国特色社会主义最本质的特征，2018年宪法修改时将其写入宪法第一条第二款。可以说，我国宪法修改与党章修改在相当大的程度上具有关联性，宪法修正案中的部分内容是对党章新修订内容的确认。

二是党内法规制度对国家事务进行规范。这又分为四种情况：（1）党中央以党内法规制度的形式推动国家事务改革。在这种情况下，党的领导成为国家发展的根本动力。典型的是国家监察体制改革，中央办公厅 2016 年 11 月印发《关于在北京市、山西省、浙江省开展国家监察体制改革试点方案》，部署在三省市设立监察委员会，拉开了国家监察体制改革的序幕。又如，近年来党中央、国务院发布《生态文明体制改革总体方案》《党政领导干部生态环境损害责任追究办法》等 20 件党内环保法规制度，对生态文明建设作出部署安排。① （2） 由于一些国家事务的调整涉及党的机关，或者虽然不涉及党的机关，但需要党的机关指导监督，党政机关以联合发文的形式对一些国家事务进行调整。比如，2009 年 7 月 1 日中央办公厅、国务院办公厅印发《国有企业领导人员廉洁从业若干规定》，规范的是国有企业领导人员的廉洁从业行为，涉及党的纪检工作。（3） 党政机关分别以党内法规制度和国家法律法规的形式对同一类事务进行管理。以反腐败工作为例，对于利用职权或者职务上的影响为他人谋利益的行为，《中国共产党纪律处分条例》第八十条和《刑法》第三百八十二、三百八十三条分别以违反廉洁纪律、贪污罪论处。（4） 党的机关以自身名义对一些国家事务作出规定。现代政治是政党政治，其典型特征是政党代行部分国家机关权力，如组织选举、推荐国家领导人等，已由各国宪法法律所确认或成为各国的政治惯例。与西方多党制国家政党胜选后进入国家体系，国家体系吸纳政党的模式不同，在我国，党的领导与国家各项建设事业紧密相连，形成你中有我、我中有你、水乳交融、密不可分的政治有机体，并在长期革命、建设、改革过程中逐步形成了党管新闻、党管政法、党管人才等原则。比如，2015 年 6 月 11 日，中共中央印发《中国共产党党组工作条例（试行）》，规范党组工作，对党在国家机关、人民团体、经济组织、文化组织、社会组织和其他组织等非党组织领导机关中发挥领导核心作用作出规定。又如，按照党管干部原则，2014 年 1 月 14 日中共中央印发的《党政领导干部选拔任用工作条例》，不仅适用于党的机构，还

---

① 郄建荣：《近五年发布 20 件党内环保法规和政策》，《法制日报》2017 年 8 月 22 日。

适用于人大、政府、政协、人民法院、人民检察院及其工作部门和机关内设机构；按照党管人才原则，2016 年 2 月 27 日中共中央印发《关于深化人才发展体制机制改革的意见》，对深化人才发展体制机制改革作出规定。

三是党内法规制度对党员的公民权利义务进行增减。为确保党始终保持先进性纯洁性，我们党不断适应新形势，对党员的公民权利义务作出调整，提出比普通公民更高的道德要求，规定更严的行为规范。比如，经商办企业、出入私人会所、操办婚丧嫁娶、收受礼品礼金，属于公民的权利和自由，但却是纪律处分条例规定党员不得触碰的红线；普通公民见危不救，仅受道德谴责，但按照纪律处分条例，党员见危不救将受到包括开除出党在内的党纪的严厉制裁。

以上情况提出一个严肃问题：党内法规制度对国家事务施加影响，是否违反宪法法律？比如，党章修改先于宪法修改，是否符合党在宪法和法律范围内活动的原则；以党内法规制度推进国家事务改革，如涉及宪法规定的事项，是否超越宪法权限；由于党员既是党员，也是公民，对党员的公民权利义务进行增减，是否侵犯宪法赋予党员的公民权利义务，是否符合宪法规定的法律面前人人平等原则，等等。根据我国现行规定，党内法规制度不得违反宪法法律。1982 年宪法和党的十二大党章，确立了党必须在宪法法律范围内活动的原则。①《中国共产党党内法规制定条例》第七条明确规定，制定党内法规，必须遵守党在宪法和法律范围内活动的原则。党的十六大提出依法执政，党的十六届三中全会将其确立为党治国理政的基本方式。党的十八大重申，党领导人民制定宪法和法律，党必须在宪法和法律

---

①　宪法序言强调，全国各族人民、一切国家机关和武装力量、各政党和各社会团体、各企业事业组织，都必须以宪法为根本的活动准则，并且负有维护宪法尊严、保证宪法实施的职责，各政党包含了中国共产党。确立"党必须在宪法和法律的范围内活动"，党要遵守宪法法律，是党的十二大提出的，并写入了十二大党章总纲。这一规定明确了党与法的关系，是党的十一届三中全会后党反思"文化大革命"破坏宪法和法制的惨痛教训得出的结论。参见蔡定剑《宪法精解》，法律出版社 2006 年版，第 156 页。

范围内活动。① 可见，党内法规制度遵守宪法法律的规定和要求，是依法治国、依法执政的本质要求，是维护宪法权威和尊严的根本保证，是维护中国特色社会主义法治体系一的基本要求。

对于上述问题，笔者认为，可从以下两方面理解：

一是党中央制定的党内法规制度，是党的领导的重要体现。根据党章第十条、二十二条的规定，党的全国代表大会和它所产生的中央委员会，是党的最高领导机关；在中央委员会全体会议闭会期间，中央政治局和它的常务委员会行使中央委员会的职权；全党各个组织和全体党员服从党的全国代表大会和中央委员会。也就是说，党的全国代表大会通过的党章和报告，党的中央委员会、中央政治局及其常委会通过的党内法规制度，包括推动国家事务改革、同其他机关联合发文、对国家事务作出规定、对党员的公民权利义务进行增减，是对全党全国进行政治领导，是党的领导的集中体现，可以规定不同于宪法的内容。

党中央通过党内法规制度对国家事务作出规定，领导和塑造国家，这点与绝大多数国家截然不同。这是我国政治体制和国家治理的一大特色。概括地说，我们党治国理政的基本特征就是以党领政，党中央提出大政方针政策，国家机关贯彻执行；党中央是大脑、指挥部、司令部，国家机关是四肢、行动者、作战部队。党中央制定的党内法规制度中蕴含的党的重大方针政策，有明确要求转化为宪法法律或者可以通过宪法法律予以确认的，立法机关应当自觉通过法定程序将其上升为国家意志，如宪法法律修改、调整立法规划、确立立法项目、在相关立法中全面准确反映等。但有两个例外：一个是党不能规定违反自身性质、宗旨和目标任务等的内容，比如党的领导、民主集中制、社会主义制度、人民代表大会制度等，这些内容是党成为中国特色社会主义领导核心的根基和保证。另一个是党必须善于使自己的主张通过法定程序成为国家意志，换句话说，党内法规制度不宜直接

---

① 胡锦涛：《坚定不移沿着中国特色社会主义道路前进，为全面建成小康社会而奋斗》（2012 年 11 月 8 日在中国共产党第十八次全国代表大会上的报告）。

对国家事务发号施令。这应当成为党中央制定的党内法规制度不可逾越的两条红线。

二是党中央以外的其他党组织制定的党内法规制度（中央办公厅代表党中央印发的党内法规制度除外①），包括同其他机关联合发文、对国家事务作出规定、对党员的公民权利义务进行增减，是对同级及以下党组织、国家机关而不是对全党全国进行政治领导。根据党章及有关规定，中央纪委、中央有关部门和省级地方党委只能讨论本系统、本地区范围内的重大问题并作出决定，它们制定的党内法规制度仅适用于本系统、本地区，无权对全国性的宪法、法律和行政法规作出调整。因此，按照民主集中制原则，这部分党内法规制度必须符合党中央制定的党内法规制度，除遵循上述两条红线外，未经批准不得突破全国性宪法、法律和行政法规的规定。

实践中，党中央制定的党内法规制度，始终践行党的性质、宗旨和目标任务，坚持依法执政，严格按照党对立法工作的领导的要求，在宪法修改、立法规划计划制定、重大法律问题确定、重大体制和政策问题调整等工作中，善于将自己的主张按照法定程序转化为国家意志。而党中央以外的其他党组织制定的党内法规制度，可能存在突破宪法法律规定②、不当干预国家事务③、不当增减党员的

---

① 中央办公厅是中共中央直接领导的办事机关，代表党中央发布的党内法规制度视为党中央制发的党内法规制度。

② 《法制日报》曾刊载一个案例：福建省长乐市财政局先后与 27 家企业签订周转金借款合同，并由企业所在地的乡镇财政所提供担保。这 27 家企业倒闭后，财政周转金尚有745.8 万余元未能收回。长乐市人民法院以玩忽职守罪判处该市财政局长王凯锋有期徒刑 5年 6 个月，主要理由是，担保法规定："国家机关不得作为担保人"；王凯锋身为财政局长，应当对财政周转金的发放、回收等工作负领导责任。而王凯锋则大喊冤枉，认为自己不存在玩忽职守问题，因为他是严格按照福州市市委（1999）9 号文件精神办事的。该文件明确规定："为了确保资金周转按期归还，滚动发展，要实行周转金贷款担保制度。"参见刘国航、陈杰人《政策和法律打架 责任谁来承担?》，《法制日报》2002 年 1 月 12 日。

③ 2008 年，贵州省德江县县委、县政府办公室联合发文，要求全县干部职工在限定时间内到县里新发现的"扶阳古城"参观游览，推动古城旅游。用红头文件推销景点，是干预具体经济活动的行为，干扰市场运行，破坏市场公平。参见邱炯绘《贵州德江"红头文件"让干部公款游扶持"扶阳古城"?》，《人民日报》2008 年 10 月 31 日。

公民权利义务①等问题。

　　鉴于党内法规制度违反宪法规定的可能性及其在我国国家生活和社会生活中的重要地位，为维护宪法权威，维护中国特色社会主义法治体系一，有必要对党内法规制度进行合宪性审查。

第二节　党内法规制度合宪性审查中存在的主要问题

　　从 20 世纪 80 年代中期开始，对党内法规制度的合宪性审查工作就已展开。根据有关规定，党委办公厅（室）校核党委制发的文件，其中一项重要内容就是文件的合宪性。② 2012 年 6 月 4 日，中央办公厅印发的《备案规定》，对备案审查中发现党内法规和规范性文件存在同宪法和法律不一致等问题的情形，规定了相应的处理程序，同时要求"建立党内法规和规范性文件备案审查与国家法规、规章和规范性文件备案审查衔接联动机制"。③ 同年 4 月 16 日，中央办公厅、国务院办公厅印发的《党政机关公文处理工作条例》规定了对公文文稿的前置审核④、印发前审核。这些规定，为开展党内法规制度的合宪

---

　　①　2003 年，江苏省射阳县委出台《关于大力推进"双强"村干部队伍建设的实施意见》，规定家庭年收入 10 万元以上的村民，才有资格当选村干部。参见张根生《江苏省射阳县红头文件　年收入达 10 万才能当村官》，《北京娱乐信报》2003 年 9 月 10 日。这一规定涉嫌违反宪法有关公民选举权和被选举权的规定。

　　②　1985 年 4 月 25 日，中央办公厅印发《中国共产党各级领导机关文件处理条例（试行）》，文件校核的重点之一就是是否符合宪法法律。参见王云奇《浅谈文件校核（二）》，《秘书之友》1990 年第 11 期，第 29 页。

　　③　《中国共产党党内法规和规范性文件备案规定》第七条第二项规定，中央办公厅对报送中央备案的党内法规和规范性文件进行审查，审查内容之一是是否同宪法和法律不一致。第十条规定，审查中发现党内法规和规范性文件存在第七条所列问题的，中央办公厅法规工作机构经批准可以建议制定机关自行纠正，制定机关应当在 30 日内作出处理并反馈处理情况，逾期不作出处理的，中央办公厅提出予以纠正或者撤销的建议，报请中央决定。第十四条规定，建立党内法规和规范性文件备案审查与国家法规、规章和规范性文件备案审查衔接联动机制。

　　④　《党政机关公文处理工作条例》第二十条第一款第二项规定，公文文稿签发前，应当由发文机关办公厅（室）进行审核，审核的重点之一是，内容是否符合国家法律法规和党的路线方针政策。由此确立了公文前置审核制度。

性审查工作提供了制度依据，有力维护了宪法权威。需要指出的是，这里所说的合宪性审查，是法规文件制定和备案工作中的一道程序，不是专门的合宪性审查。

实践中，由于各方面原因，党内法规制度合宪性审查仍存在一些问题。主要表现在以下几方面。

一是思想认识模糊不清。一些领导干部没有认识到党内法规制度合宪性审查对于依法治国、维护宪法权威、确保党长期执政和国家长治久安的重要意义，没有把这项工作摆上重要位置，不重视在法规文件制定和备案工作中依照有关规定开展合宪性审查工作，造成一些可能含有违宪成分的党内法规制度"带病"上岗。一些人认为，党领导一切，党内法规制度作为党治国理政的重要工具，可以任意对宪法法律作出调整；党内法规制度合宪性审查削弱了党的领导，不利于维护党的权威。一些人则对党内法规制度跨越"党内"边界、规范国家事务想不通、不理解，认为违反了法治原则。这些观点都不利于党内法规制度合宪性审查工作的正常开展。

二是制定工作有待改进。《党政机关公文处理工作条例》第二十条第一款第二项规定，公文签发前，发文机关办公厅（室）的审核重点之一是，内容是否符合国家法律法规和党的路线方针政策，其中国家法律法规是否包括宪法，并不明确。同条第二款规定，需要发文机关审议的重要公文文稿，审议前由发文机关办公厅（室）进行初核，但没有明确初核是否包含合宪性审查。实践中，党内法规制度多数由党的机关工作人员起草，法律专家参与较少，不利于从源头上化解合宪性问题。

三是备案工作不够严密。（1）未实现备案全覆盖。根据《备案规定》的要求，各级党委按照下备一级的原则开展备案工作，中央办公厅对中央纪委、中央各部门和省区市党委制定的党内法规和规范性文件进行备案，中央党内法规和规范性文件无需备案。之所以作这样的规定，是因为中央党内法规和规范性文件是由中央办公厅审核印发的，法规文件印发前，中央办公厅已进行了合法性、合规性、合理性审核，法规文件印发后没有必要再进行备案审查。但如何保证中央党内法规和规范性文件的合宪性，是一个值得研究的问题。（2）未规定被动审查。党内法规和规范性文件备案审查，是加强法规文件监督、提高法规文件质量的一种有效方式。但从实际情况看，法规文件更多是在实施过程中，同具体情况相结合，才能发现其存在的问题。因此，有必要赋予党组织和党员对于生效法规文件提出合宪性、合法性、合规性、合理性审查要求和建议的权利。《备案规定》制定时，考虑到党委法规工作机构还不健全，工作力量比较薄弱，仅规定备案机关对报备法规文件进行主动审查，没有规定备案机关可以根据党组织和党员对已生效、涉嫌违宪的党内法规制度提出合宪性审查要求和建议的被动审查，这不利于违宪法规文件的纠正。（3）审查焦点不集中。备案工作中，备案机关大多依据中央文件和上位党内法规对党内法规和规范性文件进行合规性审查，有针对性的合法性审查较少，合宪性审查就更少，合宪性审查的效果不显著。（4）审查标准不明确。一般说来，宪法比较原则概括，对于特定的党内法规制度来说，什么情况下合宪，什么情况下违宪，是一个专业性、技术性极强的问题。虽然《备案规定》提出，备案机关对报备的党内法规和规范性文件，主要审查其是否同宪法和法律不一致，但如果缺乏具体、可操作的标准，审查工作将举步维艰。

四是统筹协调不够有力。为加强党和国家备案工作机构之间的协调配合，推进备案审查工作深入开展，《备案规定》提出，在党内法规和规范性文件备案工作机构与国家法规、规章和规范性文件备案工作机构之间建立备案审查衔接联动机制。实践中，党政机关法规工作机构之间缺乏经验交流和沟通联系，备案审查衔接联动机制的作用发挥不够理想。作为合宪性审查的主管机关，全国人大常委会统筹党政机关合宪性审查工作的力度有待加强，未给予充分的业务指导。

五是审查力量严重不足。党内法规工作机构是从 2012 年《制定条例》颁布后逐步建立起来的。目前，省级党内法规工作机构已全部设立，但市、县级缺机构、缺编制、缺人才的问题比较突出；党内法规工作机构普遍头绪多、任务重、人员少，懂宪法、懂法律的专门人才缺口较大，这种状况尚不适应党内法规制度合宪性审查的需要。

六是理论研究不够深入。这是目前困扰党内法规制度合宪性审查工作的大问题。近年来，特别是党的十八大以来，党内法规研究逐步兴起，取得了较大成绩，但对党内法规制度合宪性审查问题关注不够，一些基本问题，比如，党章能否突破宪法法律规定，如果能，与宪法具有最高的法律效力是否抵触；准则、条例，或部门、地方党内法规能否突破宪法法律的规定；党内法规制度对党员的公民权利义务进行增减，是否违反了宪法有关公民权利义务的规定，是否符合宪法规定的公民在法律面前人人平等原则；党内法规制度增减党员的公民权利义务的界限、标准、依据是什么；如果党内法规剥夺了党员不应剥夺的公民权利，有没有救济的途径和措施；党内法规、党政联合发文能否对国家机关、社会组织、公民个人直接发生效力，等等，研究不够，缺乏共识，制约了合宪性审查工作的开展。

第三节　加强对党内法规制度的合宪性审查

从以上分析可以看出，目前党内法规制度合宪性审查的机构和制度已经建立，合宪性审查工作取得了初步成效。随着备案工作的深入推进和党委法律顾问制度的逐步建立，合宪性审查工作将不断完善，总体上是适应党依法执政需要的。针对党内法规制度合宪性审查工作中存在的问题，当务之急是采取有效措施，切实加以改进和完善。

第一，提高思想认识。各级党委要充分认识到合宪性审查工作的重要意义，把党内法规制度合宪性审查摆上重要位置，在党内法规制度的制定、备案等工作中加强对法规文件的合宪性审查。要引导各级领导干部进一步认识到，依法治国是党领导人民治理国家的基本方略，党必须在宪法和法律的范围内活动，党内法规制度是党治国理政的重要工具，对其进行合宪性审查，不是削弱党的领导，而是加强和改善党的领导。要积极支持党内法规制度合宪性审查工作，建立健全有关制度机制，为这项工作的开展提供基本保障。

第二，强化对党内法规制度制定环节的合宪性审查。把合宪性问题解决在党内法规制度出台之前，是合宪性审查的治本之策。尤其是党中央制定的党内法规和规范性文件，按照现行规定，不接受备案审查，加大法规文件制定环节的合宪性审查，意义更加重大。一是起草重要党内法规制度时，建议起草组吸收人大、政府法制机构的人员参加，征求他们对法规文件合宪性、合法性的意见。二是把合宪性审查作为前置审核和印发前审核的重点内容，尽可能将违宪问题消除在萌芽状态。适时修订《党政机关公文处理工作条例》，将此做法写入条例。三是建立重要法规文件审议环节法律顾问、审核机构人员列席会议制度，法律顾问可以对法规文件的合宪性问题提出意见，审核机构人员可以了解法规文件来龙去脉，把握法规文件主要内容，为法规文件印发前的合宪性审查提供基础。

第三，完善党内法规和规范性文件备案制度。（1）适时修订《备案规定》，增写被动审查的内容，赋予党组织和党员在法规文件生效后提出合宪性审查要求和建议的权利，及时发现和解决实践中出现的党内法规制度合宪性问题。（2）聚集审查重点。在对党内法规制度进行合法性、合规性、合理性审查的过程中，将合宪性审查作为重点，主要包括党内法规制度是否遵守宪法确立的指导思想和基本原则，是否违反宪法规定的政治、经济、文化、社会制度，是否剥夺宪法赋予公民的基本权利，是否增加或免除宪法设定的公民的基本义务，是否僭越宪法规定的国家机构职权特别是立法机关的立法权限，是否调整国家机关的运作和国家权力的行使，是否与宪法衔接协调，等等，并在审查结论部分标注法规文件是否符合宪法。（3）建立宪法保留制度。为增强党内法规制度合宪性审查工作的操作性，建议仿照立法法的做法，建立宪法保留制度，明确规定，宪法某些原则和条款，即便是党的最高权力机关党的全国代表大会和中央委员会，也不能修改，为审查机关开展合宪性审查工作提供基本依据。这些宪法条款可包括党的领导、民主集中制、社会主义制度、人民代表大会制度、民族平等团结、依法治国、尊重和保障人权等。对于党中央制定的党内法规制度涉及宪法规定的，只要不违反宪法保留制度，原则上推定为合宪；对于其他党内法规制度涉及宪法规定的，主要根据是否违反宪法保留制度及权威部门和专家意见处理。（4）建立合宪性审查案例指导制度。建议全国人大常委会建立合宪性审查案例指导制度，从中提炼宪法规则，为党内法规制度合宪性审查提供指引。（5）建立合宪性审查标准。建议全国人大常委会加强宪法解释，细化宪法术语、条款、原则的含义，逐步建立具体明确的合宪性审查标准，为党的机关开展合宪性审查工作提供统一权威的审查依据。

第四，加大统筹力度。统筹协调是做好党内法规制度合宪性审查工作的重要保证。充分发挥备案审查衔接联动机制的作用，党内法规工作机构在备案工作中遇到宪法疑难问题时，要及时转送全国人大宪法和法律委员会工作机构研究，并尊重其提出的意见。建立合宪性审查教育培训制度，全国人大宪法和法律委员会要对党委、人大、政府、军队从事合宪性审查工作的人员进行教育培训和业务指导，不断提高他们开展合宪性审查工作的能力和水平。

第五，加强专门人才建设。针对合宪性审查力量严重不足问题，要充实党内法规工作人员力量，优化专业结构，重点引进宪法法律专门人才，切实解决人员素质能力不适应问题。考虑到合宪性审查工作的专业性、技术性较强，建议建立宪法专家库，发挥党委法律顾问作用，为党内法规制度合宪性审查工作的开展提供智力支持。

第六，深化理论研究。建议加大对党内法规制度合宪性审查研究工作的支持，把相关重点课题、重要调研纳入国家社会科学基金重点项目，加大资助力度。鼓励党内法规实务部门、国家立法机关同高校研究机构开展合作，通过课题委托、联合调研等方式，深化党内法规制度合宪性审查问题研究。

第五章　党的领导与合宪性审查的
关系研究

第一节　问题的提出

2018 年 3 月 11 日，十三届全国人大一次会议以宪法修正案方式对 1982 年宪法（以下简称八二宪法）进行第五次修改。修正案中有两处引人注目：一是将党的领导写入《宪法》第一条第二款，规定中国共产党领导是中国特色社会主义最本质的特征；二是将《宪法》第七十条的"法律委员会"更名为"宪法和法律委员会"。从第一处修改看，鉴于 1975 年宪法、1978 年宪法过度强调党的领导，损害宪法权威，"八二宪法"仅在序言部分规定党的领导①，这次宪法修改将党的领导写入正文醒目位置，无疑是对"八二宪法"的重大突破。从第二处修改看，"八二宪法"修改时，围绕是否设立专门宪法监督机

---

① 1975 年宪法是极左思想的产物，在序言和正文中 12 次提及党的领导，是新中国 4 部宪法中最多的。比如，第二条规定，中国共产党是全中国人民的领导核心。工人阶级经过自己的先锋队中国共产党实现对国家的领导。第十六条规定，全国人民代表大会是在中国共产党领导下的最高国家权力机关。这些规定不恰当地强调党的领导，混淆了党政关系，加剧了党政不分和以党代政，导致宪法缺乏应有权威。1978 年宪法基本维持了 1975 年宪法有关党的领导的规定，在序言和正文中 9 次提及党的领导，但不再规定全国人民代表大会是在中国共产党领导下的最高国家权力机关。"八二宪法"修改时，关于在宪法中是否要写党的领导，认识上产生了严重分歧。有人认为，在宪法中规定党的领导，会模糊国家一切权力属于人民的原则；实现党的领导不能靠法律来规定，应靠党的正确政策和党员的模范带头作用，不赞成在宪法中确认四项基本原则。邓小平认为，在宪法序言要提四项基本原则，条文里不提。党的领导最终规定在序言中。蔡定剑：《宪法精解》，法律出版社 2006 年版，第 89—90 页。

构,曾产生激烈争论,最终维持全国人大及其常委会监督宪法实施的模式。此后要求建立专门宪法监督机构、加强宪法实施和监督的呼声此起彼伏。① 这次宪法修改在全国人大之下设立专门委员会性质的宪法和法律委员会,作为监督宪法实施的专门机构,既是对此前有关呼声的回应,也是落实党的十九大有关加强宪法实施和监督,推进合宪性审查工作要求的重大突破。

然而,这两个重大突破之间似乎存在悖论关系:一方面,党的领导是贯穿新中国宪法发展的一条主线,不仅宪法的制定和修改体现党的领导,宪法实施和监督也在党的领导下进行。② 另一方面,宪法序言最后一段强调,各政党必须以宪法为根本的活动准则。这里的"各政党"首先包括中国共产党。③ 也就是说,党的行为和活动必须以宪法为准绳,符合宪法的规定和精神。

---

① "八二宪法"修改时,围绕宪法监督机构主要有三种观点:一是鉴于"文化大革命"严重破坏宪法的深刻教训,不少人建议设立宪法委员会或宪法法院这类专门宪法监督机构;二是反对设立专门宪法监督机构,认为不符合我国人民代表大会一元化体制;三是主张由全国人大及其常委会监督宪法实施,这样做既符合民主集中制,又具有权威性。前引蔡定剑:《宪法精解》,第94—95页。详情见刘松山《1981年:胎动而未形的宪法委员会设计》,《政法论坛》2010年第5期。此后,六届全国人大曾考虑设立专门委员会性质的宪法委员会,协助全国人大及其常委会监督宪法的实施。七届全国人大起草监督法时曾提出同一方案,由宪法委员会对违反宪法的规范性文件和违宪行为提出处理意见,报全国人大或其常委会决定。1993年对"八二宪法"进行修改时,一些人提出设立专门委员会性质的宪法监督委员会,写入《宪法》第七十条。中共中央在《关于修改宪法部分内容的建议的说明》中认为,根据《宪法》第七十条的规定,全国人大可以设立专门委员会性质的宪法监督委员会,宪法可以不作规定。刘政:《人民代表大会制度的历史足迹》,中国民主法制出版社2008年版,第237—238页。

② 新中国第一个宪制性文件共同纲领就是由中国共产党起草的,以毛泽东《新民主主义论》《论联合政府》《论人民民主专政》等一系列著作及在七届二中全会上的讲话为思想政治基础,虽然文本中没有规定党的领导,但通篇没有一个条文不体现党的意志。此后历次宪法制定修改均明确规定党的领导。不仅如此,近年来有关健全宪法解释程序机制、加强备案审查制度和能力建设、确定国家宪法日、建立宪法宣誓制度和推进合宪性审查工作等加强宪法实施和监督的主张,均是由党提出的。

③ "八二宪法"修改工作负责人彭真指出,宪法修改草案中的"各政党"当然包括我们党,并且首先是我们党。彭真:《论新时期的社会主义民主与法制建设》,中央文献出版社1989年版,第209页。

　　毋庸置疑，党的领导包括对合宪性审查工作的领导①，同时党又以宪法为根本活动准则，二者是否自相矛盾？由于党的领导是中国特色社会主义制度的最大特色，它与合宪性审查的关系显然不同于其他国家政党与合宪性审查的关系，没有现成的经验可循。我国合宪性审查实践刚刚起步。研究党的领导与合宪性审查的关系，对于深入推进合宪性审查工作，提高党的依宪治国、依宪执政水平，推进国家治理体系和治理能力现代化，具有重要意义。本章拟就此问题抛砖引玉，作一初步探讨。

第二节　党的领导是做好合宪性审查工作的根本保证

　　当今世界，政党治国是一个普遍现象，政党政治成为现代民主政治的最普遍形式。② 在各国政治生活中，形形色色的政党活跃于选民、社会组织和国家机构之间，宣传本党主张、组织选民投票、反映选民意愿，赢得选举的政党掌控国家政权、协调国家机构、引领国家内政外交发展方向，成为各国政治舞台上的绝对主角。据统计，一些主要国家具有政党背景的议员平均占比在 70% 以上，政府首脑则 100% 具有政党背景。③

　　现代国家实行人民主权原则，但多数国家地广人多，人民无法直接行使权力，因而普遍实行代议制，通过选举代表治理国家。随着 20

---

　　①　2017 年修订的党章规定，党政军民学，东西南北中，党是领导一切的。

　　②　王长江：《政党论》，人民出版社 2009 年版，第 1 页。世界上绝大多数国家都有政党。截至 2019 年，全世界共有 233 个国家和地区，其中国家有 197 个（主权国家 195 个），地区有 36 个。除 20 多个国家和地区外，其他国家和地区均有政党。没有政党的国家和地区分为两类：一类是像帕劳、图瓦卢、密克罗尼西亚这类小国寡民的国家，通过直接民主方式治理，无需借助政党；另一类是像文莱、沙特、阿曼、阿联酋、科威特、卡塔尔、斯威士兰这类实行君主制或者政教合一的国家，不允许政党分享政治权力。

　　③　这里所说的主要国家是指英国、美国、法国、德国、瑞士、意大利、加拿大、澳大利亚、日本、巴西、尼日利亚、南非、土耳其和印度等。数据来源于 2015 年上述国家中央或联邦议会和政府官方网站及选举网站。引自古洪能《论政党治国的体制和困境——政党政治时代国家治理的一个考察视角》，《理论与改革》2017 年第 3 期，第 83 页。

世纪政党兴起，除民选代表外，政党通过同普通民众、国家机关特别是代表机关相结合，在集中民意、形成政策等方面发挥了特殊重要作用，有效提升了民主质量。公民、政党、国家机关构成现代民主政治的基本架构，公民通过政党作用于国家权力，政党代表公众控制国家权力。① 实际上，政党在组织政府、制定政策和管理国家等方面承担了国家机关的部分职能，成为国家发展的引擎和国家机关运转的润滑剂。正如孙中山所说："国家必有政党，一切政治始能发达。"②

从政党与国家机关的关系看，西方国家的政党在选举环节起着重要作用，其执政地位通过选举获得，一旦胜选政党进入政府，则依照宪法和法律治理国家，政党仅在制定政策、推荐领导人、协调公权力运行等方面对国家机关施加间接影响，③ 通常不介入合宪性审查事务。与西方国家不同，中国共产党是我国的领导党和长期执政党，对包括合宪性审查在内的国家事务实施领导。

为什么中国共产党与其他国家政党不同，能够领导合宪性审查工作呢？笔者认为，主要有以下两方面原因。

一方面，中国共产党领导合宪性审查工作，具有充分的合法性。我国宪法在序言和正文中均确认党的领导地位，表明党的领导得到全国各族人民的认同和拥护，具有最高法律效力。何谓党的领导？党章第十六条第一项规定，有关全国性的重大政策问题，只有党中央有权作出决定。2016 年 10 月 27 日党的十八届六中全会通过的《关于新形势下党内政治生活的若干准则》进一步提出，涉及全党全国性的重大方针政策问题，只有党中央有权作出决定和解释。党中央相当于大脑、指挥部、司令部，提出大政方针政策，国家机关相当于四肢、行动者、作战部队，贯彻执行党中央的大政方针政策。这表明，我国政

---

① 王长江、姜跃等：《现代政党执政方式比较研究》，上海人民出版社 2002 年版，第 11 页。

② 《孙中山全集》第 3 卷，中华书局 2006 年版，第 4 页。

③ 关于政党对选举的控制、对政府决策的影响和协调公权力，参见王长江《现代政党执政规律研究》，上海人民出版社 2002 年版，第 230—269 页。

治体制的基本特征是以党领政。党的十九大提出推进合宪性审查工作，党的十九届二中全会提出将全国人大之下的法律委员会更名为"宪法和法律委员会"，近期党中央提出推进合宪性审查工作的指导意见①，正是党的领导在宪法实施监督领域的具体体现。

党领导合宪性审查工作也是党领导立法工作的逻辑延伸。根据党中央有关规定，宪法修改和政治、经济、行政类法律草案提交全国人大或其常委会审议前，须经中央政治局或其常委会、中央全会审议同意②；凡立法涉及重大体制和重大政策调整的，必须报党中央讨论决定③。合宪性审查既可能涉及宪法的修改完善，政治、经济、行政类法律的修改、解释和废止，也可能涉及重大体制和重大政策调整。为保证宪法的正确实施，妥善处理宪法和经济社会发展的关系，合宪性审查机构全国人大常委会（以下简称审查机构）在处理上述问题时，应当征求党中央意见。

另一方面，党领导合宪性审查工作具有充分的合理性。一是，党对宪法的理解全面、准确。宪法是治国安邦的总章程。我们党主要是通过宪法来治国理政的。正如习近平总书记所说，宪法是我们党长期执政的根本法律依据。④ 从共同纲领和五四宪法开始，党就直接领导并深度参与历次宪法的制定和修改工作。而且历次宪法修改，包括"八二宪法"颁布后的 5 次修改，都是由党的中央委员会向全国人大常委会提出宪法修改建议。由此可以看出，宪法是党和人民意志的高度统一，宪法的每一个术语、每一个条款，无不深深打上党的烙印。

---

①　2021 年 1 月 20 日，全国人大常委会法工委主任沈春耀在十三届全国人大常委会二十五次会议上所作的全国人大常委会关于 2020 年备案审查工作情况的报告中提出，认真贯彻党中央关于推进合宪性审查的指导意见，积极稳妥推进合宪性审查工作。全国人民代表大会常务委员会法制工作委员会关于 2020 年备案审查工作情况的报告_ 中国人大网　http：//www. npc. gov. cn/npc/c30834/202101/239178b5d03944c7b453ddc6bdd7c087. shtml。

②　张恒山等：《依法执政：中国共产党执政方式研究》，法律出版社 2012 年版，第223—224 页。

③　《中共中央关于全面推进依法治国若干重大问题的决定》（2014 年 10 月 23 日中国共产党第十八届中央委员会第四次全体会议通过）。

④　习近平：《论坚持全面依法治国》，中央文献出版社 2020 年版，第 201 页。

特别是序言和总纲，其所确立的国家指导思想、领导力量、根本任务、发展目标、依靠力量，规定的国家根本制度、国家性质、根本政治制度、经济制度、教育科学文化卫生制度等，政治性、政策性和原则性、概括性极强，忠实反映了党的方针政策和政治意图。合宪性审查不仅涉及对宪法术语和条文及其背后原则和精神的理解和把握，还涉及对有关中央精神的理解和把握。无论是探究宪法术语和条文的原始意图，还是诠释中央精神，党中央无疑具有资格和权威。由于多数宪法问题和争议涉及党中央决策部署和体制性、政策性问题，审查机构无权直接处理，也难以作出正确判断。加强党对合宪性审查工作的领导，有助于宪法的全面准确适用，有助于保证宪法实施的正确政治方向。

二是，党对社会发展变化的反应灵敏、及时。中国共产党是将全心全意为人民服务作为根本宗旨的马克思主义政党，坚持以人民为中心，坚持把基层基础工作作为党的建设重中之重，把群众路线贯彻到治国理政全部工作之中，可以第一时间把握国家和社会的发展动态，同步感受国家和社会的脉动，并据此作出决策部署。当社会生活发生变化，导致立法事实发生变化，同宪法条文产生矛盾冲突时，是规范社会现实使其同宪法保持一致，或是解释宪法条文使其包容社会现实，还是对宪法条文作出相应修改，党中央的回应应当是迅速且权威的。以计划生育政策为例。"八二宪法"确立了计划生育基本国策，国家倡导一对夫妇只生一个孩子。此后随着人口形势的发展变化，2013年11月、2015年10月、2021年5月，党中央先后将计划生育一孩政策调整为单独二孩、全面二孩、全面三孩政策。

三是，合宪性审查工作的协调推动和合宪性审查决定的贯彻落实离不开党的领导和协调。一方面，合宪性审查涉及全国人大常委会同其他国家机关的关系，涉及对宪法术语和条文含义、目的和意图的理解，事关国之根本，兹事体大，必须在党的领导下进行。脱离党对合宪性审查工作的组织领导和规划部署，合宪性审查将无所本、无所依。正如新中国法制建设奠基人彭真同志所说，"在我们的国家，党领导人民制定宪法和法律，党又领导人民遵守、执行宪法和法律"。① 另一方面，合宪性审查的主要对象是法律、行政法规等规范性文件，所涉层级高、范围广、影响大，宪法条文政治性、政策性和原则性、概括性强，不同人基于不同的立场、观点和方法，可能对同一条文作出不同理解。因而合宪性审查决定作出后，审查决定的执行可能遇到阻力。党总揽全局、协调各方，是我国社会主义政治制度的一个突出特点和政治优势。发挥党的领导核心作用，既可以对合宪性审查工作把关定向，也有助于把各方面智慧和力量整合起来，协调高效地解决有关矛盾和问题。

有人可能问，合宪性审查的实质是居中裁判，必须具备独立性、中立性、公正性，党领导合宪性审查工作，是否会影响全国人大常委会作出准确公正判断，甚至架空全国人大常委会的合宪性审查职责？答案是否定的。合宪性审查工作中，审查机构就有关问题征求党中央意见，是寻求党中央对有关宪法术语和条文的政治考量和政策意图，以形成正确判断，并不是说党中央越俎代庖，直接处理违宪问题。党中央对重大方针政策问题作出宪法判断，体现的是党的领导。党中央并不是凭空、任意作出宪法判断，而是在充分吸收包括全国人大常委会在内的各有关方面意见建议的基础上作出的。由于党中央不是争议方，没有自身特殊利益，不会影响审查决定的公平公正。党中央作出的宪法判断只是合宪性审查过程的一部分，虽然这部分至关重要，极具权威性，全国人大常委会应当充分尊重，但这并不是说全国人大常委会不能提出不同意见，根据宪法，宪法问题和争议的最终决定权在全国人大及其常委会。这是"八二宪法"确定的党必须在宪法和法律范围内活动原则的根本要求和具体体现。

有人可能认为，我国《宪法》第六十七条第一款已把解释宪法的职权赋予全国人大常委会，其他任何机关不得享有，党中央怎么可以

---

① 彭真：《论新时期的社会主义民主与法制建设》，中央文献出版社 1989 年版，第 327 页。

解释宪法呢？毋庸置疑，按照宪法规定，宪法解释是全国人大常委会的专属权，党中央不是解释宪法的法定机构。但众所周知，为适应包罗万象、变动不居的社会现实，宪法具有极强的原则性和概括性。这就不可避免滋生下述现象：宪法术语和条文一旦应用于现实生活，就必然出现理解和解释问题。而事事皆诉诸于全国人大常委会，既不合理，也不现实。当宪法问题和争议涉及党中央决策部署、重大体制和政策调整问题时，按照有关规定，应当由党中央作出决定或解释，全国人大常委会不宜直接作出决定。党中央作出的决定或解释极具政治上的权威性，但不是法定的终局性解释，没有法律上的拘束力。宪法术语和条文的最终权威理解由全国人大常委会作出。概言之，党中央的宪法解释虽未见于宪法，但内嵌于全国人大常委会的宪法解释之中，是全国人大常委会开展合宪性审查工作的基本保证，是强化而不是破坏全国人大常委会的宪法解释权。

总的看，党领导合宪性审查工作，有助于保证合宪性审查的正确方向，保证宪法的全面准确实施，具有充分的合法性和合理性。党的领导不是干预合宪性审查工作，恰恰相反，离开党的领导，合宪性审查寸步难行。从这个意义上说，党的领导是做好合宪性审查工作的根本保证。

第三节 合宪性审查是党依法执政的首要内容

党在领导合宪性审查工作的同时，也要认识到，面对新时期国内国际环境的各种风险和挑战，要肩负起实现中华民族伟大复兴的历史使命，必须以宪法为根本活动准则，自觉在宪法和法律的范围内活动，大力推进合宪性审查工作，并将其作为依法执政的首要内容。主要理由如下。

一是依法治国的内在要求。依法治国是党领导人民治理国家的基本方略，就是依照宪法和法律来治理国家。党的十八届四中全会提出，坚持依法治国首先要坚持依宪治国，坚持依法执政首先要坚持依宪执政。[①] 在依法治国背景下，宪法是党领导人民治理国家的关键枢纽和重要载体，是党执政治国的首要依据。这是因为，宪法是万法之母，是国家根本法和最高法，是共产党执政规律、社会主义建设规律、人类社会发展规律的集大成者，是治国理政的总章程、总依据、总遵循。抓住宪法，就等于抓住了治理国家的牛鼻子，就可以提纲挈领、纲举目张推进法治国家建设，继而卓有成效地推进中国特色社会主义事业建设。因此，党实施依法治国基本方略，首先要全面贯彻实施宪法，支持和推动合宪性审查工作。

二是落实宪法规定的重要体现。"八二宪法"的突出贡献，就是确立了党必须在宪法和法律的范围内活动原则。"八二宪法"序言最后一段规定：宪法是国家的根本法，具有最高的法律效力。全国各族人民、一切国家机关和武装力量、各政党和各社会团体、各企业事业组织，都必须以宪法为根本的活动准则，并且负有维护宪法尊严、保证宪法实施的职责。总纲第五条第四款规定，一切国家机关和武装力量、各政党和各社会团体、各企业事业组织都必须遵守宪法和法律。首次在宪法上确立了党和法的关系。落实宪法有关规定，党除了遵守在宪法和法律的范围内活动原则外，还需大力推动合宪性审查工作，确保宪法权威和尊严。

三是党的正确领导的基本保证。实现党和国家长治久安、社会和谐稳定、人民幸福安康，关键在于党的正确领导。正如彭真同志所说，"坚持党的领导，最根本的、最主要的是靠党的思想政治领导的正确，靠党的路线、方针、政策的正确"[②]。事实上，党的领导具有两面性，既能发挥总揽全局、协调各方的领导核心作用，汇聚各方智慧和力量，集中力量办大事，达成其他国家政党难以达成的目标；另一方面，党的这种特殊地位与其他国家政党相比，更易于摆脱外部监

---

① 《中共中央关于全面推进依法治国若干重大问题的决定》（2014 年 10 月 23 日中国共产党第十八届中央委员会第四次全体会议通过）。

② 引自刘松山《党的领导写入 1982 年宪法的历史回顾与新期待》，《河南财经政法大学学报》2014 年第 3 期，第 13 页。

督，发生以党代政、党政不分的弊端，滋生官僚主义和脱离群众问题，形成个人崇拜，造成权力滥用、决策失误且不易纠正的问题。早在1956年，邓小平就在党的八大《关于修改党的章程的报告》中清醒指出，"执政党的地位，很容易使我们的同志沾染上官僚主义的习气。脱离实际和脱离群众的危险，对于党的组织和党员来说，不是比过去减少而是比过去增加了"。①古今中外的历史反复证明：权力具有扩张性、腐蚀性、滥用性和不受控制性，不受制约监督的权力必然腐败。即便是成员思想觉悟高、自我约束能力强的马克思主义政党，也可能受到权力异化的影响。"文化大革命"的惨痛教训值得深刻记取。在所有法律中，宪法是规范和约束政治权力最主要、最有效的法律，是最大、最密的制度笼子，它为包括党组织在内的国家机关、社会组织和个人订立规矩、划出红线，是防止党犯错误、走向权力异化的最坚固防线，是党的正确领导的最大保证。党必须严格依宪办事，自觉在宪法范围内活动，时刻警惕权力的诱惑和腐蚀，使领导权在最大限度发挥推动经济社会发展作用的同时，最大限度降低异化变质的可能性。

四是推进中国特色社会主义事业的现实需要。新中国成立后的一段时间内，我们党主要依靠政策治理国家。与法律相比，政策更具有灵活性、适应性、探索性、指导性等特点，在适应国际形势、发展经济社会、化解矛盾纠纷、维护社会秩序等方面发挥了重要作用。在新的历史阶段，单纯依靠政策已不适应形势任务的发展需要，必须实行法治。其一，我国是一个有14多亿人口、56个民族的大国，保证国家统一、市场统一、政令统一，实现政治清明、社会和谐、公平正义，解决不同利益群体之间的诉求，处理国家长远利益与近期利益的关系，化解管理者和被管理者之间的矛盾，必须依靠法治。其二，改革开放以来，我国实行以市场为导向的经济体制改革，并于20世纪90年代初在宪法中确立了社会主义市场经济的地位。市场经济是法治

---

① 《邓小平文选》第1卷，人民出版社1994年版，第214页。

经济，客观上要求保障公民财产权，保护市场主体平等地位，遵守交易规则和契约精神。这就要求党转变执政方式，厉行法治，自觉以宪法法律为行为准绳。其三，当前，我国改革已进入攻坚期和深水区，改革发展稳定任务之重前所未有、矛盾风险挑战之多前所未有，解决这些问题，化解这些风险，要靠法治，实行依宪治国、依宪执政。

五是总结正反两方面历史经验得出的基本结论。中华人民共和国成立初期和改革开放以来，我们党重视宪法、尊重宪法、遵守宪法①，国家政治生活实现正常化，党和国家事业取得重大进展；"文化大革命"期间，宪法弃之不用，法律虚无主义盛行，国家政治生活不正常，国家和社会动荡不宁，党和国家事业遭受严重损失。"八二宪法"修改时，彭真同志深刻指出，中国人民和中国共产党都已经深知，宪法的权威关系到政治的安定和国家的命运，决不容许对宪法根基的任何损害。② 新中国正反两方面历史经验表明：依宪治国是党执政治国的一条基本规律。国际共产主义运动史的经验也表明，一些社会主义国家的执政党，由于没有找到科学的领导方式和执政方式，不能正确运用手中权力，经济社会发展遭受严重挫折，失去了人民信任，丧失了执政地位。

有人可能会问，推进合宪性审查工作，约束党组织的行为和活动，是否会削弱党的领导？答案是否定的。宪法是党的意志和人民意志的高度统一。党在宪法和法律的范围内活动，实质上就是贯彻自己的方针政策。正如习近平总书记所说，维护宪法权威，就是维护党和人民共同意志的权威。捍卫宪法尊严，就是捍卫党和人民共同意志的

---

① 1954 年宪法颁布后，中央讨论决定重大问题时，毛泽东、周恩来经常问宪法对有关问题是怎样规定的，提醒大家不要违反宪法。田纪云：《坚定不移地走依法治国之路》（代序），载刘政：《人民代表大会制度的历史足迹》，中国民主法制出版社 2008 年版，第 1 页。改革开放以来特别是党的十八大以来，我们党日益重视宪法在治国理政中的重要地位和作用，提出健全宪法解释程序机制、加强备案审查制度和能力建设、订立国家宪法日、建立宪法宣誓制度、推进合宪性审查工作等一系列加强宪法实施监督的政策主张。

② 彭真：《关于中华人民共和国宪法修改草案的报告》，载王培英编《中国宪法文献通编》，中国民主法制出版社 2007 年版，第 73 页。

尊严。保证宪法实施，就是保证人民根本利益的实现。[1] 合宪性审查不仅不会削弱党的领导，相反，它通过一系列制度机制保证党的正确领导，实际上强化了党的领导，保证了党和国家的长治久安。

第四节　党的领导与合宪性审查是有机统一的关系

从上述分析可以看出，党领导合宪性审查工作，同时必须在宪法和法律的范围内活动。党的领导与合宪性审查不仅不自相矛盾，恰恰相反，二者是相辅相成、高度统一的有机整体。

（一）从我国政治制度的视角看，党的领导与合宪性审查统一于社会主义民主政治建设的伟大实践

党的领导、人民当家作主、依法治国有机统一（以下简称三统一），是社会主义民主政治的特点和优势，反映了我们党执政治国的基本规律。

中华人民共和国成立初期，我们比较重视民主，对法治重视不够。党对民主的执着和追求，可追溯至 1945 年 7 月毛泽东和黄炎培的窑洞对。[2] 这一思想后来成为党建构新中国政权体系的重要指针。1949 年 6 月 30 日，毛泽东在为纪念中国共产党成立 28 周年而写的文章《论人民民主专政》中，将工人阶级的领导（经过共产党）的以工农联盟为基础的人民民主专政，归结为我们的主要经验。[3] 1954 年，我国制定新中国第一部宪法，确立了党的领导和人民代表大会制度。但实践证明，仅有党的领导和人民民主是不够的。1957 年反右

---

① 习近平：《在首都各界纪念现行宪法公布施行三十周年大会上的讲话》（2012 年 12 月 4 日），载《习近平谈治国理政》，外文出版社 2014 年版，第 137 页。

② 1945 年 7 月，著名民主人士黄炎培到延安考察，在毛泽东的窑洞做客，谈到历朝历代都没能跳出"其兴也勃焉，其亡也忽焉"的兴亡周期率。毛泽东表示，我们已经找到新路，我们能跳出这周期率。这条新路，就是民主。只有让人民来监督政府，政府才不敢松懈。只有人人起来负责，才不会人亡政息。黄炎培：《八十年来》，文史资料出版社 1982 年版，第 149 页。这段对话被称为"窑洞对"，人民代表大会制度便是"窑洞对"的制度实践。

③ 毛泽东：《论人民民主专政》，《毛泽东选集》第 4 卷，人民出版社 1991 年版，第 1480 页。

后，法律逐步被废弃。尤其是在"文化大革命"期间，我们奉行法律虚无主义，将宪法束之高阁，严重扰乱了社会的安定团结和人民的正常生活。党的十一届三中全会后，以邓小平同志为核心的党的第二代中央领导集体汲取"文化大革命"的深刻教训，在坚持党的领导和人民民主的同时，突出强调法治的极端重要性。1978年12月13日，邓小平在中央工作会议上指出："为了保障人民民主，必须加强法制。必须使民主制度化、法律化，使这种制度和法律不因领导人的改变而改变，不因领导人的看法和注意力的改变而改变。"① 这一科学论断充实了窑洞对的内涵，奠定了新时期以"党的领导＋人民民主＋法治"三要素为主要内容的政治发展模式。2002年党的十六大报告正式确认"三统一"理论②并沿袭至今。

"三统一"理论承认党的领导、人民当家作主、依法治国三要素的重要价值，以各要素的特点和优势，弥补其他要素的短板和缺陷，最大限度实现了国家治理的效能，最大限度保证了党和国家长治久安。③ 其中，党的领导为国家治理提供动力和保证，人民当家作主为国家治理提供合法性基础，依法治国是国家治理的基本方式。党围绕人民群众的所思所想所盼和社会生活中的堵点痛点难点，制定方针政策；人民选举代表组成国家机关，根据党的决策部署治理国家，促进经济社会发展，解决群众实际问题；党和政府依法办事，保证党的正确领导和人民当家作主。简言之，党代表人民领导政府、监督政府，同时遵守人民意志的最高体现宪法，并通过合宪性审查来保证党的领

① 邓小平：《解放思想，实事求是，团结一致向前看》，《邓小平文选》第2卷，人民出版社1983年版，第146页。

② 党的十六大提出，发展社会主义民主政治，最根本的是要把坚持党的领导、人民当家作主和依法治国有机统一起来。江泽民：《全面建设小康社会，开创中国特色社会主义事业新局面——在中国共产党第十六次全国代表大会上的报告》（2002年11月8日）。http://www. most. gov. cn/jgdj/xxyd/zlzx/200905/t20090518_ 69741. htm。

③ 相关论述参见郝铁川《坚持党的领导、人民当家作主和依法治国的有机统一》，《法学论坛》2003年第1期；王贵秀：《关于党的领导、人民当家作主和依法治国的有机统一问题》，《红旗文稿》2003年第5期；方立：《坚持党的领导、人民当家作主和依法治国有机统一》，《求是》2004年第24期。

导符合宪法，符合人民意志和利益，形成了我国科学合理、规范有序、运转高效的政治发展模式。失去任何一方面，都会动摇我国政治体制的根基。打个比方，党的领导相当于汽车的引擎，人民当家作主相当于汽车的驾驶员，依法治国则相当于汽车的刹车。汽车高速、安全行驶，既离不开强大的引擎，也离不开好的驾驶员，更离不开有效的刹车。离开党的领导，社会主义民主政治就会失去动力，举步维艰；离开人民民主，社会主义民主政治就会失去合法性；离开合宪性审查，党的领导就可能出错失控。发展社会主义民主政治，党的领导和合宪性审查相互依存、缺一不可。任何把党的领导和合宪性审查割裂开来、对立起来或者相互取代的主张和做法，都不符合社会主义民主政治的本质和要求。

（二）从党的执政方式视角看，党的领导与合宪性审查统一于依法治国的实践

改革开放以来，我们党逐步确立了依法治国的基本方略。我国宪法和法律主要以国家机关、社会组织和公民为调整对象，少有对党组织和党员进行规范的。这种状况决定了我们党虽然遵循党在宪法和法律的范围内活动原则①，但长期以来主要通过会议、文件、批示、指示等方式，依靠党章和其他党内法规制度来管党治党、执政治国。

现实中，由于我国实行以党领政体制，党是我国经济社会发展的第一推动力，党组织发布的一些法规文件确有同宪法和法律不一致的内容。这主要包括以下三种情形：一是党实施政治领导，党中央作出同宪法和法律不一致的决策部署，国家机关贯彻执行。比如，党的十八届四中全会提出190多项改革举措，包括编纂民法典，制定社区矫

---

① 有关党内法规制度明确要求，各级党组织起草的法规文件必须符合宪法法律。比如，2012年4月16日中央办公厅、国务院办公厅印发的《党政机关公文处理工作条例》第十九条第一项规定，公文起草应当做到符合党的理论路线方针政策和国家法律法规。2019年8月30日中共中央修订的《中国共产党党内法规制定条例》第二十七条规定，审议批准机关收到党内法规草案后，交由所属法规工作机构进行前置审核，审核内容之一是否同宪法和法律不一致。实践中，中央办公厅在党内法规和规范性文件印发前，对其进行合法性审查，确保有关法规文件同宪法法律保持一致。

正法、国家勋章和国家荣誉称号法，抓紧出台反恐怖等一批急需法律，制定完善生态补偿和土壤、水、大气污染防治及海洋生态环境保护等法律法规，等等，对国家法治建设进行规划部署，不属于违宪违法。二是党组织对党员提出比普通公民更高的要求。比如根据党内有关规定，党员领导干部不得出入私人会所，不得大操大办婚丧喜庆，不得参加自发成立的"老乡会""校友会""战友会"组织，等等。显然，这些禁令对党员的一些宪法和法律权利进行了限缩。这是由党的先进性决定的，体现了全面从严治党的要求，不能算作违宪违法。三是个别党组织和党员因为缺乏宪法观念和法律意识，不经意间作出违反宪法和法律规定的行为。比如，1985年某自治区党委未经自治区人大常委会批准决定，就任命外贸厅厅长[①]；一些地方党委未经法定程序擅自调动领导干部。当然，随着近年来依法治国的深入推进，党员领导干部特别是高级干部的法律意识已大幅提高，违宪违法的情形十分罕见。但客观地说，仍不可能从根本上杜绝这种现象。

对于后一种情形，则需要警惕和防范。现代国家治理，均为规则之治。政党遵守宪法，是政党合法性的重要来源，是一个国家法治是否成熟的试金石，倘若政党的执政行为违反宪法，不仅要承担相应的法律责任和政治责任，还可能失去合法性，甚至失去执政地位。我国宪法集中反映党的方针政策和执政规律，是党执政的重要依据和合法性源泉。虽然党在宪法制定过程中发挥重要作用，但宪法一经通过，包括党组织在内的一切国家机关、社会组织和个人都必须遵守和服从。党领导宪法制定工作，绝不能成为党不受约束的理由。由于党是最高政治领导力量，党遵守宪法，是宪法权威的最重要来源，是党赢得人民拥护的最可靠支撑力量；如果党不遵守宪法，党的执政目标就难以实现，宪法权威就难以树立，党的执政地位也会受到削弱。党在宪法和法律的范围内活动，是一条颠扑不破的执政规律。

---

① 张春生、秦前红、张翔：《推进合宪性审查，加强宪法实施监督》，《中国法律评论》2018年第4期，第10页。

（三）从宪法变迁的视角看，党的领导与合宪性审查统一于宪法演进的实践

合宪性审查本质上是宪法文本与社会现实冲突碰撞的应激反应，须臾离不开党的领导。

宪法兼具稳定性和滞后性。稳定性是法律的基本属性，也是法律的一项基本价值。正是由于法律的稳定性，人们可以通过既定规则，提前对自己的行为结果作出预判，决定哪些行为可以做，哪些行为不可以做，从而形成可预期、有秩序的社会关系。而社会生活像一条奔流向前、永不停歇的河流，法律一经颁布即滞后于现实。正如古希腊哲学家赫拉克利特所说，人不可能两次踏进同一条河流。因而滞后性是法律的固有属性。在整个法律家族中，宪法的稳定性和滞后性特征尤为突出。相对于其他法律而言，宪法更具有稳定性。因为宪法是国家法律体系的基石，宪法频繁更动，整个法律体系必将地动山摇。这极不利于经济社会发展和社会秩序稳定。众所周知，宪法和社会现实的一致性是宪法引领、规范、促进、保障社会现实的先决条件。列宁曾经说过，当宪法同现实脱节的时候，宪法是虚假的；当它们是一致的时候，宪法便不是虚假的。[①] 为避免宪法文本被频繁修改，制宪者在赋予宪法术语和条文确定性的同时，通常还赋予其最大的弹性和包容性，因而宪法规范具有很强的原则性和概括性。在面对变动不居的社会生活时，宪法实施者和监督者可以对宪法术语和条文作出扩张或者收缩解释，达到在不改变宪法文本的情况下，保持宪法同社会现实一致的效果。这就使宪法具有比其他法律更强的滞后性。

中华人民共和国的宪法发展历程印证了上述结论。从 1949 年起临时宪法作用的共同纲领，到新中国第一部宪法"五四宪法"，再到"八二宪法"及其五次修改，无论是文件的名称，还是文件的结构、内容和条文，都发生了很大改变。但出人意料的是，这些变化都是通

---

① 列宁：《社会革命党人怎样总结革命，革命又怎样给社会革命党人作了总结》，《列宁全集》第 15 卷，人民出版社 1984 年版，第 309 页。

过宪法修改一种方式完成的。生活中不时出现一些同宪法不一致的问题和争议，比如，改革开放初期，一些地方突破宪法规定，在乡镇一级建立人大常委会，搞乡镇长直选；2005 年，物权法草案向社会公开征求意见时，北京大学一教授提出，平等保护物权的条款违反宪法有关经济制度的规定，迟滞立法进程 1 年多；2016 年 5 月 4 日，教育部、国家发改委发布《关于做好 2016 年普通高等教育招生计划编制和管理工作的通知》，提出 2016 年支援中西部地区招生协作计划安排 21 万人，其中湖北、江苏分别承担 4 万、3.8 万个名额，引起两省家长抗议，认为这一安排违反宪法的平等保护原则。对于上述宪法问题和争议，有关机构并未及时根据宪法作出回应。这表明，我们重视宪法制定和修改，但对其他宪法变迁方式还不够重视。这样做的结果是，宪法仅在制定和修改时才引起人们关注，平时则处于休眠状态，人们认为宪法不管用，不会重视宪法，更不会信仰宪法，宪法也就不能真正走进人们的生活。更重要的是，仅通过宪法修改来适应社会生活的发展变化，把宪法和社会生活的全部张力投射到宪法文本上，在宪法文本实在无法包容现实生活的临界点才改动宪法文本，造成违宪才修宪的尴尬局面，宪法权威遭受重挫。

出现上述问题的一个主要原因，是党的领导未同合宪性审查相结合。我国宪法以国家根本法的形式，确立了中国特色社会主义道路、中国特色社会主义理论体系、中国特色社会主义制度的发展成果，反映了我国各族人民的共同意志和根本利益，成为历史新时期党和国家的中心工作、基本原则、重大方针、重要政策在国家法制上的最高体现。[1] 因而，合宪性审查在用宪法这把尺子丈量千变万化的社会生活，判断其是否同宪法的规定和精神吻合时，许多情况涉及重大体制和重大政策调整问题。按照党章和《关于新形势下党内政治生活的若干准则》的规定，这类问题只有党中央有权作出决定和解释。这是全国人

---

[1]　习近平：《在首都各界纪念现行宪法公布施行 30 周年大会上的讲话》（2012 年 12 月 4 日），载《习近平谈治国理政》，外文出版社 2014 年版，第 136 页。

大常委会面对一些宪法问题和争议时，通常无所作为的重要原因。

　　然而，一旦合宪性审查与党的领导相结合，借助于党的支持和推动，通过扩张或限缩宪法术语和条文的含义，及时回应宪法问题和争议，就可以瞬间激活宪法，点燃人们对宪法的信心，有效弥补宪法的滞后性短板，促成宪法与社会现实保持一致。这个过程，使宪法与社会生活融为一体，也使党通过参与审查的方式与社会生活融为一体，也就是说，通过合宪性审查这个平台，实现了党与人民的对话、当代人与上代人的对话，党的自我完善、宪法发展变化、法治国家建设寓于对话过程之中。从这个意义上说，党领导人民制定宪法，也领导人民实施宪法、发展宪法。党的领导与合宪性审查须臾不可分离。

　　需要说明的是，党的领导和合宪性审查不在同一个层次上。从性质上看，党组织虽然必须在宪法和法律的范围内活动，接受宪法约束，但党组织不是国家机构，不属于全国人大常委会的监督对象，不受全国人大常委会的合宪性审查；从地位上看，党的领导居于支配地位，党中央通过政治、思想和组织的领导，塑造合宪性审查的模式，决定合宪性审查的内容和方式；从时间上看，党中央先作出有关规划部署，随后才能启动合宪性审查工作。但无论如何，党的领导和合宪性审查的本质、目标、任务和方向是一致的，都是维护宪法权威，不断提高党的执政能力和水平。脱离党的领导，依宪治国就会迷失方向；不实行依宪治国，党的事业就会蒙受巨大损失。既要反对用审查的名义排斥党的领导的观点，也要反对以党的领导为名无视宪法价值的倾向。

第五节　加强和改善党对合宪性审查工作的领导

　　党的领导和合宪性审查有机统一，是保证党的正确领导、有序推进合宪性审查工作的关键必要条件。但如何实现二者有机统一，还存在诸多似是而非、悬而未决之处。

　　一是党领导合宪性审查工作的内涵不够明确。"八二宪法"确认了党的领导，但什么是党的领导，宪法未作具体规定。党的十九大党章强调党领导一切，也没有确定党领导合宪性审查工作的内涵。近期党中央印发关于推进合宪性审查的指导意见，对合宪性审查工作作出安排部署，但党在合宪性审查工作中承担什么职责，党领导合宪性审查工作的原则、主体、内容、方式、效力是什么，仍不清楚。

二是党在宪法和法律的范围内活动的内涵不够明确。首先，党组织能否成为全国人大常委会的审查对象，存在不同看法。从宪法规定看，全国人大常委会监督宪法实施的范围不包括党组织，实践中也未对党组织进行合宪性审查。这就引申出一个问题，如果全国人大常委会不对党组织进行宪法监督，如何保证党在宪法范围内活动？其次，宪法列举了国家机构的职权和公民的基本权利，《立法法》第十一条也提出了法律保留原则①，党能否提出与宪法和法律规定不一致的政策主张？比如，2016年11月中央办公厅印发《关于在北京市、山西省、浙江省开展国家监察体制改革试点方案》，在三省市部署设立监察委员会，而按照《宪法》第六十二条第三项的规定，制定国家机构的基本法律属于全国人大的职权，《试点方案》是否违反宪法规定？又如，"八二宪法"颁布后的历次修改大多以此前的党章修改为依据，也就是说，党的全国代表大会在宪法修改前作了同宪法不一致的规定，这是否符合党必须在宪法和法律的范围内活动原则？如果符合，中央纪委以及党中央工作机关、地方党委能否作出同宪法和法律不一致的规定？上述问题，缺乏权威说法。

三是党领导合宪性审查工作的制度机制不健全。比如，党的主张通过法定程序转化为国家意志的做法尚未制度化法治化；合宪性审查

---

① 《立法法》第十一条规定，下列事项只能制定法律：（一）国家主权的事项；（二）各级人民代表大会、人民政府、监察委员会、人民法院和人民检察院的产生、组织和职权；（三）民族区域自治制度、特别行政区制度、基层群众自治制度；（四）犯罪和刑罚；（五）对公民政治权利的剥夺、限制人身自由的强制措施和处罚；（六）税种的设立、税率的确定和税收征收管理等税收基本制度；（七）对非国有财产的征收、征用；（八）民事基本制度；（九）基本经济制度以及财政、海关、金融和外贸的基本制度；（十）诉讼和仲裁基本制度；（十一）必须由全国人民代表大会及其常务委员会制定法律的其他事项。

工作中审查机构征求党中央意见的范围、程序和方式，以及遇到重大疑难问题，通过什么途径和方式向党中央请示，不甚明确，向党中央定期报告合宪性审查工作的制度也未建立；保证党章及其他党内法规制度的制定工作规划计划、制定、修改、废止、解释，同宪法及其他法律法规的制定工作规划计划、制定、修改、废止、解释衔接协调的机制付诸阙如。

随着全面依法治国的深入推进，宪法在我国经济社会发展中的地位将更加突出、作用将更加重大。必须切实增强紧迫感责任感，进一步明确党领导合宪性审查工作和党在宪法范围内活动的内涵，建立健全相关制度机制，促进党的领导与合宪性审查深度融合、有机统一，维护宪法权威，推进社会主义法治国家建设，推进国家治理体系和治理能力现代化。

第一，明确党领导合宪性审查工作的内涵。首先要明确党领导合宪性审查工作的性质。党领导合宪性审查工作，是实施政治领导，绝不是亲力亲为、取而代之。党内没有专门从事合宪性审查工作的机构和人员，无法开展这项工作。即便成立机构、配备人员，若党中央陷入具体事务，受时间、精力所限，就无法保证正确领导，无法作出公正判断。此外，合宪性审查专业性技术性强，党中央若大包大揽，不仅挫伤审查机构的积极性，也会因为缺乏知识经验储备，审不了也审不好。最重要的是，宪法明确赋予全国人大常委会监督宪法实施的职责，如果党中央从事合宪性审查工作，必然违反宪法，造成以党代政、党政不分。简言之，党对合宪性审查工作的领导只能是政治领导，即方针政策领导，而不是介入个案。

其次要明确党对合宪性审查工作实施政治领导的内涵。主要包括以下几方面：

一是统筹规划，引领合宪性审查工作。在广泛深入调研基础上，对合宪性审查工作的指导思想、总体要求、基本原则、重点任务、制度机制和保障条件等进行全面部署，明确党中央的角色定位，规定党中央与中央办公厅、中央书记处、中央全面依法治国委员会及其办公室和全国人大常委会党组在合宪性审查方面的职责分工，明确全国人大常委会合宪性审查的职责权限、审查程序、审查方式、审查效力和违宪行为处置，及其同国务院、国家监委、最高人民法院、最高人民检察院和地方人大的关系，为推进合宪性审查工作提供制度依据。根据合宪性审查工作中出现的普遍性问题，及时作出部署安排。条件成熟时，在实践经验基础上，由全国人大制定合宪性审查法，进一步推进合宪性审查工作制度化、规范化、程序化。

二是解疑释惑，对审查机构移送的有关重大问题作出宪法判断。按照有关规定和精神，涉及党中央决策部署，政治、经济、行政类法律，重大体制和重大政策调整问题，以及宪法解释、重大法律问题等，由审查机构移送党中央征求意见，党中央研究作出宪法判断，向审查机构反馈，审查机构原则上应当接受，有不同意见的，通过沟通协商解决。其他宪法问题和争议，由审查机构决定，无需征求党中央意见。

三是化解矛盾，促进合宪性审查工作健康发展。支持审查机构依法独立负责地开展工作，尊重和接受审查机构的决定。及时研究解决审查工作中遇到的困难和问题。发挥党总揽全局、协调各方的领导核心作用，引导各级党组织和领导干部尊重并执行审查机构的决定。当审查决定的执行出现问题时，积极协调推动审查决定落地。

第二，明确党在宪法范围内活动的内涵。首先要明确党组织不属于全国人大及其常委会的监督范围。《宪法》第六十二条、六十七条确定的宪法监督对象，不包含党组织。但党必须在宪法范围内活动，为此需对党组织的行为和活动进行合宪性控制，这种控制只能是自我审查。这是由以党领政体制决定的。新中国一成立，我国就建立了党和政府两套不同系统，党对包括全国人大常委会在内的国家机关实施领导。在这种体制下，全国人大常委会不宜对党组织的行为和活动进行合宪性审查。而且，基于部分事务的性质，以及保证党的领导有效性的考虑，党的一些行为和活动在一定期限内不宜对外公开，全国人大及其常委会无法了解具体情况，不具有审查的可行性。

　　其次要明确党在宪法范围内活动的性质。根据监督的一般原理，监督是否有效，很大程度上取决于监督主体的外在性和权威性。监督主体在监督对象之外，独立于监督对象，且具有权威性，有利于监督主体作出公正权威的结论，监督就有效；反之，监督就缺乏效力。党对自身行为和活动进行合宪性控制，权威性自不待言，监督的有效性可能有所不足。但我们党是具有高度自觉性和使命感责任感的马克思主义政党，除了工人阶级和最广大人民群众的利益，没有自己特殊的利益，依靠一定的制度机制，能够缓解自我监督有效性不足的问题。党的十八大以来我们党坚持依规治党、全面从严治党，刀刃向内、自我革命，反腐败斗争取得卓著成效，就是一个例证。

　　再次要明确党对自身行为和活动进行合宪性控制的制度措施。总的说来，各级党组织和广大党员要增强宪法思维和法律意识，出台方针政策，处理重大事务，推荐领导干部，不得违反宪法法律规定，不得任意干预审查机构的工作。一切违反宪法法律的行为，必须予以追究和纠正。具体说来，主要包括以下几方面：

　　一是完善合宪性审核制度。党的机关起草法规文件，应当以宪法为根本遵循，保证有关政策措施同宪法不抵触。2012年4月16日中央办公厅、国务院办公厅印发的《党政机关公文处理工作条例》，建立了公文文稿的前置审核制度和印发前审核制度。该条例第二十条第一款第二项规定，公文文稿签发前，应当由发文机关办公厅（室）就其内容是否符合国家法律法规进行审核；第二款规定，需要发文机关审议的重要公文文稿，审议前由发文机关办公厅（室）进行初核。上述规定强调加强文稿审核特别是合法性审核，无疑有助于提高文稿起草质量，但均未明确公文文稿的合宪性审核要求，实践中合宪性审核的效果有限。建议完善《条例》的有关规定，将合宪性审核作为前置审核和印发前审核的重点；对有关宪法术语和条文的含义、目的和意图不清楚或存在争议的，发文机关会同全国人大常委会研究提出意见，报党中央批准，将合宪性问题消除在萌芽状态。

二是建立不一致说明制度。党的方针政策同宪法保持一致，是党在宪法和法律的范围内活动原则的内在要求。由于我国实行以党领政体制，党的领导是国家治理的主引擎，党中央提出的一些政策举措可能同宪法不一致。建议建立文稿起草不一致说明制度。党的机关在起草法规文件时，应当坚持重大改革于法有据的原则，正确处理改革与创新的关系，慎重出台突破宪法规定的政策举措，确需突破宪法规定的，应当经过充分论证，具有充足理由，并作出专门说明。这样做的好处，一是提醒制定机关关注有关法规文件的合宪性问题；二是便于制定机关必要时提出宪法解释或宪法修改建议；三是增进人们对有关法规文件的理解，便于其贯彻执行。有关法规文件发布后，应适时通过宪法修改、宪法解释、法律制定修改等方式转化为宪法法律规范。需要说明的是，按照党章有关规定，全国性事务只有党中央有权决定。中央纪委以及党中央工作机关和地方党委不得作出同宪法法律不一致的规定。

三是改进备案审查制度。2019 年 8 月 30 日修订的《中国共产党党内法规和规范性文件备案审查规定》（以下简称《备案审查规定》），对备案审查中发现党内法规和规范性文件存在同宪法和法律不一致问题的情形，规定了相应的处理程序。但审查工作中，审查机关大多依据中央文件和上位党内法规对党内法规和规范性文件进行合规性审查，合法性审查较少，合宪性审查就更少。此外，缺乏具体、可操作的合宪性审查标准，也不利于合宪性审查工作的开展。建议适时修订《备案审查规定》，将合宪性审查作为审查重点，明确合宪性审查标准，主要包括党内法规和规范性文件是否遵守宪法确立的指导思想和基本原则，是否违反宪法规定的政治、经济、文化、社会制度，是否剥夺宪法赋予公民的基本权利，是否增加或免除宪法设定的公民的基本义务，是否超越宪法规定的国家机构职权特别是立法机关的立法权限，是否调整国家机关的运作和国家权力的行使，是否与宪法衔接协调，等等，并在审查结论部分标注法规文件是否符合宪法。

四是建立健全宪法保留制度和法律保留制度。宪法保留和法律保留是宪法法律的核心条款，是党中央实施政治领导不可逾越的底线。建议参照立法法的做法，建立宪法保留制度，宪法的一些原则和条款，如党的领导、民主集中制、社会主义制度、人民代表大会制度、民族平等团结、依法治国、尊重和保障人权等，即便是党的最高权力机关党的全国代表大会和中央委员会，也无权修改。此外，立法法规定的只能由全国人大及其常委会制定法律的事项，党中央可以提出不同主张，但不直接发生法律效力，须通过法定程序转化为国家意志。

第三，建立健全党领导合宪性审查工作的制度机制，为党的领导与合宪性审查融合统一创造有利条件。一是决策落实制度。党中央作出决策部署后，立法机关应当及时研究提出贯彻落实的任务清单、责任单位、完成时限和工作要求，有明确要求转化为宪法法律或者可以通过宪法法律予以确认的，立法机关应当自觉及时通过法定程序将其上升为国家意志，确保党的大政方针政策不折不扣落到实处。立法机关在重要法律法规起草、审查过程中，要全面、准确理解党在相关领域的方针政策，确保党的方针政策制度化法治化。二是立法转化制度。建立党的主张通过法定程序转化为宪法法律的工作机制，明确转化的条件、主体、程序、方式和时限等，规范转化工作，提高转化效率。三是请示报告制度。按照《中国共产党重大事项请示报告条例》的规定，确定审查机构就合宪性审查中的有关问题向党中央请示报告的主体、范围、程序和方式。鉴于合宪性审查涉及重大体制和重大政策调整问题，建议中央政治局每年年底专题审议本年度合宪性审查情况，部署安排相关工作，研究解决实际问题，推动纠正违宪行为。四是党规国法衔接协调机制。统筹推进依法治国和依规治党，建立健全党章及其他党内法规制度的制定工作规划计划和立改废释同宪法及法律法规的制定工作规划计划和立改废释衔接协调机制，使宪法法律的原则规则与党章党规规定的指导思想、方针政策、目标任务保持一致，保证党的领导与合宪性审查无缝衔接。

第六节　结语

办好中国的事情，关键在党。推进中国特色社会主义事业持续健康发展，关键在党的正确领导。宪法是党执政规律的集大成者。党只有遵守宪法，党的正确领导才有基本保证；合宪性审查涉及重大方针政策问题，须臾离不开党的领导。这两点决定了党的领导与合宪性审查必须深度融合、有机统一。

促进党的领导与合宪性审查有机统一，是社会主义民主政治建设的重要任务。当前，我国合宪性审查起步不久，还面临不少问题和挑战。我国同西方国家的合宪性审查制度截然不同，虽然西方国家合宪性审查制度比较成熟，但可资借鉴的经验做法有限。这要求我们立足本国国情，拿出百倍的勇气、胆略和智慧，强化合宪性审查顶层设计和制度建设，加强合宪性控制，为党和国家长治久安奠定坚实基础。

第六章　党对宪法工作的全面领导研究

2022 年 12 月 20 日，习近平总书记在现行宪法颁行 40 周年之际，在人民日报发表文章《谱写新时代中国宪法实践新篇章——纪念现行宪法公布施行 40 周年》，提出坚持和加强党对宪法工作的全面领导，更好发挥我国宪法制度的显著优势和重要作用。① 这是加强宪法实施新的战略举措，也是全面依法治国新的重大课题，充实完善了习近平法治思想，丰富发展了中国特色社会主义法治理论，对于贯彻落实党的二十大精神，确保我国宪法发展的正确政治方向，确保我国宪法得到全面贯彻和有效实施，具有重大现实意义。由于这项举措提出不久，关于什么是宪法工作，什么是全面领导，党对宪法工作实行全面领导的原理是什么，如何坚持和加强党对宪法工作的全面领导，未见权威论述。本章拟就上述问题作一初步探讨。

第一节　党对宪法工作实行全面领导的基本内涵

宪法工作是习近平总书记在纪念现行宪法公布施行 40 周年所写纪念文章中提出的新名词。党的十八大以来，以习近平同志为核心的党中央高度重视宪法在治国理政中的地位和作用。2012 年 12 月 4 日，习近平总书记在纪念现行宪法公布施行三十周年大会上强调加强宪法

① 习近平：《谱写新时代中国宪法实践新篇章——纪念现行宪法公布施行 40 周年》，《人民日报》2022 年 12 月 20 日第 1 版。

实施，并提出明确要求。2014 年 10 月，党的十八届四中全会提出完善以宪法为核心的中国特色社会主义法律体系、完善全国人大及其常委会宪法监督制度、健全宪法解释程序机制、加强备案审查制度和能力建设、建立国家宪法日和宪法宣誓制度等举措。2017 年 10 月，党的十九大提出推进合宪性审查工作。2019 年 10 月，党的十九届四中全会提出健全保证宪法全面实施的体制机制。2022 年 10 月，党的二十大报告用一整段对完善以宪法为核心的中国特色社会主义法律体系作出专门部署，进一步提出健全保证宪法全面实施的制度体系。从上述密集出台的措施中可以看出，推动宪法实施的力度越来越大，宪法在国家生活和社会生活中扮演日益重要的角色，但有关部署仅涉及具体宪法事项。习近平总书记在其纪念文章中提出宪法工作，是我国宪法发展的一个标志性事件。通常我们说某项工作，比如经济工作、文化工作、社会工作、法治工作、立法工作、司法工作，是就某一方面或某一领域事务而言的，相对于具体事项而言，工作涉及的面更宽、地位更高、作用更大。宪法工作这一术语的提出，彰显经过近年来持之以恒的努力，宪法在党和国家工作大局中占据更加重要的地位和作用。

　　根据《现代汉语词典》的解释，工作是业务、任务的意思。[①] 笔者认为，所谓宪法工作，是指特定主体依据一定的程序和方式所从事的宪法相关活动的总称，包括宪法制定、宪法实施、宪法监督、宪法修改、宪法解释和宪法宣传等。宪法工作是全面依法治国的首要任务和基础性工作，是党治国理政的重要依托和支撑，对于党和国家事业发展起着基础性保障性作用。

　　而对宪法工作的全面领导，则意味着凡与宪法有关的活动，都须接受党的领导。按照不同的划分标准，党对宪法工作实行全面领导大体可分为三类：以宪法工作的内容为标准，可分为党领导宪法制定、

---

　　① 中国社会科学院语言研究所词典编辑室编：《现代汉语词典》，商务印书馆 2012 年版，第 448 页。

宪法实施、宪法监督、宪法修改、宪法解释和宪法宣传等工作；以宪法工作的对象为标准，可分为党领导自身的宪法工作和党领导国家机关的宪法工作；以宪法工作的时间为标准，可分为党领导和平时期的宪法工作和党领导紧急状态下的宪法工作。

从宪法工作的内容这个视角，可以最直观地考察党领导宪法工作的全貌。

（一）宪法制定是宪法工作的基本前提。当今世界，宪法可谓国家生存和发展的必备要素，绝大多数国家都有宪法。宪法制定通常意味着一个国家新的开端，也是该国宪法工作的起点。作为国家的根本法，宪法确定国家的基本架构，规定国家的重大制度、央地关系、公民基本权利和国家机构，创立国家基本秩序，为国家政权及其运作提供合法性和基本遵循。没有宪法，宪法工作便无所本、无所依。即便是在英国、新西兰、以色列等不成文宪法国家，也要依据宪法性文件治理国家。因而制宪是立国头等大事，许多国家成立制宪会议、立宪会议、国民会议等专门制宪机构，经过严格程序①，使宪法体现当时占统治地位阶级的政策主张，凝聚和反映尽可能多的民众意愿。

在我国，中国共产党领导人民夺取新民主主义革命胜利，并领导人民制定宪法，用宪法将这一民主事实固定下来。这是历史赋予党的重大使命和责任。新中国第一部宪法 1954 年宪法的制定，充分反映了党的领导。主要包括：一是成立以毛泽东为主席的宪法起草委员会，毛泽东还指定由自己担任领导的宪法起草小组；二是宪法草案以毛泽东的《新民主主义论》《论联合政府》《论人民民主专政》为思想基础和政治基础；三是中央政治局领导宪法起草、审议全过程。党对 1954 年宪法制定工作的领导，保证了宪法的科学性和民主性，为新中国依宪治国奠定了坚实的根本法基础。

---

① 主要包括宪法草案的提出、审议、通过和公布。特别是宪法通过程序，许多国家对宪法通过规定了比普通法律通过更严的条件，如由国家立法机关成员三分之二以上或者四分之三以上的多数表决通过才有效，而普通法律半数通过即为有效；有的国家还需经过全民公决、国民投票等环节。

（二）宪法实施是宪法工作的主战场。宪法实施赋予宪法生命力和活力，关系宪法权威和尊严。没有宪法实施，再好的宪法也只是写在纸上、讲在嘴上、挂在墙上的一纸具文。各国都将宪法实施视为宪法工作的核心内容。

党历来重视宪法实施。习近平总书记指出，全面贯彻实施宪法，是建设社会主义法治国家的首要任务和基础性工作。党领导人民制定宪法和法律，党领导人民执行宪法和法律，党自身必须在宪法和法律范围内活动。① 党领导宪法实施主要包括：一是统筹安排宪法实施的制度措施；二是对立法、行政、监察、司法等国家机关实施宪法作出安排部署。

（三）宪法监督是宪法工作的关键环节。宪法实施的好坏，仰赖于宪法监督。宪法监督是有权机关依据特定的程序和方式，监督宪法实施的专门活动。各国高度重视宪法监督制度建设，将其作为厉行法治的基本保障。目前，宪法监督主要有三种形式，即立法机关监督（如英国）、司法审查（如美国）和专门机关监督（如德国和法国）。据对 193 个国家的宪法文本进行统计，实行这三种模式的国家数分别为 17 个、79 个、74 个。②

宪法规定，全国人大及其常委会监督宪法的实施。宪法监督涉及国家机关相互关系的协调，以及重大体制和重大政策调整问题，只有在党的领导下，发挥党总揽全局协调各方的领导核心作用，才能顺畅运行。党领导宪法监督主要包括：一是提出有关宪法监督模式的建议；二是提出宪法监督的制度措施，如出台宪法解释的规定、部署推进合宪性审查工作、加强备案审查工作等；三是支持全国人大及其常委会监督宪法实施。

（四）宪法修改是宪法工作的重要组成部分。宪法修改是宪法制定的延续。宪法是针对制定当时的社会现实作出的制度反应。社会生

---

① 习近平：《习近平谈治国理政》，外文出版社 2014 年版，第 138、142 页。
② 韩大元：《关于推进合宪性审查工作的几点思考》，《法律科学》（西北政法大学学报）2018 年第 2 期，第 62 页。

活如江河之水滚滚向前。宪法同社会现实保持一致是宪法发挥作用的基本条件。宪法修改就是对发展了的社会现实作出的反应，以促使宪法与时俱进，发挥应有作用。各国尽皆如此。世界上第一部成文宪法1787年美国宪法颁布至今，已有230多年，正文一字未改，但附加了27条修正案。

中华人民共和国成立以来，宪法修改是宪法变迁的主要方式。现行宪法即1982年宪法颁布以来，党领导宪法修改已形成比较固定的模式。主要包括：一是提出宪法修改建议；二是领导宪法修改草案的起草、审议和公布。

（五）宪法解释是宪法工作的基础制度。宪法条文一般具有很强的原则性和概括性。贯彻实施宪法，需要对宪法的条文作出必要的解释。在经济社会发展尚未突破宪法规定的情况下，也需要通过宪法解释来保持宪法同社会现实的一致性。无论开展何种宪法工作，首先都要对宪法有关条文的含义作出解释，以明确宪法的含义，补充宪法的缺漏，适应社会现实的变迁。①

我国《宪法》第六十七条第一项规定，由全国人大常委会解释宪法。根据党章和《中国共产党中央委员会工作条例》的规定，只有党中央有权对涉及全党全国性的重大方针政策问题作出决定和解释。宪法解释多涉及全党全国性的重大方针政策问题，需由党中央讨论决定。党领导宪法解释工作主要包括：一是作出顶层设计，明确宪法解释的原则、程序和方式；二是讨论决定宪法解释工作中涉及的重大体制和重大政策调整问题。

（六）宪法宣传是宪法工作的重要基础性工程。宪法与每一位公民息息相关。只有人人学习宪法、尊重宪法、遵守宪法，才能牢固树立宪法权威，全面贯彻实施宪法。正如习近平总书记所说，宪法的根基在于人民发自内心的拥护，宪法的伟力在于人民出自真诚的信仰。②

---

① 武增主编：《辉煌四十年：现行宪法发展与实施报告》，法律出版社2023年版，第610页。

② 习近平：《习近平谈治国理政》，外文出版社2014年版，第140页。

从 1985 年开始，中共中央转发了中央宣传部和司法部的八个五年普法规划，始终将宪法确定为法治宣传的重点对象，并根据形势任务的发展变化，对宪法宣传教育作出安排部署。党还推动建立国家宪法日、宪法宣誓等制度，深入开展宪法宣传教育，大力弘扬宪法精神，切实增强全社会宪法意识。

上述六个方面，是一个相辅相成、有机统一的整体，构成宪法工作的主体部分，主要是就党领导国家机关的宪法工作而言的。从宪法工作的对象视角来看，党领导宪法工作，还包括党领导自身的宪法工作。虽然这部分内容在宪法工作中所占份额不大，但却至为关键。因为党是最高政治领导力量，党是否尊重宪法、遵守宪法，在很大程度上决定了宪法工作的成败。

长期以来，党注重在党的建设和党的工作中带头遵守宪法，并将相关要求制度化规范化。比如，《中国共产党党内法规制定条例》第七条第五项规定，党内法规制定工作应当遵循坚持党必须在宪法和法律的范围内活动，注重党内法规同国家法律衔接和协调的原则。从表现方式看，党领导自身的宪法工作与党领导国家机关的宪法工作有很大不同。作为政党组织，党不直接承担宪法工作的职责，但鉴于党的领导党身份，党负有统筹谋划国家机关宪法工作的责任，且需保证自身遵守在宪法和法律的范围内活动原则。党领导自身的宪法工作主要包括：一是对国家机关的宪法工作进行顶层设计；二是保证党内法规和规范性文件符合宪法的规定和要求；三是保证各级党组织和广大党员干部模范遵守宪法。通过上述活动，党以自身模范遵守宪法带动全社会一体遵守宪法。

上述有关宪法工作的讨论，涉及的都是和平时期的宪法工作。从宪法工作的时间视角看，党还领导紧急状态下的宪法工作。比如 2019 年新冠疫情暴发后，国家机关特别是行政机关被赋予更多权力，公民的人身自由等宪法权利受到一定限制。为保证紧急状态下国家权力的正确行使和公民宪法权利的切实保障，党应加强对紧急状态下宪法工作的领导。

　　需要说明的是，宪法制定、实施、监督、修改、解释和宣传等宪法工作，大多是宪法赋予全国人大及其常委会的职权。按照 2016 年《中共中央关于加强党领导立法工作的意见》，党对宪法工作的领导，是政治领导，即方针政策的领导，而不是取代全国人大及其常委会及有关部门的宪法职能。

　　综上所述，党对宪法工作实行全面领导，可作如下定义：主要是对宪法的制定、实施、监督、修改、解释和宣传等工作进行全方位、全链条、全覆盖的政治领导，贯穿宪法工作全过程各方面，既包括对国家机关的宪法工作进行领导，也包括对党自身的宪法工作进行领导，既包括对和平时期的宪法工作进行领导，也包括对紧急状态下的宪法工作进行领导，以确保我国宪法发展的正确政治方向，确保我国宪法得到全面贯彻和有效实施，更好发挥宪法在坚持中国共产党领导，保障人民当家作主，促进改革开放和社会主义现代化建设，推动社会主义法治国家建设进程，促进人权事业全面发展，维护国家统一、民族团结、社会和谐稳定等方面的重要作用①。

第二节　宪法工作是党的一项重要工作

　　党历来重视宪法工作。早在 1931 年 11 月，党就领导人民制定了民主政权的第一个宪法性文件《中华苏维埃共和国宪法大纲》，所规定的工农兵苏维埃代表大会制、没收帝国主义的银行及没收地主阶级土地的经济政策、无产阶级的国际主义立场等，是党的六大通过的"中国革命之十大要求"的法律化，而且大纲经过上海临时中央的批准，创立了体现人民大众意志的人民宪法模式，有力推动了根据地的发展进步。此后，党领导了抗日民主政权、解放区人民民主政权的立宪活动，将根据地政权建设纳入宪法轨道，以调整社会关系，维护政

---

　　① 习近平：《谱写新时代中国宪法实践新篇章——纪念现行宪法公布施行 40 周年》，《人民日报》2022 年 12 月 20 日第 1 版。

权稳定。①

中华人民共和国成立后，党重视宪法制定工作。毛泽东主席将新中国第一部宪法的起草工作视为"立国安邦的大事"②，亲率宪法起草小组赴杭州起草宪法，历时 77 天完成起草工作，这在党的历史上是绝无仅有的，充分表明党对宪法制定工作的重视。宪法通过前夕，毛泽东强调，宪法"通过以后，全国人民每一个人都要实行，特别是国家机关工作人员要带头实行，首先在座的各位要实行。不实行就是违反宪法"③。1954 年 9 月 20 日，全国人大一次会议通过了新中国第一部宪法"五四宪法"。

"五四宪法"的制宪者把宪法主要视为确认民主事实的工具④，对宪法实施和监督未予充分重视。宪法通过后 3 年，中央讨论决定重大问题时，毛泽东主席、周恩来总理还经常问宪法对有关问题是怎样规定的，提醒大家不要违反宪法。⑤ 但仅仅 3 年后，随着党和国家领导人指导思想的改变，以及政治运动轰轰烈烈的开展，宪法逐渐被束之高阁。这一时期，宪法工作比较单一，主要表现为宪法的制定和修改，宪法实施和监督工作乏善可陈，宪法缺乏应有权威。

党的十一届三中全会的召开，拉开了社会主义现代化建设新时期的帷幕，也成为宪法工作的重要里程碑。以邓小平同志为核心的党的

---

① 张晋藩：《中国宪法史》，吉林人民出版社 2004 年版，第 274、280—314 页。

② 李飞：《人民有了自己的宪法》，《求是网》，http：// www. qstheory. cn/laigao/ycjx/ 2021 – 12/04/c_ 1128131252. htm。

③ 毛泽东：《关于中华人民共和国宪法草案》，载《毛泽东选集》第 6 卷，人民出版社 1999 年版，第 325—329 页。

④ 1940 年 2 月 20 日，毛泽东在延安各界宪政促进会成立大会上发表《新民主主义的宪政》的演说，提出"宪政就是民主的政治"，"在革命成功有了民主事实之后，颁布一个根本大法，去承认它，这就是宪法"。毛泽东：《新民主主义的宪政》，《毛泽东选集》第 2 卷，第 735 页。1954 年 6 月 14 日，毛泽东在中央人民政府委员会第三十次会议上说，用宪法这样一个根本大法的形式，把人民民主和社会主义原则固定下来，使全国人民有一条清楚的轨道，使全国人民感到有一条清楚的明确的和正确的道路可走，就可以提高全国人民的积极性。毛泽东：《关于中华人民共和国宪法草案》，载《毛泽东选集》第 6 卷，人民出版社 1999 年版，第 325—329 页。

⑤ 田纪云：《坚定不移走依法治国之路（代序）》，载刘政《人民代表大会制度的历史足迹》，中国民主法制出版社 2008 年版，第 1 页。

第二代中央领导集体深刻认识到，为避免"文化大革命"悲剧重演，必须大力发扬社会主义民主，健全社会主义法制，完善国家制度，切实保障公民权利。要做到这一点，制定一部好的宪法是最要紧的事。①"八二宪法"应运而生。此后，党对宪法工作日益重视，宪法工作的内涵越来越丰富，宪法在治国理政中的作用越来越显著。这可以从历次党的全国代表大会报告看出来。

每五年召开一次的党的全国代表大会，是党的最高领导机关②，其报告是党的最高决策的载体，是一个时期党的理论旗帜、政治宣言和行动纲领的集中体现，在管党治党和治国理政中发挥关键作用，是党和国家机关一切重要工作的根本遵循。③ 党的全国代表大会所作的决策部署，很大程度上反映了有关工作在党和国家工作全局中所处的位置。从改革开放以来党的历次全国代表大会报告看，除党的十二大报告未提及宪法外，其他历次党的全国代表大会报告都提到了宪法。党的十三大报告、十四大报告、十五大报告、十六大报告、十七大报告、十八大报告、十九大报告、二十大报告分别提到宪法 5 次、3 次、5 次、3 次、3 次、3 次、8 次、10 次。其中，党的十三大报告强调党领导人民制定了宪法和法律，党应当在宪法和法律的范围内活动，党的十五大报告提出依法治国基本方略，强调加强对宪法和法律实施的监督，党的十九大报告提出推进合宪性审查工作，党的二十大报告对完善以宪法为核心的中国特色社会主义法律体系作出专门部署，并提出健全保证宪法全面实施的制度体系，更好发挥宪法在治国理政中的重要作用。无论是从次数看，还是从内容看，党的十八大都是一道分水岭：党的十八大前，党的全国代表大会报告提到宪法的次数不多，最多不超过 5 次，对宪法实施和监督仅提出原则性要求；党的十九大报告、党的二十大报告中宪法出现的次数陡升，分别为 8 次、10 次，

---

① 蔡定剑：《宪法精解》，法律出版社 2004 年版，第 75 页。

② 《中国共产党章程》第十条第三项规定，党的最高领导机关，是党的全国代表大会和它所产生的中央委员会。

③ 李雪勤、王冠：《中央重大决策体制研究》，《中国领导科学》2022 年第 4 期。

对宪法实施和监督进行专门部署，并提出推进合宪性审查工作、健全保证宪法全面实施的制度体系等具体举措，凸显宪法工作在党和国家工作全局中日益重要的位置。

党对宪法工作的重视，还可以从习近平总书记有关重要论述和党中央决策部署上看出来。

党的十八大以来，以习近平同志为核心的党中央高度重视宪法在治国理政中的重要作用。习近平总书记多次就贯彻实施宪法发表重要讲话，主持中央政治局宪法学习，签署主席特赦令实施宪法规定的特赦制度，3次对开展国家宪法日活动作出重要批示，带头进行宪法宣誓，有力推动了宪法全面实施。他还就贯彻宪法提出大量重要论述，归结起来主要有：一是强调坚持依法治国首先要坚持依宪治国，坚持依法执政首先要坚持依宪执政；二是强调宪法是党和人民意志的集中体现；三是强调全面贯彻实施宪法；四是强调在全社会弘扬宪法精神；五是强调抓住"关键少数"；六是强调坚定宪法自信；七是强调宪法是我们党长期执政的根本法律依据；八是强调依宪治国、依宪执政同西方所谓"宪政"有着本质区别。① 习近平总书记有关宪法的重要论述，为新时代宪法工作的全面展开奠定了理论基础。

与此同时，党中央作出一系列决策部署，宪法工作实现了历史性跨越，取得了显著成效。一是，2018年3月对现行宪法进行第五次修改，把党的十九大确定的重大理论观点和重大方针政策特别是习近平新时代中国特色社会主义思想载入国家根本法，推动我国宪法与时俱进。宪法修改前，党的十九届二中全会对宪法修改建议进行了专门讨论，这在党的历史上尚属首次，凸显党中央对宪法修改工作的重视。二是，完善以宪法为核心的中国特色社会主义法律体系，健全宪法相关法律制度和机制，宪法实施更加有效。三是，健全宪法解释程序机

---

① 沈春耀、许安标主编：《经国之本：中国共产党对国家制度和法律制度的百年探索》，法律出版社2021年版，第634页。

制。这是党的十八届四中全会提出的重要举措。2017 年 3 月，中共中央转发《中共全国人大常委会党组关于健全宪法解释工作程序的意见》，提出明确要求、规定工作规范，为宪法解释工作的开展提供了基本遵循。党的十九届三中全会明确全国人大宪法和法律委员会承担宪法解释的职责。党的十九届四中全会进一步提出落实宪法解释程序机制。四是，强化宪法实施，要求健全保证宪法全面实施的体制机制和制度体系，实施宪法规定的特赦制度，根据宪法精神作出创制性安排，创制性运用宪法制度和宪法规定应对治国理政中遇到的重大风险挑战，促进宪法全面实施。五是，完善宪法监督制度，设立全国人大宪法和法律委员会，推动开展合宪性审查工作，在备案审查工作中妥善处理合宪性、涉宪性问题，宪法监督水平稳步提高。六是，加强宪法宣传。党的十八大后设立国家宪法日，建立宪法宣誓制度，广泛开展宪法宣传教育，始终将宪法确定为普法重点，全社会宪法意识和法治观念显著增强。①

综上所述，党对宪法工作的重视是一以贯之的。新中国成立以来，宪法与国家命运紧密相连，虽然历经曲折，但始终在党和国家工作全局中占据独特而重要的位置。特别是党的十八大以来，宪法实践的形式日益丰富，宪法在国家生活和社会生活中所起的作用日益凸显，宪法工作这一术语的提出也就水到渠成、顺理成章，成为新时代国家法治建设的突出亮点和新的增长点。

第三节　党的领导是做好宪法工作的首要原则

习近平总书记在纪念现行宪法公布施行 40 周年的文章中，归纳出我国宪法制度建设的七条规律，将坚持中国共产党领导列为第一条

---

① 上述内容参见习近平《谱写新时代中国宪法实践新篇章——纪念现行宪法公布施行40 周年》，人民日报 2022 年 12 月 20 日第 1 版；沈春耀：《更好发挥宪法在治国理政中的重要作用》，载本书编写组编著：《党的二十大报告辅导读本》，人民出版社 2022 年版，第394—396 页。

规律。① 这一重要论述反映出，党的领导是做好宪法工作的首要原则，也是宪法工作的第一原理、基本规律和根本要求。

　　一是贯彻实施宪法的需要。我国宪法确认了中国共产党的领导地位，这是我国宪法最显著的特征，也是我国宪法得到全面贯彻实施的根本保证。② 2018 年宪法修正案在总纲第一条第二款"社会主义制度是中华人民共和国的根本制度"后增写一句，"中国共产党领导是中国特色社会主义最本质的特征"。宪法从社会主义制度的本质属性角度确立党的领导地位，充分体现了党的领导的根本性、全面性和时代性，表明党的领导是宪法的一项基本原则，而且是首要原则。党的领导包括对宪法工作的领导。党领导宪法工作，从根本上说，在于党以马克思主义为指导，与时俱进推进党的理论创新、制度创新、实践创新，始终走在时代前列；在于党代表最广大人民的根本利益，坚持走群众路线，始终得到人民群众的拥护和支持；在于党重视和加强党的建设，坚持党要管党、全面从严治党，刀刃向内、自我革命，始终保持勤政为民、廉洁奉公的本色。按照有关规定，凡是重大体制和重大政策调整问题，都由党中央讨论决定。宪法工作多涉及重大体制和重大政策调整问题，因此，宪法工作必须接受党的领导。此外，宪法作为上层建筑，必须适应经济基础的发展变化，体现党和人民事业的历史进步，随着党领导人民建设中国特色社会主义实践的发展而不断完善。只有紧跟时代要求和人民意愿，遵循法治规律，在保持宪法连续性、稳定性、权威性的前提下，推动宪法不断适应新形势、吸纳新经验、确认新成果、作出新规范，才能永葆宪法生机活力。坚持和加强党对宪法工作的全面领导，有助于准确把握宪法发展脉动，保证宪法

---

　　① 习近平：《谱写新时代中国宪法实践新篇章——纪念现行宪法公布施行 40 周年》，《人民日报》2022 年 12 月 20 日第 1 版。党的十八届四中全会提出实现全面推进依法治国总目标必须坚持的五项原则，把坚持中国共产党领导列为第一项原则。习近平法治思想的内涵可概括为十一个坚持，坚持党对全面依法治国的领导列为十一个坚持之首。党对此的认识是一以贯之的。

　　② 习近平：《谱写新时代中国宪法实践新篇章——纪念现行宪法公布施行 40 周年》，《人民日报》2022 年 12 月 20 日第 1 版。

同社会发展同步，确保我国宪法得到全面贯彻和有效实施，更好发挥宪法在治国理政中的重要作用。

二是贯彻落实党的方针政策的需要。宪法是治国安邦的总章程，是党的主张的最高法律表现形式，是党治国理政的重要依托，集中体现党和人民的统一意志和共同愿望。党以全心全意为人民服务为根本宗旨，始终坚持立党为公、执政为民，领导人民制定出体现人民意志的宪法，领导人民实施宪法。坚持和加强党对宪法工作的全面领导，把党的主张贯彻到宪法工作全过程各方面，才能全面实现党的使命任务，确保我国宪法发展的正确政治方向。

三是党依宪执政的需要。依法执政是新的历史条件下党执政的基本方式。党执政治国，首要的是制定一部治国安邦的总章程——宪法，确立国家的发展框架，保障人民当家作主，确认公民的基本权利，明确中央和地方关系，规定国家机构及相互关系，形成基本宪法秩序，维护国家统一、民族团结、社会和谐稳定。正如习近平总书记所说，依法治国，首先是依宪治国；依法执政，关键是依宪执政。新形势下，我们党要履行好执政兴国的重大职责，必须依据党章从严治党、依据宪法治国理政。① 坚持和加强党对宪法工作的全面领导，有助于坚持依宪治国、依宪执政，把党总揽全局、协调各方同人大、政府、政协、监察机关、审判机关、检察机关依法依章程履行职能、开展工作统一起来，把党领导人民制定和实施宪法法律同党坚持在宪法法律范围内活动统一起来，保证党领导人民依法有效治理国家。②

四是维护宪法权威的需要。宪法是国家的根本法，是治国安邦的总章程，具有最高的法律地位、法律权威、法律效力。宪法的尊严和权威关系到国家的命运、社会的稳定和人民的利益。维护宪法权威，就是维护党和人民共同意志的权威；捍卫宪法尊严，就是捍卫党和人

---

① 习近平：《习近平谈治国理政》，外文出版社 2014 年版，第 141—142 页。
② 习近平：《谱写新时代中国宪法实践新篇章——纪念现行宪法公布施行 40 周年》，《人民日报》2022 年 12 月 20 日第 1 版。

民共同意志的尊严；保证宪法实施，就是保证人民根本利益的实现。①
党领导宪法工作与党在宪法和法律范围内活动是辩证统一的关系。党
是最高政治领导力量，党尊重、遵守宪法，自觉在宪法和法律范围内
活动，是宪法权威的最大来源。《宪法》第五条明确规定，一切国家
机关和武装力量、各政党和各社会团体、各企业事业组织都必须遵守
宪法和法律。坚持和加强党对宪法工作的全面领导，有助于党自觉遵
守在宪法和法律的范围内活动原则，切实维护宪法权威。

　　五是总结党的历史上正反两方面经验教训得出的基本结论。新中
国成立70多年来的宪法发展历程表明，宪法与国家前途、人民命运
息息相关。"文化大革命"期间，我们偏重政策和群众运动的作用，
法律虚无主义盛行，宪法逐渐退出历史舞台，我国经济社会发展遭受
重创。党的十八大以来，我们党高度重视宪法工作，采取一系列行之
有效的措施，对现行宪法进行第五次修改，完善以宪法为核心的中国
特色社会主义法律体系，健全宪法相关法律制度和机制，完善宪法监
督制度，加强合宪性审查、备案审查制度和能力建设，推动我国宪法
制度建设和宪法实施取得历史性成就。历史和实践表明：党尊重、遵
守宪法，推动宪法有效实施，人民当家作主就有保证，党和国家事业
就能顺利发展。反之，如果宪法受到漠视、削弱甚至破坏，人民权利
和自由就无法保证，党和国家事业就会遭受挫折。坚持和加强党对宪
法工作的领导，推动和加强社会主义法治建设，推动和保障党和国家
事业发展，才能更好发挥宪法在治国理政方面的重要作用。

第四节　党领导宪法工作面临的主要问题

　　概括起来，当前党领导宪法工作主要存在以下问题：
　　一是顶层设计有待充实细化。党的十八大以来，宪法工作推进的
范围、力度前所未有。党的十八届三中、四中全会，党的十九大及十

---

① 习近平：《习近平谈治国理政》，外文出版社2014年版，第137页。

九届三中、四中全会，党的二十大都对宪法工作提出具体要求，特别是 2021 年 1 月中共中央印发的《法治中国建设规划（2020—2025年)》，第二部分对全面贯彻实施宪法作出专门部署，但仍不够全面、系统，主要表现在：未明确党领导宪法工作的主体、程序和方式，党领导宪法工作缺乏制度依据；未明确党领导宪法工作与全国人大常委会依宪开展工作的关系，哪些事项由党中央讨论决定、哪些事项由全国人大及其常委会决定，并不清楚；虽然对全国人大及其常委会贯彻实施宪法提出具体要求，但未对党组织和党员干部贯彻实施宪法提出具体要求。

二是宪法工作的开展不均衡。新中国成立后很长一段时间，党聚焦于宪法的制定和修改，迄今共制定 4 部宪法，进行 7 次宪法修改。党的十八大以来，宪法工作全面展开，宪法修改、宪法实施、宪法解释、宪法监督和宪法宣传有声有色，但从总体上看，我们偏重宪法制定和修改问题依然比较突出，宪法实施尚不充分，宪法解释和宪法监督有待深化，宪法在现实生活中的存在感较低，公民宪法意识不强；侧重国家层面的宪法工作，党内宪法工作未引起足够重视，有的党内法规和规范性文件未反映党应当遵守在宪法和法律的范围内活动原则，有的虽然有所反映，但比较原则，操作性不强，这项原则的内涵是什么，判断法规制度违反宪法的标准、程序、方式又是什么，并不明确。①

三是党领导宪法工作的体制有待健全。党领导宪法工作，党的范围包括哪些，其中当然包括党中央，但地方党委能否领导宪法工作以保证宪法在本地区实施？在党领导宪法工作中，中央办公厅、中央依法治国办、全国人大常委会党组、司法部党组扮演什么角色？这些问题有待明确。目前，党的法规工作机构具体承担服务党领导立法的职责，机构设置、人员配备及素质能力基本适应合法性审核工作需要，但对于合宪性审核来说，还存在一定差距。

---

① 李忠：《论健全保证宪法全面实施的制度体系》，《西北大学学报》（哲学社会科学版）2023 年第 2 期。

　　四是党领导宪法工作的制度机制不完善。制度机制是党领导宪法工作的重要支撑。当前，党领导宪法工作方面，还存在请示报告制度不完善、党的法规工作机构同国家法制机构之间联系机制不健全等问题，不利于党的领导贯彻落实。

　　五是部分领域党领导宪法工作尚未制度化法治化。由于宪法工作的政治性、政策性、敏感性强，党领导宪法工作制度化法治化，是宪法工作顺利开展的基本条件。目前，党中央出台了有关党领导立法、宪法解释方面的规定，但在党领导宪法实施、宪法修改、宪法监督、合宪性审查、备案审查等方面，尚未制度化法治化，党领导有关方面的内容、程序和方式是什么，并不明确。

　　六是党领导自身的宪法工作有待改进。党的十八大以来，党加强领导自身宪法工作制度建设，为新时代党依宪治国、依宪执政奠定了扎实制度基础。党章和其他党内法规制度中确立党必须在宪法和法律的范围内活动原则，将模范遵守宪法法律情况确定为党内监督的主要内容，要求各级党委政法委员会带头依法办事，保障宪法法律正确统一实施，各级人大、政府、政协、审判机关、检察机关的党组织领导和监督本单位模范遵守宪法法律，规定党内法规和规范性文件遵守宪法。同时要看到还存在制度不健全、落实不够有力等问题。有的党内法规和规范性文件笼统规定党组织负有在宪法法律范围内活动、保证宪法法律正确统一实施的职责，操作性不强。有的应当规定而没有规定党应当遵守在宪法和法律的范围内活动原则，比如 2019 年《中国共产党党内法规执行责任制规定（试行）》，未对党内法规执行应当遵守宪法提出要求。实践中，合宪性审查以比对宪法文本的形式审查居多，审查质量不高。

第五节　坚持和加强党对宪法工作
全面领导的若干建议

　　党的领导是做好宪法工作的根本保证。习近平总书记指出，要加强和改善党的领导，健全党领导全面依法治国的制度和工作机制，推进党的领导制度化、法治化，通过法治保障党的路线方针政策有效实施。① 新时代新征程推进宪法工作，必须贯彻习近平总书记重要论述精神，坚持和加强党对宪法工作的全面领导。

第一，加强顶层设计。针对宪法工作统筹谋划不足问题，建议党中央适时出台党内法规，对党领导宪法工作进行规划部署，为党领导宪法工作提供基本遵循。之所以用党内法规，而不用法律，主要是因为：一是，按照《中国共产党党内法规制定条例》第四条第二项的规定，有关党的领导和党的建设的体制机制、标准要求、方式方法，制定党内法规。规范党领导宪法工作，属于党的领导范畴，应当制定党的领导法规。二是，宪法和法律主要以国家机关和公民为调整对象，党内法规主要以党组织和党员为调整对象。党领导宪法工作涉及的主要是党中央，应当用党内法规来规范。虽然宪法和法律也对党的领导地位、工作机构、职责权限等作出规定，但仅为原则性规定，相关内容由党内法规作出具体规定。三是，在我国，党是最高政治领导力量，对包括宪法工作在内的所有工作进行领导，宪法和法律不宜对党组织和党员行为进行限制和约束。

规范党领导宪法工作的党内法规可称为《中国共产党领导宪法工作条例》（以下简称《条例》），之所以党内法规的名称用条例，是因为宪法工作是党的一项重要工作，属于党的领导重要领域，按照《中国共产党党内法规制定条例》第五条第四款的规定，条例对党的某一领域重要关系或者某一方面重要工作作出全面规定。

《条例》明确党对宪法工作实行全面领导，对党领导宪法工作的原则、主体、内容、程序和方式等作出系统规定，确立党领导宪法工作与全国人大及其常委会履行有关职责的关系，建立统筹推进宪法工作制度机制，并对党组织和党员干部贯彻实施宪法提出明确要求。首

---

① 习近平在中央全面依法治国工作会议上发表重要讲话_ 滚动新闻_ 中国政府网 http：//www. gov. cn/xinwen/2020－11/17/content_ 5562085. htm。

先，根据党章、《中国共产党中央委员会工作条例》和宪法的有关规定，按照既要充分发挥党把方向、谋大局、定政策、促改革的作用，又要充分发挥全国人大及其常委会的职能作用，尊重国家权力机关职权的原则，宪法实施、宪法解释、宪法修改、宪法监督、备案审查、合宪性审查以及行政执法、司法审判等过程中出现的宪法问题，由全国人大常委会统一归口处理，非重大体制和重大政策调整问题由全国人大常委会直接作出决定，处理结果报中央办公厅备案；凡属重大体制和重大政策调整问题，由全国人大常委会提出处理意见后移送中央办公厅，中央办公厅报中央政治局常委会讨论决定，重大疑难、争议问题报中央政治局讨论决定。中央办公厅承担服务党领导宪法工作的职责，主要是因为中央办公厅承担服务党领导国家立法的职责，其中包括党领导宪法工作的职责，对党中央决策部署的理解全面准确。其次，宪法工作是一个系统工程。必须遵循宪法工作规律，建立健全党领导宪法工作的制度机制，统筹推进宪法实施、宪法监督、宪法修改、宪法解释和宪法宣传等工作齐头并进，实现宪法工作均衡发展。当前最急迫的工作是，采取有效措施，激活宪法解释制度，为宪法工作的开展奠定扎实基础。再次，完善党员干部接受宪法法律约束制度，违反宪法法律的，必须受到宪法法律追究。正如习近平总书记在十九届中央政治局第四次集体学习时所说，宪法具有最高的法律地位、法律权威、法律效力。我们党首先要带头尊崇和执行宪法，把领导人民制定和实施宪法法律同党坚持在宪法法律范围内活动统一起来。任何组织或者个人都不得有超越宪法法律的特权。①

第二，完善党领导宪法工作的体制。宪法工作属于全党全国性的重大方针政策问题，按照党章和《中国共产党中央委员会工作条例》的有关规定，只能由党中央对宪法工作实行全面领导，有权提出与宪法和法律不一致的方针政策，并推动这些方针政策适时转化为宪法和

---

① 新华社：《习近平在中共中央政治局第四次集体学习时强调更加注重发挥宪法重要作用把实施宪法提高到新的水平》，《共产党员网》，https：//news. 12371. cn/2018/02/25/ARTI1519536507037444. shtml。

法律。中央纪委以及党中央工作机关和省级地方党委不能处理全党全国性的重大方针政策问题，无权领导宪法工作。此外，适应新时代坚持和加强党对宪法工作的全面领导的需要，建议强化中央办公厅法规工作机构，充实法学尤其是宪法学专门人才，加强教育培训，不断提高党的法规工作机构服务党领导宪法工作的能力和水平。

第三，健全党领导宪法工作的制度机制。一是，建立不一致说明制度。党的主张不违反宪法，是党遵守宪法的具体体现，是党必须遵守在宪法和法律的范围内活动原则的内在要求。但党是中国特色社会主义事业的领导核心，对国家实行政治领导，当社会发展突破宪法时，有责任提出同宪法不一致的方针政策。不过，这种情况如果处理不好，就可能被认为是党不在宪法和法律的范围内活动，甚至被认为是违宪违法，如果党不提出与时俱进的主张，社会又无法发展进步。①这两方面的矛盾，在全面深化改革和全面依法治国的新形势下变得日益突出。建议建立不一致说明制度。党中央慎重提出与宪法不一致的方针政策，确需突破宪法规定的，应当经过充分论证，并作出专门说明，阐明这样做的理由，以及相应的宪法解释或者宪法修改建议，促使有关内容及时通过宪法解释、宪法修改等方式转化为国家意志。二是，建立宪法问题请示报告制度。《中国共产党重大事项请示报告条例》第十三条第二项规定，重大立法事项、重大体制变动，党组织应当向上级党组织请示。宪法问题属于重大立法事项，往往涉及重大体制变动和重大政策调整。党和国家机关工作中，凡涉及宪法问题的，应当按程序向党中央请示报告，党中央及时作出回应，把党对宪法工作的领导贯彻到社会生活方方面面。三是，建立宪法实施和监督情况专项报告制度。按照《法治中国建设规划（2020—2025 年）》的规定，全国人大常委会要把宪法实施和监督作为年度工作报告的重要事项。建议将宪法实施和监督情况从全国人大常委会年度工作报告中单

---

① 刘松山：《准确把握党在宪法法律范围内活动的含义——兼论党内法规与国家法律的关系》，《法治研究》2019 年第 2 期。

列，每年向中央政治局及其常委会报告，及时解决工作中存在的突出问题。四是，建立中央办公厅同全国人大常委会的宪法工作衔接联动机制，加强工作沟通，促进化解有关问题。

第四，将党对宪法工作的全面领导制度化法治化。建议制定完善以下法律制度：一是，适时制定宪法解释法、合宪性审查法、备案审查法，在上述法律中明确重大体制和重大政策调整问题由党中央讨论决定，确保党对有关宪法工作的领导。二是，制定宪法修改法，系统总结宪法修改实践经验，固定党中央提出宪法修改建议、领导宪法修改起草和审议等宪法修改惯例。三是，健全依宪立法制度。立法是我国宪法实施的主渠道。立法法确立了依宪立法原则。建议在立法法中进一步规定，凡涉及重大体制和重大政策调整问题的，由党中央讨论决定。

需要说明的是，在上述立法中写入党对宪法工作的领导，不是越俎代庖，取代全国人大及其常委会的工作，而是对党领导宪法工作作出原则性规定，为这项工作提供制度依据。实践中，上述立法需同《中国共产党领导宪法工作条例》中有关党领导宪法工作的具体规定相结合，才能更好推动党的领导落地落实落细。

第五，完善党领导自身宪法工作的制度机制。一是，建议各级党组织将宪法工作摆上重要位置，定期研究有关问题，适时作出有关决策部署。二是，健全各级党组织和广大党员干部模范遵守宪法制度。按照《中国共产党党内监督条例》的要求，加大对各级党组织和广大党员干部模范遵守宪法法律情况的监督力度，通报违宪违法行为，对于一些突出共性问题，配合全国人大常委会督促整改。三是，按照《中央党内法规制定工作规划纲要（2023—2027 年）》的要求，修订《党政机关公文处理工作条例》，完善公文文稿前置审核制度和印发前审核制度，把合宪性审查作为重点审核内容，发现存在合宪性问题的文稿，退起草单位修改完善，努力把违宪问题消除在萌芽状态。四是，起草重要党内法规和规范性文件，吸收国家法制机构人员参加，征询他们对法规文件的合宪性、合法性意见，确保法规文件合宪合法。五是，完善党内法规和规范性文件实施、解释、备案审查、清理、评估有关制度，将遵守宪法作为各项工作的基本要求，确定合宪性审查的标准、程序和方式，切实维护社会主义法制的统一、尊严、权威。[①]

　　党对宪法工作的全面领导，是党领导国家法治建设的首要环节。确保党对宪法工作的正确领导，对于贯彻党的方针政策、实现党的领导至关重要。坚持和加强党对宪法工作的全面领导，关键是厘清党对宪法工作的领导与全国人大及其常委会履行宪法工作职责的关系，既保证党的领导全面落地，又充分发挥国家权力机关的积极性主动性。这是处理党和法治关系的难点。限于篇幅及笔者能力，本章对此仅作蜻蜓点水式的探讨，这个问题值得持续深入研究。

---

　　① 李忠：《论健全保证宪法全面实施的制度体系》，《西北大学学报》（哲学社会科学版）2023 年第 2 期。

第七章　健全保证宪法全面实施的
制度体系研究[*]

　　全面实施宪法，是建设社会主义法治国家的首要任务和基础性工程①，是宪法的生命和权威之源。党的十八大以来，以习近平同志为核心的党中央高度重视宪法实施，作出一系列战略部署。2018年1月19日，习近平总书记在党的十九届二中全会第二次全体会议上提出，要用科学有效、系统完备的制度体系保证宪法实施。② 党的二十大报告进一步明确，健全保证宪法全面实施的制度体系。这一战略举措，充实和丰富了习近平法治思想的内涵，吹响了新时代加强宪法实施和监督的号角。如何正确认识并贯彻落实好这项新举措，是一个全新课题。本章拟围绕保证宪法全面实施制度体系的概念、背景、现状和问题及改进建议，作一初步探讨。

第一节　保证宪法全面实施的制度体系界说

　　（一）什么是全面实施宪法？

　　界定保证宪法全面实施的制度体系，首先要明确什么是全面实施宪法。

---

　　* 本章内容发表于《西北大学学报》（哲学社会科学版）2023年第2期，收入本书时略作修改。

　　① 习近平：《在首都各界纪念现行宪法公布施行30周年大会上的讲话》，载《习近平谈治国理政》，外文出版社2014年版，第138页。

　　② 习近平：《论坚持全面依法治国》，中央文献出版社2020年版，第201页。

宪法实施是社会主义国家的学者从社会主义宪法中概括出来的学术概念。西方宪法学理论中，与宪法实施相对应的概念并不常见。[①]世界上首次出现宪法实施提法的宪法，是第一部社会主义宪法——1918 年《俄罗斯社会主义联邦苏维埃共和国宪法（根本法）》。该宪法第三十一条规定，全俄中央执行委员会是苏维埃国家的最高立法、发布命令和监督机关，负责监督苏维埃宪法、全俄苏维埃代表大会和苏维埃政权中央机关的各项决定的实施情况。[②] 新中国第一部宪法五四宪法效仿苏联宪法，第二十七条第三项规定，全国人大行使监督宪法实施的权力。现行宪法"八二宪法"沿袭了这一规定，并将此项权力同时赋予全国人大常委会，以加强宪法实施和监督。

全面实施宪法是 2002 年 12 月 4 日，时任中共中央总书记胡锦涛在首都各界纪念现行宪法公布施行 20 周年大会上首次提出的。习近平总书记在首都各界纪念现行宪法公布施行 30 周年大会上，深刻阐述了全面实施宪法的重大意义，对全面实施宪法提出明确要求。相对于宪法实施来说，全面实施宪法增加了"全面"二字，赋予宪法实施新的含义。但何谓全面实施宪法，党的领导人没有给出定义。

近年来，学界围绕全面实施宪法的含义进行了探讨。上海交通大学法学院教授范进学认为，宪法全面实施，顾名思义，即是从宪法序言到宪法正文，从宪法规定的国家根本制度、基本制度和重要制度，到宪法规定的基本原则和确立的所有内容，在主权管辖的空间区域内，均须得到切实实行，具体包括宪法文本内容的全部实施、主权空间内的全面实施和宪法主体的全部实施。[③] 郑州大学法学院教授苗连营认为，宪法全面实施包括实施内容的全面性、实施范围的全面性、实施领域的全面性、实施主体的全面性、实施方式的全面性等。[④] 河

① 翟国强：《中国语境下的"宪法实施"：一项概念史的考察》，《中国法学》2016 年第 2 期。
② 刘向文：《俄国政府与政治》，五南图书出版公司 2002 年版，第 537 页。
③ 范进学：《论宪法全面实施》，《当代法学》2020 年第 5 期。
④ 苗连营：《"宪法全面实施"的意义探析与模式建构》，《河南财经政法大学学报》2020 年第 5 期。

北大学法学院教授伊士国主张，宪法全面实施，不仅是宪法规范在现实生活中的贯彻落实，更重要的是宪法原则和宪法精神在现实生活中的贯彻落实。① 一些专家学者讨论了宪法实施的方式。全国人大常委会副秘书长沈春耀提出，通过建设中国特色社会主义法治体系、发展国家各项事业、国家工作人员积极有效的工作和宪法监督来保证宪法实施。② 全国人大常委会委员郑淑娜认为，全面贯彻实施宪法，必须深入推进宪法学习宣传教育，确保宪法确立的一系列重要制度、原则和规则以及一系列大政方针落实到国家政治和社会生活中，进一步加强全国人大及其常委会推动宪法实施和监督的重要作用。③ 中国社会科学院法学研究所研究员翟国强提出，中国宪法实施大致可以分为法律化实施和政治化实施两种类型。④ 苏州大学法学院教授上官丕亮认为，宪法遵守和宪法执行是我国宪法实施的主要方式，宪法解释、宪法修改、依宪立法、依宪解释都是宪法执行的形式，宪法监督是一种负责违宪审查的特殊的宪法实施方式。⑤ 上述观点，从不同角度对宪法实施作了论述，对我们界定全面实施宪法具有启迪意义。

全面实施宪法中的"全面"，按照《现代汉语词典》的解释，是完整周密，兼顾各方面的意思。⑥ 宪法实施是贯彻落实宪法规范的活动，是将纸面上的宪法变为社会现实的过程。所谓全面实施宪法，是指通过一定的程序和方式，使宪法在现实生活中得到全面的、完整的、深入的实施，而不是片面的、局部的、浅层的实施，使国家的大政方针得到贯彻落实，国家机关严格依照宪法履行职责、开展工作，公民的基本权利得到切实保障。具体说来，全面实施宪法具有以下

① 伊士国：《宪法全面实施的学理内涵及实践逻辑》，《政法论丛》2021 年第 6 期。
② 沈春耀：《全面加强宪法实施和监督》，《中国人大》2018 年第 7 期。
③ 郑淑娜：《以宪法修改为契机 全面贯彻实施宪法》，《求是》2018 年第 12 期。
④ 翟国强：《中国宪法实施的双轨制》，《法学研究》2014 年第 3 期。
⑤ 上官丕亮：《宪法文本中的"宪法实施"及其相关概念辨析》，《国家检察官学院学报》2012 年第 1 期。
⑥ 中国社会科学院语言研究所词典编辑室编：《现代汉语词典》，商务印书馆 2012 年版，第 1077 页。

含义：

从宪法文本来说，全面实施宪法，是指宪法的全文实施，就是从宪法序言到正文，每一段文字和每一个条款，都不折不扣落实到位。此外，受制于历史条件、宪法特点和制宪者的认知能力，宪法不可能穷尽一切规则，实践中难免会出现宪法未作规定或未明确规定的新情况新问题，必要时需由有权机关根据宪法的原则和精神作出创制性安排。

从适用范围来说，全面实施宪法，是指宪法的全域实施，就是在中华人民共和国主权范围内，宪法具有最高法律效力，须得到一体遵守和执行。鉴于国家尚未完全统一，我国宪法暂未在台湾地区实施，大陆、香港、澳门三地必须全面实施宪法。[①]

从实施主体来说，全面实施宪法，是指宪法的全体实施，宪法序言规定，全国各族人民、一切国家机关和武装力量、各政党和各社会团体、各企业事业组织，都必须以宪法为根本的活动准则，并且负有维护宪法尊严、保证宪法实施的职责。

从实施环节来说，全面实施宪法，是指宪法的全程实施，政策法规形成之前、制定之中、颁行之后，都要恪守宪法规定。

从实施时间来说，全面实施宪法，是指宪法的全时实施，宪法不仅在和平时期是国家的根本法，在紧急状态下也应得到切实遵守和执行。

总的看，全面实施宪法这一概念拓展了宪法实施的内涵和外延，呈现多主体、多渠道、多方式特征，形成立体化、全覆盖、持续性的实施过程和实施模式[②]，更加关注宪法实施的全面性、系统性、实效性，标志着我国宪法实施发展到一个新阶段，表明我们党对宪法的高度重视，对宪法实施规律认识的深化，以及实行依宪治国、依宪执政的信心和决心，必将有助于加强宪法实施和监督，更好发挥宪法的引

---

① 范进学：《论宪法全面实施》，《当代法学》2020年第5期。
② 范进学：《论宪法全面实施》，《当代法学》2020年第5期。

领、规范、促进、保障作用，更好在法治轨道上全面建设社会主义现代化国家。

（二）什么是保证宪法全面实施的制度体系？

上文讨论全面实施宪法的不同视角中，实施主体这一视角更为基本、更为重要。事实上，宪法的全文实施、全域实施、全程实施、全时实施，都是由实施主体承担的。确定保证宪法全面实施制度体系的构成，可以宪法实施主体为主要标准，同时反映其他视角下保证宪法实施制度的要求。

需要注意的是，党的二十大报告提出的保证宪法全面实施，与全面实施宪法是两个既有联系又有区别的概念。二者的目的都是将宪法规定落到实处，但又有所不同：全面实施宪法在先，保证宪法全面实施在后；全面实施宪法以宪法颁布为起点，保证宪法全面实施以全面实施宪法为起点。简言之，保证宪法全面实施的对象是全面实施宪法，没有全面实施宪法，就谈不上保证宪法全面实施。不能简单把保证宪法全面实施等同于全面实施宪法。保证宪法全面实施的制度，不是宪法实施制度，而是促进宪法全面顺利实施的制度。

根据宪法序言，一切国家机关和武装力量、各政党和各社会团体、各企业事业组织和公民，都有保证宪法实施的义务。宪法开出的这份名单很长，其中国家机关与宪法的关系更为密切，在宪法实施方面负有更大责任，保证国家机关实施宪法的制度也更为重要。因为宪法调整和规范的主要对象是国家机关，第三章专章规定国家机构，对其产生、组成、职权及相互关系作出具体规定。国家机关负有严格实施宪法的神圣使命，自然成为宪法实施的主力军，保证国家机关实施宪法自然成为全面实施宪法的主战场、主渠道。就此而言，各国尽皆如此。

此外，保证党实施宪法尤为关键。此前有关研究对这个方面有所忽视或者着墨不多。① 宪法是党和人民意志的集中体现，是治国安邦

---

① 上文所引文章只有少部分提到政党遵守宪法，且未展开。

的总章程，与国家前途、人民命运息息相关。宪法序言最后一段所说的各政党遵守宪法，首先是指中国共产党遵守宪法①。作为我国最高政治领导力量②，党尊重、遵守宪法，宪法就具有极大权威，党和国家事业就能顺利发展；党不尊重、不遵守宪法，宪法权威就会受到严重侵蚀，党和国家事业也将遭受严重挫折。正如习近平总书记所说，党领导人民制定宪法和法律，党领导人民执行宪法和法律，党自身必须在宪法和法律范围内活动。③ 所以我们党反复强调依宪治国、依宪执政。当然，这不是说党直接依据宪法治国理政，因为宪法对政党组织仅作原则性规定，事实上，党治国理政主要依靠党内法规和规范性文件。党组织和党员干部不实施违反宪法的行为，制定实施党内法规和规范性文件遵守在宪法和法律范围内活动原则，就是实施宪法，就是依宪治国、依宪执政。从这个意义上说，党是宪法实施的关键力量，保证党实施宪法是全面实施宪法的关键环节。这是我国保证宪法实施制度与外国保证宪法实施制度的重大不同之处。武装力量、社会团体、企业事业组织和公民，不是宪法的重点"盯防"对象，主要通过遵守宪法的方式实施宪法。

因此，保证宪法全面实施的制度体系，主要由保证国家机关实施宪法制度和保证党实施宪法制度构成，二者共同搭建起保证宪法全面实施制度体系的基本框架。

其中，保证国家机关实施宪法制度是基础。主要包括：（1）宪法解释。我国《宪法》第六十七条第一项规定，由全国人大常委会解释宪法。宪法实施，首先要对宪法有关条文的含义作出解释。因而宪法

---

① "八二宪法"修改过程中，彭真针对遵守宪法的主体是否包括中国共产党这一问题指出，宪法修改草案中的"各政党"当然包括我们党，并且首先是我们党。彭真：《论新时期的社会主义民主与法制建设》，中央文献出版社 1989 年版，第 209 页。

② 习近平：《高举中国特色社会主义伟大旗帜，为全面建设社会主义现代化国家而团结奋斗——在中国共产党第二十次全国代表大会上的报告（2022 年 10 月 16 日）》，人民出版社 2022 年版，第 6 页。

③ 习近平：《在首都各界纪念现行宪法公布施行 30 周年大会上的讲话》，载《习近平谈治国理政》，外文出版社 2014 年版，第 142 页。

解释是宪法实施的基本前提，既是宪法实施的基础性制度，也是保证宪法全面实施的基础性制度。（2）宪法监督。我国《宪法》第六十二条第二项、第六十七条第一项规定，全国人大及其常委会负责监督宪法的实施。宪法监督是保证宪法全面实施的基本制度，由有权机关对国家机关的行为是否符合宪法进行审查、作出判断，并对违反宪法的行为予以纠正。（3）合宪性审查。2017 年 10 月党的十九大首次提出的重要举措，它通过一定程序和方式，对有关行为是否符合宪法作出判断，立法、宪法监督、备案审查等制度只有同合宪性审查制度相结合，才能有效发挥作用。因而合宪性审查是保证宪法全面实施的核心制度。①（4）宪法修改。《宪法》第六十二条第一项规定，全国人大行使修改宪法的职权。社会生活川流不息、瞬息万变，宪法如果不与时俱进，就会成为自杀公约。当通过宪法解释无法破解现实问题，也无宪法惯例可循时，可采取宪法修改的方式，促进宪法的稳定性与适应性相统一。因而宪法修改是保证宪法全面实施的重要制度。（5）依宪立法制度。《立法法》确立了依宪立法原则，该法第五条规定，立法应当符合宪法的规定、原则和精神。宪法是国家的根本法，不可能面面俱到，宪法确立的制度、规定、原则通常通过立法程序转化为具体、可操作的法律制度。据统计，我国宪法有 51 处提到依据有关法律或者需要制定有关法律来实施宪法某些规定。实践中我国绝大多数法律是"根据宪法"制定的。建立依宪立法制度，保证立法机关依据宪法开展立法活动，显得尤为重要。（6）备案审查。《立法法》第一〇九条规定了规范性文件备案审查制度。备案审查是具有中国特色的宪法监督制度，它通过对报备规范性文件进行合宪性、合法性审查，保证其同宪法法律相一致。（7）紧急状态下保证宪法实施制度。这是保证宪法全面实施的特殊制度，在发生严重自然灾害、突发公共卫生事件、经济危机、重大事故等紧急情况下，既授予国家机关特别权力，同时对其作出必要限制，既克减公民权利，同时对其进行

---

① 张翔：《走进"合宪性审查"时代》，《民主与法制》2022 年第 45 期。

必要保护，保证宪法在紧急状态下得以正确实施。

保证党实施宪法制度则是关键。根据党执政的方式和特点，保证党实施宪法制度主要由保证党组织和党员干部遵守宪法制度、保证党内法规和规范性文件制定实施遵守宪法制度构成。

此外，党的十八届四中全会提出，设立国家宪法日，建立宪法宣誓制度，在全社会普遍开展宪法教育。这些制度措施，对于保证宪法全面实施具有重要意义，也是保证宪法全面实施制度体系的重要组成部分。

需要强调的是，健全保证宪法全面实施的制度体系，必须始终坚持党的领导。这是党章和宪法所确立的党的领导原则在宪法实施领域的具体体现，是制度体系建设的根和魂。党章第十六条第一项规定，有关全国性的重大政策问题，只有党中央有权作出决定。2016 年 10 月《关于新形势下党内政治生活的若干准则》进一步提出，涉及全党全国性的重大方针政策问题，只有党中央有权作出决定和解释。党的十八届四中全会对于党领导法治建设作出明确规定：凡立法涉及重大体制和重大政策调整的，必须报党中央讨论决定；党中央向全国人大提出宪法修改建议，依照宪法规定的程序进行宪法修改；法律制定和修改的重大问题由全国人大常委会党组向党中央报告。事实上，党的十八大以来有关宪法实施的一系列重要举措，都是由党中央提出来的。保证宪法全面实施制度凡涉及重大体制和重大政策调整问题以及重大立法问题的，必须由党中央讨论决定。

有人可能会问：坚持党对宪法实施的领导与保证党实施宪法是否自相矛盾？其实二者并不矛盾。一方面，党中央提出的所有宪法实施举措，都是为了更好推动宪法落地。另一方面，保证党实施宪法，是保证宪法全面实施的重要内容和关键支撑，如果党不遵守宪法，保证宪法全面实施的制度体系就不完整，就会因为缺乏支持而坍塌。党的领导与党遵守宪法是辩证统一的关系，只有把党领导人民制定和实施宪法法律同党坚持在宪法法律范围内活动统一起来，全面实施宪法才能顺利推进，取得积极成效。

至此，我们可以初步对其下一个定义：所谓保证宪法全面实施的制度体系，是指坚持党的领导，立足中国国情和实际，适应全面建设社会主义现代化国家的需要，以宪法为根本遵循，以保证国家机关实施宪法制度和保证党实施宪法制度为主干，以国家宪法日、宪法宣誓、宪法教育等配套制度为重要组成部分，科学有效、系统完备、相辅相成、有机统一的制度规范的总称。

第二节　健全保证宪法全面实施制度体系的提出背景

党的二十大提出健全保证宪法全面实施的制度体系，并将其作为加强宪法实施和监督的重要举措。笔者认为，可从以下几方面理解。

一是全面实施宪法的总抓手。党的十八大以来，党中央作出一系列部署安排，推动宪法实施不断走向深入。2014 年 10 月党的十八届四中全会提出完善全国人大及其常委会宪法监督制度、健全宪法解释程序机制、加强备案审查制度和能力建设，引领宪法实施和监督制度破冰，同时提出设立国家宪法日、建立宪法宣誓制度，弘扬宪法精神，增强全民宪法意识。2017 年 10 月党的十九大首次提出推进合宪性审查工作。2018 年 2 月党的十九届三中全会提出成立首个宪法监督专门机构——全国人大宪法和法律委员会。2019 年 10 月党的十九届四中全会强调，健全保证宪法全面实施的体制机制。2022 年 10 月党的二十大进一步提出，健全保证宪法全面实施的制度体系。上述有关宪法实施的重要举措，犹如一幅大气磅礴的壮美画卷，展现出党中央高屋建瓴、循序渐进，疏密有致、成龙配套的战略布局，揭示出我们党探索完善中国特色宪法实施制度的崭新路径。尤其是最后一笔以制度体系来保证宪法实施，可谓画龙点睛，它像一条项链将上述制度措施串连起来，是新时代全面实施宪法的集大成者和总抓手，为深入推进保证宪法全面实施制度建设，加强宪法实施和监督指明了前进方向、提供了行动指南。

二是最大限度发挥保证宪法全面实施制度作用的必由之路。制度更带有根本性、全局性、稳定性和长期性。① 形成系统完备的制度体系，是制度建设的一条基本规律，是制度发展的最高阶段和终极目标，它通过系统集成、优化整合，把制度自身的优势和作用最大限度转化为国家治理效能。健全保证宪法全面实施的制度体系，有助于弥补制度空白，完善薄弱环节，消除交叉重复、冲突矛盾，增强保证宪法全面实施制度的整体性、系统性、协调性，形成制度合力，最大限度促进宪法的规定、原则和精神落到实处。

三是宪法自身发展的内在需要。政治性、原则性、稳定性是宪法的鲜明特点，这些特点决定了必须用科学有效、系统完备的制度体系保证宪法实施。其一，宪法涉及党与国家机关之间、国家机关相互之间的关系，政治性、政策性、敏感性强。只有在党中央领导下，把保证宪法全面实施的措施制度化法治化，明确职责分工、基本规则和程序方式，宪法实施主体才能据此履行职责、开展工作。脱离制度法治轨道，宪法实施主体势必举步维艰。其二，宪法是国家的根本法，规定国家的重大制度、重大政策、重大事项，不是解决国家政治生活和社会生活问题巨细无遗的百科全书，所以宪法规范具有很强的弹性和原则性，实践中必然引发不同的理解甚至争议。有必要健全保证宪法全面实施的制度，规定处理宪法争议的主体、程序、方式，明确宪法条文的含义、目的、意图，为化解相关宪法争议提供制度依据。其三，宪法是国家法律体系的核心和基础，必须具有稳定性，宪法条文频繁更动，国家的法治秩序就难以建立，我们的日常生活也将处于不确定状态。但为适应变动不居的社会生活，必须通过宪法解释、宪法监督等方式，保证宪法与时俱进。

四是党的自我革命的客观要求。党的二十大鲜明提出党的自我革命这一重大命题，并将其作为跳出治乱兴衰历史周期率的第二个答案。在全面建设社会主义现代化国家的新时期，党仍将长期面临执政

---

① 邓小平：《党和国家领导制度的改革》，载《邓小平文选》第 2 卷，人民出版社 1994 年版，第 333 页。

考验、改革开放考验、市场经济考验、外部环境考验，精神懈怠危险、能力不足危险、脱离群众危险、消极腐败危险。① 历史反复证明：没有堤坝的江河容易泛滥成灾，不受监督的权力必然腐败，即便是成员思想觉悟高、自我约束能力强的马克思主义政党，也可能受到权力异化的影响。宪法是国家的根本法，是规范和约束公权力的最大笼子，是共产党执政规律、社会主义建设规律、人类社会发展规律的智慧结晶。健全保证宪法全面实施的制度体系，使党在宪法和法律范围内活动，实现党自我净化、自我完善、自我革新、自我提高，才能保证党始终在宪法轨道上履职尽责，保证党和人民赋予的权力始终用来为人民谋幸福，保证宪法得到全面实施，国家治理得到优化，依宪治国、依宪执政变为现实。

五是国内外宪法实施的一条基本经验。国外普遍重视保证宪法实施制度建设。如美国 1948 年《联邦司法审查法》、德国 1951 年《联邦宪法法院法》、奥地利 1953 年《关于宪法法院的联邦法》、日本 1947 年《法院组织法》，规定审查机构、职责权限、审理程序等，为保证本国宪法实施提供制度遵循。② 我国"五四宪法"颁行前后，党和国家领导人重视宪法实施③，但由于未对宪法实施制度化法治化，随着领导人的指导思想发生改变，3 年后宪法便被逐渐虚置。改革开放以来，特别是党的十八大以来，党高度重视宪法实施制度建设，宪

---

① 习近平：《高举中国特色社会主义伟大旗帜，为全面建设社会主义现代化国家而团结奋斗——在中国共产党第二十次全国代表大会上的报告（2022 年 10 月 16 日）》，人民出版社 2022 年版，第 14、64 页。

② 胡建淼：《外国宪法诉讼：法规及评述》，北京大学出版社 2004 年版，第 3—5、16—20、53—56、23—25 页。

③ 毛泽东在五四宪法通过前强调，宪法通过以后全国人民每一个人都要实行，特别是国家机关工作人员要带头实行，不实行就是违反宪法。《毛泽东著作选读》下册，人民出版社 1986 年版，第 792 页。刘少奇在宪法草案报告中说，宪法是全体人民和一切国家机关都必须遵守的。全国人大和地方各级人大的代表以及一切国家机关的工作人员，在遵守宪法和保证宪法的实施方面，负有特别的责任。中国共产党的党员必须在遵守宪法和一切其他法律中起模范作用。刘少奇：《关于中华人民共和国宪法草案的报告》（1954 年 9 月 15 日），载全国人大常委会法制工作委员会宪法室编：《中华人民共和国制宪修宪重要文献资料选编》，中国民主法制出版社 2021 年版，第 418—419 页。

法实施取得长足进展。中外宪法实施实践经验表明：推进保证宪法实施制度建设，是加强宪法实施和监督的一条基本规律，是建设法治国家的重要保证。

第三节　保证宪法全面实施制度建设的现状与问题

（一）现状

党的十八大以来，在党中央领导下，经过各方面共同努力，我国宪法实施的实践不断丰富，保证宪法全面实施的制度不断健全。

1. 保证国家机关实施宪法制度加速推进

党的十八大以来，国家机关坚持不懈推进保证宪法全面实施制度建设，力度之大、密度之高、成效之显著，可谓前所未有，成为全面依法治国的突出亮点。

一是修改宪法。2018 年 3 月十三届全国人大一次会议对现行宪法进行第五次修改，将第七十条第一款中的"法律委员会"的名称修改为"宪法和法律委员会"，为加强宪法实施和监督提供了重要组织保证。2018 年 6 月 22 日十三届全国人大常委会三次会议通过《关于全国人民代表大会宪法和法律委员会职责问题的决定》，规定宪法和法律委员会在继续承担统一审议法律草案等工作的基础上，增加推动宪法实施、开展宪法解释、推进合宪性审查、加强宪法监督、配合宪法宣传等工作职责。这为宪法和法律委员会开展工作创造了基本条件。

二是修订《立法法》。2023 年 3 月我国对《立法法》进行修改，进一步完善了依宪立法制度。该法第五条规定，立法应当符合宪法的规定、原则和精神。第一百零八条第二项规定，全国人大及其常委会有权撤销同宪法相抵触的法律法规。第一百一十条规定，国家机关、社会团体、企业事业组织以及公民认为行政法规、地方性法规、自治条例和单行条例同宪法或者法律相抵触的，可以向全国人大常委会书面提出进行审查的要求或者建议。第一百一十二条规定，全国人大专门委员会、常委会工作机构在审查、研究中认为行政法规、地方性法规、自治条例和单行条例同宪法或者法律相抵触，或者存在合宪性、合法性问题的，可以向制定机关提出书面审查意见，也可以由宪法和法律委员会与有关的专门委员会、常委会工作机构召开联合审查会议，要求制定机关到会说明情况，再向制定机关提出书面审查意见。上述规定，有助于在立法各环节保证宪法各项规定落实到位。

三是出台宪法解释制度。2017 年 3 月，中共中央转发《中共全国人大常委会党组关于健全宪法解释工作程序的意见》，提出明确要求、规定工作规范，为宪法解释工作的开展提供了基本遵循。

四是健全备案审查制度。党的十八大以来，党中央高度重视备案审查工作，多次对加强备案审查制度建设作出安排部署。① 2019 年 12 月 16 日十三届全国人大常委会第 44 次委员长会议通过《法规、司法解释备案审查工作办法》（以下简称《备案审查办法》），第二十、三十六条规定，对法规、司法解释及其他有关规范性文件中涉及宪法的问题，宪法和法律委员会、法制工作委员会应当主动进行合宪性审查研究，提出书面审查研究意见，并及时反馈制定机关。对法规、司法解释进行审查研究，发现法规、司法解释存在违背宪法规定、宪法原则或宪法精神问题的，应当提出意见。

五是创新宪法实施制度。2014 年 11 月 1 日、2015 年 7 月 1 日，全国人大常委会先后通过《关于设立国家宪法日的决定》《关于实行宪法宣誓制度的决定》，这有助于增强全社会的宪法意识，为保证宪法全面实施营造良好氛围。

2. 保证党实施宪法制度不断完善

党的十八大以来，我们党注重在党的建设和党的工作中遵守宪法，并将相关要求制度化规范化。

一是要求各级党组织和广大党员干部模范遵守宪法。党章以及《关于新形势下党内政治生活的若干准则》《中国共产党地方委员会

---

① 关于党的十八大以来备案审查制度建设及实践情况，参见全国人大常委会法制工作委员会研究室编：《我国改革开放 40 年立法成就概述》，法律出版社 2019 年版，第 334—338 页。

工作条例》《中国共产党党组工作条例》《中国共产党工作机关条例（试行）》《中国共产党党员权利保障条例》《领导干部干预司法活动、插手具体案件处理的记录、通报和责任追究规定》等党内法规，规定党必须在宪法和法律的范围内活动。党的十八届四中全会提出，各级人大、政府、政协、审判机关、检察机关的党组织要领导和监督本单位模范遵守宪法法律，坚决查处执法犯法、违法用权等行为。各级党委政法委员会要带头依法办事，保障宪法法律正确统一实施。《中国共产党党内监督条例》第五条第一款第一项将模范遵守宪法法律情况确定为党内监督的主要内容。《中国共产党政法工作条例》第十、十二条规定，县级以上地方党委、党委政法委员会的主要职责任务之一是保证宪法法律正确统一实施。第十五、十六条规定，政法单位党委（党组）的主要职责任务之一是遵守和实施宪法法律，保证宪法法律正确统一实施。第十三条规定，中央和地方各级党委政法委员会指导、支持、督促政法单位在宪法法律规定的职责范围内开展工作。

二是要求党内法规和规范性文件遵守宪法。其一，建立公文文稿印发前审核、重要文稿前置审核等制度。2012年中央办公厅、国务院办公厅印发的《党政机关公文处理工作条例》第二十条规定，公文文稿签发前，应当由发文机关办公厅（室）进行审核。审核的重点之一是文稿内容是否符合党的理论路线方针政策和国家法律法规。需要发文机关审议的重要公文文稿，审议前由发文机关办公厅（室）进行初核。实践中，党的机关公文文稿印发前进行合宪性审查，重要公文文稿审议前还要进行前置审核，确保公文文稿同宪法的规定、原则和精神保持一致。

其二，建立党内法规草案前置审核、改正撤销制度。2019年修订的《中国共产党党内法规制定条例》第七条第五项规定，党内法规制定应当遵循坚持党必须在宪法和法律的范围内活动的原则。第二十七条第三项规定，审议批准机关收到党内法规草案后，交由所属法规工作机构进行前置审核。前置审核重点之一是党内法规草案是否同宪法和法律相一致。第三十二条第二项规定，中央纪委以及党中央工作机关和省区市党委制定的党内法规有同宪法、法律和行政法规相抵触情形的，党中央予以责令改正或者撤销。2015 年中央办公厅印发的《中国共产党党内法规解释工作规定》第四条明确，解释党内法规应当遵循《中国共产党党内法规制定条例》第七条规定的党内法规制定原则，其中包括遵循坚持党必须在宪法和法律的范围内活动的原则。

其三，建立党内法规和规范性文件备案审查制度。2019 年修订的《中国共产党党内法规和规范性文件备案审查规定》第十一条第二项规定，审查机关对符合审查要求的报备党内法规和规范性文件，进行合法合规性审查，审查内容包括是否同宪法和法律相一致。第十九条第二项规定，党内法规和规范性文件存在违反宪法和法律情形的，审查机关应当不予备案通过，并要求报备机关进行纠正。

总的看，党的十八大以来，无论是保证国家机关实施宪法制度，还是保证党实施宪法制度，都得到较快发展，为新时代党依宪治国、依宪执政奠定了扎实制度基础。

（二）主要问题

虽然近年来保证宪法全面实施制度建设取得了积极进展和重大成效，但由于长期以来我们对宪法价值的认识不到位，重制定、轻实施等原因，制度建设仍存在一些值得关注的问题。主要表现在以下几方面：

一是缺乏统筹谋划。党的十八大以来，我国出台不少保证宪法全面实施的制度措施，但由于缺乏顶层设计，制度建设的目标、构成、形成标志、重点任务等不明确，制度发展不平衡，保证国家机关实施宪法制度比较完善，保证党实施宪法制度相对滞后，不适应、不协调、不衔接、不一致问题比较突出，成为影响和制约制度体系建设顺利推进的堵点难点。

二是保证国家机关实施宪法制度亟待加强。其一，宪法解释制度不健全。这是保证宪法全面实施制度的最大短板。2017 年党中央已发布关于健全宪法解释工作程序的指导性文件，但这个文件是党内文件，未公开发布，不利于宪法实施的深入推进和研究宣传。"八二宪法"实施以来，实践中还未进行严格意义上的宪法解释。

其二，合宪性审查制度未定型。党的十九大提出推进合宪性审查工作，2018年宪法修改设立全国人大宪法和法律委员会，全国人大常委会明确了宪法和法律委员会的职责，但目前还没有一部法律对合宪性审查工作特别是审查程序作出统一规定。实践中，合宪性审查是适用于立法前、立法中还是立法后，对象有哪些，谁可以提起审查建议，按照什么程序进行审查，审查方式是什么，违反宪法的行为有什么后果，等等，没有权威说法。这些问题的存在，显然不利于合宪性审查工作的深入推进。

其三，宪法修改制度碎片化。"八二宪法"有关宪法修改的规定比较简约①，宪法修改的原则、条件、方式、公布、效力等问题缺乏统一规范。八二宪法的五次修改实践形成了党中央提出宪法修改建议、以修正案方式修改宪法等宪法惯例，以及坚持党的领导、充分发扬民主、严格依法按程序进行等修宪原则。党的十八届四中全会规定，党中央向全国人大提出宪法修改建议，依照宪法规定的程序进行宪法修改。修宪实践中围绕修改程序也产生一些争议。② 从上述情况看，宪法修改制度就像没有桶箍的桶，比较零散，不利于宪法的发展完善。

其四，依宪立法制度存在疏漏。《立法法》第一百一十条规定，国家机关、社会团体、企业事业组织以及公民认为行政法规、地方性法规、自治条例和单行条例同宪法或者法律相抵触的，可以向全

---

① "八二宪法"第六十四条规定，宪法的修改，由全国人民代表大会常务委员会或者五分之一以上的全国人民代表大会代表提议，并由全国人民代表大会以全体代表的三分之二以上的多数通过。

② 比如，1993年2月4日，中共中央向七届全国人大常委会提出修宪建议，全国人大常委会予以接受，并形成宪法修正案草案，提请八届人大一次会议审议。在七届全国人大常委会讨论中共中央修宪建议的过程中，委员们提出一些新建议，反馈到中共中央。中共中央认为这些建议有必要写入宪法，于1993年3月14日提出《关于修改宪法部分内容的补充建议》。有代表提出，中共中央直接向全国人大提出修宪建议不符合宪法规定。因此，中共中央上述补充建议由北京市等32个代表团的2383名代表签名，于3月23日以代表提案的方式向八届人大一次会议提出。有学者认为，符合法定数目的代表可以对宪法提出宪法修改建议，但不能对宪法修正案提出宪法修改建议。参见杜强强《论宪法修改程序》，中国人民大学出版社2008年版，第292—293页。

国人大常委会书面提出进行审查的要求或者建议。这一规定未将法律确定为审查对象。由于立法是我国宪法实施的主要方式，法律是宪法内容的具体化①，可以说是宪法实施的源头，一旦出现偏差，宪法实施也将随之步入歧途。

其五，备案审查制度规范性不足。目前涉及备案审查的法律规定，散见于宪法、立法法、地方各级人民代表大会和地方各级人民政府组织法、各级人民代表大会常务委员会监督法之中，多为一般性规定。国务院和省区市人大虽然依法制定了有关备案审查的行政法规和地方性法规，但对审查范围、审查程序、审查标准、纠正措施等的规定不统一。前述《备案审查办法》虽然对备案审查的范围、程序作了规范，但其规范的范围仅限于法规、司法解释，对报送地方人大常委会的规范性文件的备案审查工作如何开展没有规定，且法律效力相对较低。

其六，司法机关实施宪法制度乏力。我国实行人民代表大会制度，法院由人民代表大会产生，对它负责，受它监督，无权质疑、更无权改正撤销全国人大及其常委会制定的法律。最高人民法院多次作出司法解释，申明宪法不得作为裁判依据，仅用于说理论证。② 不过，公民在审判活动中不时会遇到涉及自身合法权益的宪法争议，司法机关关闭宪法救济通道，使公民通过宪法维护自身合法权益的希望化为泡影。这与我们倡导的让人民群众在每一个司法案件中感受到公平正义的理念不符，也截断了公民与宪法的联系和纽带。

---

① 立法是我国宪法实施的主要方式，这种观念源自于斯大林的宪法理论，即宪法是根本法，而且仅仅是根本法，为将来的立法工作提供法律基础。翟国强：《中国宪法实施的双轨制》，《法学研究》2014 年第 3 期。

② 1955 年 7 月 30 日，最高人民法院对新疆高级人民法院的请示作出《关于在刑事判决中不宜援引宪法作论罪科刑的依据的批复》；1986 年 10 月 28 日，最高人民法院对江苏省高级人民法院的请示作出《关于人民法院制作法律文书如何引用法律规范性文件的批复》，未将宪法列为裁判依据；2009 年 10 月 26 日，最高人民法院发布《关于裁判文书引用法律、法规等规范性法律文件的规定》，同样未将宪法列为人民法院引用的规范性文件；2016 年 6 月 28 日，最高人民法院发布《人民法院民事裁判文书制作规范》，明确规定裁判文书不得引用宪法作为裁判依据，但其体现的原则和精神可以在说理部分予以阐述。

三是保证党实施宪法制度有待完善。从上文介绍可以看出，有的党内法规和规范性文件比较原则，操作性不强，比如，规定党组织负有在宪法法律范围内活动、保证宪法法律正确统一实施的职责，但这些职责的具体内涵是什么，判断法规制度违反宪法的标准、程序、方式又是什么，并不明确。实践中，合宪性审查多以比对宪法文本的形式审查居多，审查质量不高。有的党内法规制度没有规定党应当遵守在宪法和法律范围内活动原则，比如 2019 年《中国共产党党内法规执行责任制规定（试行）》，未对党内法规执行应当遵守宪法提出要求。有的党内法规和规范性文件之间衔接不够紧密，比如，党的十八届四中全会提出，各级人大、政府、政协、审判机关、检察机关的党组织要领导和监督本单位模范遵守宪法法律，但《中国共产党党组工作条例》未写入这项内容，仅笼统规定党组应当遵循"在宪法法律范围内活动"原则。

四是配套制度不完备。比如，2016 年 3 月 9 日全国人大常委会工作报告首次将宪法实施列为 2015 年工作事项向全国人大报告，但此项报告制度尚未制度化规范化。又如，由于缺乏宪法实施后评估制度，"八二宪法"颁布后，还没有对宪法实施状况进行过正式评估，宪法实施状况如何，实施中存在什么问题，不得而知。

第四节　健全保证宪法全面实施制度体系的若干设想

宪法是全面依法治国的根本依据。[①] 健全保证宪法全面实施的制度体系，堪称全面依法治国的咽喉工程、战略工程、基础工程。当前，我国已进入全面建设社会主义现代化国家、实现第二个百年奋斗目标的关键时期。为贯彻落实党的二十大部署，健全保证宪法全面实施的制度体系，更好发挥宪法在治国理政中的重要作用，在法治轨道上全面建设社会主义现代化国家，提出如下设想：

---

① 习近平：《论坚持全面依法治国》，中央文献出版社 2020 年版，第 201 页。

第一，加强顶层设计。全面实施宪法是一个涉及党和国家事业全局的系统工程，必须统筹谋划、高位推动、综合施策。建议在全面梳理保证宪法全面实施制度的基础上，由党中央出台文件，对健全保证宪法全面实施的制度体系作出顶层设计，贯彻党中央决策部署，立足中国国情和实际，遵循宪法实施一般规律，以宪法为根本遵循，以保证国家机关实施宪法制度和保证党实施宪法制度为支架，明确制度体系建设的重大意义、基本原则、主要目标、形成标志、重点任务和保障措施，为推进保证宪法全面实施制度体系建设提供基本遵循。

第二，健全保证国家机关实施宪法制度。党的十八大以来，党中央提出的有关制度措施，大部分是保证国家机关实施宪法的。建议将相关制度措施纳入重点领域立法范围，根据制定条件、轻重缓急等因素，与立法规划计划相结合，有序推进相关制度建设。

一是制定宪法解释法。无宪法解释，则无宪法实施。制度体系建设的当务之急是完善宪法解释制度。建议在 2017 年中共中央有关健全宪法解释工作程序的指导意见基础上，总结实践成功经验，借鉴国外有益做法，尽快制定宪法解释法，对宪法解释的启动事由、条件、方式，以及受理、审议、通过、公布、效力等作出规定，推进宪法解释制度化、规范化、程序化，为其他相关制度的正常运行提供基础条件。需要强调的是，该法应当允许宪法实施主体在各自工作中作出合宪性判断。根据我国《宪法》第六十七条的规定，宪法解释是全国人大常委会的专属权力，其他宪法实施主体无权行使，但这并不意味着其他宪法实施主体就不对宪法进行解读，否则无从实施宪法。为与宪法解释相区别，建议使用合宪性判断这一术语。

二是制定合宪性审查法。近年来，按照党中央决策部署，全国人大常委会稳步推进合宪性审查工作，推动宪法实施取得显著成效。建议总结工作经验，出台合宪性审查法，将其作为健全保证宪法全面实施制度体系的重点任务，明确合宪性审查的原则、对象、内容、程序和方式，为合宪性审查工作的开展提供制度依据。

在该法中，可考虑确立下述制度：（1）建立健全涉及宪法问题的事先审查和咨询制度，有关方面拟出台的行政法规、军事法规、监察法规、地方性法规、经济特区法规、自治条例和单行条例、部门规章、地方政府规章、司法解释以及其他规范性文件和重要政策、重大举措，凡涉及宪法有关规定如何理解、实施、适用问题的，都应当依照有关规定向全国人大常委会书面提出合宪性审查请求。① （2）建立事后审查制度，吸收立法法有关规定，明确认为生效后法律法规违反宪法的提起主体、资格条件和审查主体、对象、标准、程序、方式，确保有关宪法争议得到及时受理和化解。（3）建立宪法争议移送制度，党的机关、行政机关、监察机关、司法机关和地方人大不享有宪法解释权，但可作合宪性判断，一旦出现宪法争议，统一移送全国人大宪法和法律委员会研究处理。（4）建立违宪行为责任追究制度。宪法第五条规定，一切违反宪法和法律的行为，必须予以追究。但有关责任追究的制度规定较为单薄，如果宪法实施主体违反宪法，谁来追究责任，如何承担责任，承担什么样的责任，语焉不详。建议建立违宪行为责任追究制度，明确由全国人大及其常委会追究违宪责任，承担违宪责任的方式包括罢免、引咎辞职、改正撤销规范性文件、宣布规范性文件无效或者拒绝适用等，为保证宪法全面实施制度装上"牙齿"。（5）建立合宪性判断备案审查制度。为保证有关判断符合宪法的规定和精神，行政机关、监察机关、司法机关作出合宪性判断后，在一定期限内向全国人大宪法和法律委员会报送备案。存在问题的，及时督促纠正。

三是制定宪法修改法。建议在总结宪法修改实践经验基础上，适时制定宪法修改法，固定宪法修改惯例，明确宪法修改的原则、主体、条件、程序和方式，为宪法修改提供统一、权威的制度遵循。

四是健全依宪立法制度。《立法法》第一百一十条之所以没有把法律列为合宪性审查对象，可能是考虑到法律是由全国人大常委会经

① 此项建议是《法治中国建设规划（2020—2025年）》提出的重要举措。新华社：《中共中央印发〈法治中国建设规划（2020—2025年）〉》，http：//www.gov.cn/zhengce/2021-01/10/content_5578659.htm。

过严谨缜密的立法程序后通过的，其中包括合宪性审查，因而不必在法律通过后再由全国人大常委会对其进行合宪性审查。这一考虑值得推敲。受制于立法者的阅历、经验、认知能力和社会生活的纷繁复杂，任何一部法律都难以做到十全十美。事实上，法律中的一些问题不是在法律草案审议环节发现的，此时为一般性审查，往往难以发现问题，而是在法律施行后同具体事例结合时才发现的。此外，法律整体上符合宪法，但在个案中可能出现对个别人或事不公正、不符合宪法规定或原则的情形。法律也可能在通过时符合宪法，随着宪法的发展变化而出现滞后现象。这些显然不利于维护宪法权威，不利于保障公民权利。宪法第五条第三款规定，一切法律、行政法规和地方性法规都不得同宪法相抵触。党的十八届四中全会强调，每一项立法都要符合宪法精神。为落实宪法规定和中央要求，建议对立法法有关规定进行修改完善，在第一百一十条中的"行政法规、地方性法规、自治条例和单行条例"四类审查对象外，增加"法律"为审查对象，即国家机关、社会团体、企业事业组织以及公民认为法律、行政法规、地方性法规、自治条例和单行条例同宪法或者法律相抵触的，可以向全国人大常委会书面提出进行审查的要求或者建议，确保法律同宪法确立的制度、原则和规则不相抵触。[1]

五是制定备案审查法。《备案审查办法》施行以来，备案审查工作成效明显，积累了更多经验，备案审查立法的时机和条件已经成熟。十三届全国人大五次会议期间，有代表提出关于制定备案审查法的议案。[2]为保障宪法法律实施，维护国家法制统一，建议由全国人大常委会整合立法法、各级人民代表大会常务委员会监督法等法有关备案审查制度的规定，在总结近年来备案审查工作经验的基础上，制定备案审查法，进一步厘清规范性文件报备范围和审查标准，细化合宪性审查规则和要求，积极回应备案审查工作中的堵点难点问题，建

---

① 莫纪宏：《依宪立法原则与合宪性审查》，《中国社会科学》2020 年第 11 期。

② 朱宁宁：《制定备案审查法 总结经验做法提供制度支撑》，《法治日报》2022 年 10 月 25 日第 6 版。

立统一、高效、权威的备案审查制度，以完善的备案审查制度保证宪法实施。

六是改进司法机关实施宪法制度。司法是发挥宪法的规范作用、培育公民宪法意识的重要有效途径。目前，司法机关实施宪法的制度依据不够充分，法官在适用宪法时束手束脚，当事人也无法借助宪法来维护自身合法权益。建议立足我国人民代表大会制度，加快完善司法机关实施宪法制度，当事人在审判活动中提出与法律法规有关的宪法争议，经法官核准的，暂停案件审理，直接向最高人民法院提出审查申请，由最高人民法院向全国人大宪法和法律委员会征求意见。法院根据宪法和法律委员会的意见，对相关法律法规作出适用与否的决定，如不适用，法院根据有关法律或者原则作出判决。

第三，完善保证党实施宪法制度。党主要依靠党内法规和规范性文件治国理政。完善保证党实施宪法制度，关键在于做好前端管理，建立健全相关制度，确保党内法规和规范性文件出台前合宪合法。

一是开展一次党内法规和规范性文件合宪性问题专项清理。目前，党内法规和规范性文件有关遵守宪法的规定情况底数不清。建议适时开展一次党内法规和规范性文件合宪性问题专项清理，对党内法规制度中有关遵守宪法的规定进行全面"体检"，在此基础上提出改进建议，规定过于原则的，细化充实完善；未作规定的，增补有关规定；衔接不力的，加以修改完善，以科学合理的党内法规制度保证宪法全面实施。

二是完善公文文稿合宪性审查制度。适时修订《党政机关公文处理工作条例》，明确将合宪性审查纳入前置审核和印发前审核内容。完善公文文稿前置审核制度和印发前审核制度，确定重要文稿的范围，把合宪性审查作为重点审核内容，发现存在合宪性问题的文稿，退起草单位修改完善，努力把违宪问题消除在萌芽状态。

三是健全党内法规和规范性文件遵守宪法制度。起草重大党内法规和规范性文件，吸收国家法制机构人员参加，征询他们对法规文件的合宪性、合法性意见。建立党内法规工作机构和国家法制机构人员轮岗交流制度，在促进党的方针政策贯彻落实的同时，保证党内法规制度合宪合法。完善党内法规和规范性文件实施、解释、备案审查、清理、评估有关制度，明确遵守宪法要求，探索确定合宪性审查的标准、程序和方式，切实维护社会主义法制的统一、尊严、权威。

四是建立不一致说明制度。党的政策主张不违反宪法，是党遵守宪法的具体体现，是党在宪法和法律范围内活动原则的内在要求。党是中国特色社会主义事业的领导核心，对国家实行政治领导，必要时有权提出同宪法不一致的政策举措。必须处理好党的领导与保证宪法全面实施的关系。建议建立党的法规文件起草不一致说明制度。制定机关在起草法规文件时，应当慎重出台突破宪法规定的政策举措，确需突破宪法规定的，应当经过充分论证，并作专门说明。这样做的好处，一是提醒制定机关关注有关法规文件的合宪性问题；二是便于制定机关必要时提出宪法解释或宪法修改建议；三是增进人们对有关法规文件的理解，便于法规文件的贯彻执行。有关法规文件发布后，必要时通过宪法修改、宪法解释、法律制定修改等方式转化为宪法法律。需要说明的是，按照党章规定，全国性事务只有党中央有权决定。中央纪委以及党中央工作机关和地方党委不得作出同宪法法律不一致的规定。

五是建立事后审查制度。条件成熟时，建议参照立法法的有关规定，建立党内法规和规范性文件事后审查制度，党组织和党员干部认为党内法规和规范性文件同宪法法律相抵触的，可以向有关机关书面提出进行审查的建议，由有关机关进行审查、提出意见。

第四，建立健全配套制度。一是完善宪法实施情况年度报告制度，建议把实践中的好做法好经验固定下来，把党的机关遵守宪法情况纳入报告范围，向全国人大报告前，将本年度宪法实施情况报请中央政治局审议，推动宪法全面实施。二是建立宪法实施后评估制度，建议全国人大常委会每隔一段时间开展一次宪法实施后评估，对宪法实施状况以及实施中遇到的重大问题和群众反映强烈的突出问题进行全面评估。评估结果向全国人大报告，并将常委会审议意见反馈有关国家机关。对评估中发现的违宪案事件，要进行调查处理，必要时报告党中央。三是建立党员干部宪法宣誓制度。2018 年宪法修改建立了国家工作人员宪法宣誓制度。《关于新形势下党内政治生活的若干准则》规定，党的领导干部必须在宪法法律范围内活动。党员干部是党治国的中坚力量和"关键少数"，他们是否牢固树立宪法观念，坚持依宪治国、依宪执政，关系中国特色社会主义事业的兴衰成败。实践中，一些党员干部依宪治国的意识和能力不强，有的甚至认为党的领导意味着党组织和党员可以不受宪法法律约束，"理直气壮"违反宪法规定和宪法程序。① 建议建立党员干部宪法宣誓制度，县级以上党组织负责人正式就职时向宪法宣誓，增强他们的宪法意识，促进宪法全面实施。

健全保证宪法全面实施的制度体系，是党在新的历史时期加强宪法实施和监督的新的战略举措。由于制度体系建设多涉及重大体制和重大政策调整问题，必须始终坚持党的领导，确保制度建设的正确方向。需要指出的是，保证宪法全面实施制度不仅涉及国家机关，也涉及政党组织。制度体系建设必须坚持国家法律法规和党内法规制度双轮驱动、同时发力。与全面依法治国的其他领域相比，保证宪法全面实施制度较为薄弱。必须增强制度体系建设的紧迫感和责任感，坚持以宪法为统领，加快完善保证国家机关实施宪法制度和保证党实施宪法制度，用科学有效、系统完备的制度体系保证宪法全面实施。

限于篇幅和研究水平，保证宪法全面实施制度体系的一些内容，如保证行政机关实施宪法制度、保证地方人大实施宪法制度、紧急状态下保证宪法实施制度，一些难点问题，如保证国家机关实施宪法制度和保证党实施宪法制度的互促互动关系，文中未展开讨论。不过，保证宪法全面实施是一个永恒课题，关于这个问题的研究也永远在路上。

---

① 比如，有的地方党委未经当地人大选举或决定就直接撤销、任命政府、法院负责人，有的地方党委擅自改变当地人大选举产生的政府负责人，有的上级地方党委在下级政府负责人当选后不久便将其调离等。

第八章　全过程人民民主的制度化法律化研究[*]

2021 年 7 月 1 日，习近平总书记在庆祝中国共产党成立 100 周年大会上提出，发展全过程人民民主。这是对我国社会主义民主的全新概括。2021 年 10 月 13 日，习近平总书记在中央人大工作会议上强调，必须坚持用制度体系保障人民当家作主。① 在新时代，推进全过程人民民主制度化法律化，健全人民当家作主制度体系，对于坚持和完善人民代表大会制度，发展社会主义民主政治，充分发挥中国特色社会主义制度和国家治理体系优越性，全面建成社会主义现代化强国，实现中华民族伟大复兴的中国梦，具有十分重要的意义。

第一节　全过程人民民主是社会主义民主政治发展的新阶段

中国共产党从成立之日起，就以实现中国人民当家作主和中华民族伟大复兴为己任，带领中国人民经过 28 年浴血奋战，夺取了新民主主义革命胜利。

中国革命胜利后建立什么样的政治制度，以毛泽东同志为代表的

＊ 本章内容发表于《西北大学学报》（哲学社会科学版）2022 年第 1 期，收入本书时略作修改。

① 《习近平在中央人大工作会议上发表重要讲话强调：坚持和完善人民代表大会制度，不断发展全过程人民民主》，《人民日报》2021 年 10 月 15 日第 1 版。

177

中国共产党人进行了艰辛探索。早在 1940 年，毛泽东就在《新民主主义论》中指出，"中国现在可以采取全国人民代表大会、省人民代表大会、县人民代表大会、区人民代表大会直到乡人民代表大会的系统，并由各级代表大会选举政府"①，创造性地提出了人民当家作主的人民民主思想，这在延续了两千多年封建专制主义制度的中国历史上具有划时代意义。1949 年 9 月 29 日，中国人民政治协商会议第一次全体会议通过共同纲领，全面贯彻人民民主思想，规定我国实行人民代表大会制度。1954 年宪法明确规定，"中华人民共和国是工人阶级领导的、以工农联盟为基础的人民民主国家""中华人民共和国的一切权力属于人民。人民行使权力的机关是全国人民代表大会和地方各级人民代表大会"，以宪法的形式正式确立了人民民主原则。

此后，由于党对社会主义建设规律的认识不足，指导思想上出现了"左"倾错误，人民民主受到削弱。"文化大革命"期间，盛行所谓的"大民主"，提倡"大鸣、大放、大辩论、大字报"，大搞群众运动，以革命的名义破坏正常社会秩序，造成了严重内乱。

改革开放后，我们党总结发展社会主义民主正反两方面经验教训，把民主法制建设摆上前所未有的地位。党的十一届三中全会强调，为了保障人民民主，必须加强社会主义法制。党的十二大提出，社会主义民主要扩展到政治生活、经济生活、文化生活和社会生活的各个方面，发展各个企业事业单位的民主管理，发展基层社会生活的群众自治。党的十五大提出，要进一步扩大社会主义民主，健全社会主义法制，依法治国，建设社会主义法治国家。党的十六大强调，坚持以人为本，执政为民，构建社会主义和谐社会。党的十七大提出，要坚持中国特色社会主义政治发展道路，坚持党的领导、人民当家作主、依法治国有机统一，不断推进社会主义政治制度自我完善和发展。与此同时，社会主义民主法制建设取得了重大进展。以 1982 年宪法为起点和基础，我国逐步建立了一套人民当家作主的制度体系，

---

① 《毛泽东选集》第 2 卷，人民出版社 1991 年版，第 677 页。

国家民主制度不断完善，城乡基层民主不断扩大，公民的基本权利得到尊重和保障。

党的十八大以来，以习近平同志为核心的党中央坚持党的领导、人民当家作主、依法治国有机统一，发展社会主义民主政治，为党和国家事业取得历史性成就、发生历史性变革提供了重要政治保障。党的十八大提出，要把制度建设摆在突出位置，更加注重健全民主制度、丰富民主形式，保证人民依法实行民主选举、民主决策、民主管理、民主监督。党的十九大强调，加强人民当家作主制度保障。2019年11月2日，习近平在上海虹桥街道考察全国人大常委会法工委基层立法联系点时，首次提出全过程民主的重大理念。2021年7月1日，习近平在庆祝中国共产党成立100周年大会上进一步提出，发展全过程人民民主。2021年10月13日，习近平在中央人大工作会议上对发展全过程人民民主进行了全面阐释。

如何理解全过程人民民主这一新提法？结合习近平总书记重要论述和我国民主政治实践，笔者认为，全过程人民民主的内涵主要包括以下三方面：

一是党的领导。这是发展全过程人民民主的基本条件和根本保证，也是人民民主同西方民主的根本区别。党的领导与人民民主在本质上是一致的，都是实现人民当家作主。在我国政治生活中，党始终居于领导地位。没有党的领导，就不可能把广大人民群众的积极性、主动性、创造性调动起来，就不可能形成统一意志，也就不可能发展社会主义民主政治。发展全过程人民民主，必须坚持党的领导、人民当家作主、依法治国有机统一。正是在这种意义上，习近平总书记提出，要在党的领导下，不断扩大人民有序政治参与，加强人权法治保障，保证人民依法享有广泛权利和自由。①

二是全程性。这是全过程人民民主的典型特征。其一，全链条。

---

① 《习近平在中央人大工作会议上发表重要讲话强调：坚持和完善人民代表大会制度，不断发展全过程人民民主》，《人民日报》2021年10月15日第1版。

全过程人民民主既保证人民依法实行民主选举，也保证人民依法实行民主决策、民主协商、民主管理、民主监督，确保人民的主体地位贯穿公共决策的事前、事中、事后全过程。民主选举、民主决策、民主协商、民主管理、民主监督"五大民主链条"环环相扣、彼此贯通，充分保障人民的知情权、参与权、表达权、监督权，形成全过程人民民主的完整链条。① 其中，协商民主通过协商、谈判、对话达成社会意愿和需求的最大公约数，不受选举和换届周期影响，是我国人民民主的独特形式和显著优势。就此而言，全过程人民民主是对西方"一次性消费"式选举民主的超越，很大程度上弥补了西方这种间歇性、阶段性民主的缺陷。而从民主选举这个环节看，作为实现全过程人民民主的主渠道，人民代表大会在立项、起草、审议、论证、评估、监督等立法全过程各环节广泛听取吸纳各方面意见，全链条体现全过程人民民主。②

其二，全方位。上至中央国家机关，下至基层组织，都把全过程人民民主的理念、原则和要求贯彻到工作各方面各环节。而上至国家事务，下至民生琐事，人民都有权参与管理。在立法活动中，我们经常能见到党委、政府、社会、公众、专家、代表委员的身影。在基层治理中，许多社区建立党政群协商共治平台，社区、家庭、企业等不同治理主体各展其长，共唱"一台戏"。

其三，全覆盖。人民民主适用于全体人民。根据宪法第三十四条的规定，除依照法律被剥夺政治权利的人之外，凡"年满十八周岁的公民，不分民族、种族、性别、职业、家庭出身、宗教信仰、教育程度、财产状况、居住期限，都有选举权和被选举权"。宪法还规定，在全国人民代表大会中，"各少数民族都应当有适当名额的代表"。选举法第七条规定："全国人民代表大会和地方各级人民代表大会的代表应当具有广泛的代表性，应当有适当数量的基层代表，特别是工

---

① 桑玉成：《拓展全过程民主的发展空间》，《探索与争鸣》2020 年第 12 期。
② 全国人大常委会法制工作委员会：《坚持和践行全过程民主，推进新时代立法工作高质量发展》，《求是》2021 年第 13 期。

人、农民和知识分子代表；应当有适当数量的妇女代表，并逐步提高妇女代表的比例。"人民民主不仅存在于政治领域，而且广泛存在于经济、文化、社会、生态等领域。在现代国家，公共事务的范围日益扩大，选举早已不能涵盖政治生活、更不用说社会生活的全部。我国公民对公共事务、公共决策的多渠道、全领域参与，与西方主要关注政治领域的狭隘民主相比，高下立判。

三是真实性。西方民主建立在资产阶级私有制基础之上，是被资本控制、维护资本利益的民主，具有极大的形式性和虚伪性。只有在实行生产资料公有制的社会主义国家，反映全体人民的共同利益，表达全体人民的政治诉求，不受利益集团和金钱左右，才能真正实现广泛的实质民主。全过程人民民主以治理绩效为导向，以解决自身问题为目标，这在很大程度上决定了民主运作真实有效。新中国成立以来特别是改革开放以来，我们党坚持发展全过程人民民主，动员全体人民以主人翁的姿态投身社会主义建设，保证了国家机关协调高效运转，维护了国家统一和民族团结，创造了经济快速发展奇迹和社会长期稳定奇迹，彰显了中国式民主的巨大成效。习近平总书记指出，民主不是装饰品，不是用来做摆设的，而是要用来解决人民需要解决的问题的。全过程人民民主是最广泛、最真实、最管用的社会主义民主。①

从上述分析可以看出，习近平总书记提出的全过程人民民主重大理念，凝炼了我国民主制度的本质和特色，深化了对民主政治发展规律的认识，其本质是人民民主，与毛泽东的人民民主思想、邓小平的民主法制理论一脉相承。它根植于中国独特的国家性质、政治体制、发展阶段和历史文化传统，以实现人民根本利益为出发点和落脚点，最大限度反映人民群众的意志和利益，最大限度凝聚人民群众的智慧和力量，最大限度激发人民群众的活力和动力，是符合中国国情和实际、富有效率和生命力的好制度，是新时代发展社会主义民主政治的

---

① 《习近平在中央人大工作会议上发表重要讲话强调：坚持和完善人民代表大会制度，不断发展全过程人民民主》，《人民日报》2021年10月15日第1版。

行动指南。

全过程人民民主超越西方民主。全过程人民民主内含的党的领导、协商民主、以人民为中心和坚持党的领导、人民当家作主、依法治国有机统一等内容，与西方民主截然不同。它既重视程序民主，更重视实质民主，既重视民主选举，更重视全过程参与，既重视少数人利益，更重视多数人利益和整体利益，能够有效防止出现西方民主群龙无首、一盘散沙，党争不断、相互倾轧，选举时漫天许诺、选举后无人问津，人民形式上有权、实际上无权，不同国家机关相互掣肘、内耗严重等弊端，[1] 是超越西方形式民主、程序民主的实质民主、高质量民主，实现了邓小平提出的社会主义现代化建设要"在政治上创造比资本主义国家的民主更高更切实的民主"[2] 的目标。

全过程人民民主也是对社会主义民主政治理论的继承和创新。一方面，它对我国民主制度的本质内涵作出全新概括：实现了过程民主和成果民主、程序民主和实质民主、直接民主和间接民主、人民民主和国家意志相统一，是全链条、全方位、全覆盖的民主。[3] 另一方面，它对发展社会主义民主提出新要求，强调人民民主的全程性，即民主主体的广泛性、民主生活的全域性、民主过程的持续性、民主流程的闭合性，并要求把人民当家作主具体地、现实地体现到党治国理政的政策措施上来，具体地、现实地体现到党和国家机关各个方面各个层级工作上来，具体地、现实地体现到实现人民对美好生活向往的工作上来[4]，为进一步完善社会主义民主政治和人民代表大会制度、推进国家治理体系和治理能力现代化提供了方向性指引，标志着我国社会主义民主政治建设迈入了新阶段。

---

① 李海青：《论中国民主话语对西方民主话语的批判与超越》，《马克思主义研究》2021 年第 6 期。

② 《邓小平文选》第 2 卷，人民出版社 1994 年版，第 322 页。

③ 《习近平在中央人大工作会议上发表重要讲话强调：坚持和完善人民代表大会制度，不断发展全过程人民民主》，《人民日报》2021 年 10 月 15 日第 1 版。

④ 《习近平在中央人大工作会议上发表重要讲话强调：坚持和完善人民代表大会制度，不断发展全过程人民民主》，《人民日报》2021 年 10 月 15 日第 1 版。

第二节　全过程人民民主制度化法律化
方面存在的主要问题

用法律制度保障人民民主，是社会主义民主政治发展的一条基本规律。法律具有确认、规范、促进、保障特定社会关系的功能。各国取得民主革命胜利后，多以国家制度和法律的形式，确认民主事实，赋予公民民主权利，保障本国民主政治发展。历史经验反复证明：没有民主的法制，可能沦为人治的手段；没有法制的民主，可能陷入极端民主和无政府主义的泥淖。正是在这个意义上，邓小平在1978年12月中央工作会议上强调："为了保障人民民主，必须加强法制。必须使民主制度化、法律化，使这种制度和法律不因领导人的改变而改变，不因领导人的看法和注意力的改变而改变。"①

改革开放以来，我们党始终坚持发扬社会主义民主，健全社会主义法制，经过多年努力，形成了比较完善的全过程人民民主制度体系。

一是现行宪法搭建了全过程人民民主制度体系的基本框架。《宪法》第二条规定："中华人民共和国的一切权力属于人民。人民行使国家权力的机关是全国人民代表大会和地方各级人民代表大会。人民依照法律规定，通过各种途径和形式，管理国家事务，管理经济和文化事业，管理社会事务。"第三条规定，我国的国家机构实行民主集中制的原则。全国人民代表大会和地方各级人民代表大会都由民主选举产生，对人民负责，受人民监督。国家行政机关、监察机关、审判机关、检察机关都由人民代表大会产生，对它负责，受它监督。上述规定明确了人民与国家机构的关系，保证了人民不仅在选举时有投票的权利，在日常政治生活中也有持续参与的权利。宪法在序言和总纲中还确立了中国共产党领导的多党合作和政治协商制度、民族区域自治制度、基层群众自治制度等不同层次的民主形式，为维护最广大人

---

① 《邓小平文选》第2卷，人民出版社1994年版，第146页。

民根本利益奠定了坚实制度基础。

二是民主政治立法逐步完善。所谓民主政治立法，是调整国家政治关系、直接保障宪法实施和国家政权运作等方面的法律规范，主要包括国家机构的产生、组织、职权和基本工作原则方面的法律，民族区域自治制度、特别行政区制度、基层群众自治制度方面的法律，维护国家主权、领土完整、国家安全、国家标志象征方面的法律，以及保障公民基本政治权利方面的法律。[1] 我国选举法规定，实行普遍、平等、直接选举和间接选举相结合以及差额选举、秘密投票的选举原则。实践中超过 99% 的年满 18 周岁的中国公民享有民主选举权利[2]，这就从根本上保证了绝大多数人民享有当家作主的民主权利。1984 年 5 月 31 日，六届全国人大二次会议通过《民族区域自治法》，规定在各少数民族聚居的地方实行区域自治，发挥各族人民当家作主的积极性。1987 年 11 月 24 日、1989 年 12 月 26 日，六届全国人大常委会二十三次会议、七届全国人大常委会十一次会议分别通过《村民委员会组织法》、《城市居民委员会组织法》，规定由村（居）民群众依法办理群众自己的事情，促进了农村（城市）基层社会主义民主建设。2006 年 8 月 27 日，十届全国人大常委会二十三次会议通过《监督法》，保障全国人大常委会和县级以上地方各级人大常委会依法行使监督职权。2015 年 3 月，十二届全国人大三次会议通过了修改后的《立法法》，将实践中行之有效的推进科学立法、民主立法、依法立法的经验做法上升为法律规范，涵盖了"全过程"的各环节要素，体现了"全过程"的原则要求。立法法颁布后，行政法规制定程序条例、规章制定程序条例作了相应调整，完善了立法项目征集和论证制度，建立了公开征求意见、委托第三方起草和重大利益调整论证咨询等制度。2023 年 3 月，十四届全国人大一次会议对《立法法》进行了第二

---

① 全国人大常委会法制工作委员会研究室编：《我国改革开放 40 年立法成就概述》，法律出版社 2019 年版，第 70 页。

② 杨振武：《发展全过程人民民主，彰显中国式民主优势》，《人民日报》2021 年 8 月 4 日第 9 版。

次修改，完善民主立法原则，贯彻落实党的二十大精神和全过程人民民主重大理念，在第五条增加一款：立法应当坚持和发展全过程人民民主，尊重和保障人权，保障和促进社会公平正义。增写第三十九条：常务委员会工作机构根据实际需要设立基层立法联系点，广泛征求基层群众和各方面人士对有关法律草案的意见。2021 年 3 月，十三届全国人大四次会议对全国人大组织法和全国人大议事规则作出修改，第一次在法律中将坚持全过程民主和代表充分发挥在全过程民主中的作用写进法律。改革开放以来，我国还制定了一系列保障和发展公民政治、经济、社会、文化等各方面权利的法律法规，保障人民民主，增进人民福祉。

三是促进和保障全过程人民民主的制度机制不断健全。为贯彻党的十八届四中全会关于深入推进科学立法、民主立法的决策部署和2015 年修订后的立法法，全国人大常委会制定出台《立法项目征集和论证工作规范》《建立健全全国人大专门委员会、常委会工作机构组织起草重要法律草案的实施意见》《全国人大常委会法制工作委员会基层立法联系点工作规则》《向社会公布法律草案征求意见工作规范》《法规、司法解释备案审查工作办法》等一系列实施性文件，在立法各环节落实全过程人民民主的要求。① 值得指出的是基层立法联系点制度。近年来，全国人大常委会在基层设立立法联系点，直接听取基层一线群众对法律草案的意见建议，打通了代表联系群众的"最后一公里"。此外，全国人大常委会还创设民生实事人大代表票决、立法协商、人民建议等微观制度，强化全过程人民民主理念依托的制度载体。改革开放以来，适应我国利益格局多元多样、意见诉求纷繁复杂的需要，我们党印发关于加强中国共产党领导的多党合作和政治协商制度建设的意见、关于进一步加强中国共产党领导的多党合作和政治协商制度的意见、加强人民政协工作的意见、巩固和壮大新世纪新阶段统一战线工作的意见、加强社会主义协商民主建设的意见、加

---

① 全国人大常委会法制工作委员会：《坚持和践行全过程民主，推进新时代立法工作高质量发展》，《求是》2021 年第 13 期。

强人民政协协商民主建设的实施意见、加强政党协商的实施意见、新时代加强和改进人民政协工作的意见、统一战线工作条例等重要法规文件，明确了多党合作和政治协商的原则、内容、方式、程序等，中国共产党领导的多党合作和政治协商制度进一步规范化程序化。

四是党内民主制度建设成效显著。中国共产党是我国唯一的执政党，对国家事务和社会事务具有巨大影响力。只有不断健全党内民主制度，发挥党内民主对人民民主的导向作用，才能发展和完善社会主义民主政治。改革开放以来，我们党积极发展党内民主，坚持以健全民主集中制为重点加强制度建设，制定出台了《关于党内政治生活的若干准则》《关于新形势下党内政治生活的若干准则》《中国共产党基层组织选举工作条例》《中国共产党地方组织选举工作条例》《中国共产党党员权利保障条例》《县以上党和国家机关党员领导干部民主生活会若干规定》《中国共产党党内监督条例》等一系列法规，激发了各级党组织和广大党员的积极性、主动性、创造性，增强了党的创造力、凝聚力、战斗力，对人民民主发展起到了重要示范和推动作用。

虽然我国社会主义民主法治建设取得了巨大成绩，但同时要清醒看到，同中国特色社会主义事业的需要相比，同全过程人民民主重大理念的新要求相比，全过程人民民主制度化法律化还存在一些突出问题。主要表现在以下几方面。

一是缺乏统筹规划。全过程人民民主这一重大理念提出后，哪些法律制度需要充实完善发展全过程人民民主的要求和措施，哪些可以不写入，如果需要写入，写到什么程度，不写入的又如何体现，哪些法律制度需要制定相关配套制度措施，等等，尚未形成共识。目前，全国人大及其常委会注意在立法中体现全过程人民民主①，但如何通

①　2021年3月，十三届全国人大四次会议将全过程民主写入修订后的全国人大组织法和全国人大议事规则。2022年3月，十三届全国人大五次会议将全过程人民民主写入修订后的地方组织法。2022年6月，十三届全国人大常委会三十五次会议修改全国人大常委会议事规则，增写了坚持和发展全过程人民民主原则。2023年3月，十四届全国人大一次会议又将此原则写入新修订的《立法法》。

过制定和完善相关法律制度，把人民当家作主具体地、现实地体现到党治国理政的政策措施上来，具体地、现实地体现到党和国家机关各个方面各个层级工作上来，具体地、现实地体现到实现人民对美好生活向往的工作上来①，还缺乏统一规划部署。

二是民主政治立法有待完善。民主政治立法是国家政权运作、人民行使当家作主民主权利的法律基础，与全过程人民民主息息相关，应当充分直接体现全过程人民民主的理念、原则和要求。改革开放以来，我国民主政治立法成就斐然，出台了数十部法律，充分体现了人民民主原则。② 但不可否认的是，大部分民主政治立法没有直接体现全过程人民民主。一些法律，比如村民委员会组织法、城市居民委员会组织法，制定年代久远，许多规定已严重不适应现实需要。民主权利立法仍存在立法空白，有的还只是行政法规和政府规章，法律位阶不高，不利于公民民主权利的维护和保障。

三是全过程人民民主有关制度机制有待健全。其一是人民代表大会制度。近年来，全国人大常委会在立法工作中，注重把全过程人民民主的理念、原则和要求贯彻到立法工作全过程各方面。但如何从制度机制上体现全过程人民民主全链条、全方位、全覆盖的要求，仍需要深入研究。以基层立法联系点为例，实践中各地设立层级不同、做法不一，有的联系点存在覆盖范围有限、代表性不足等问题，有必要完善基层立法联系点制度，进一步畅通基层群众参与法律法规制定的渠道，让基层群众的声音更便捷地直达立法机关。其二是协商民主制度。目前我国主要通过党内法规和规范性文件来调整协商民主，缺乏一部规范协商民主的专门立法。一些制度机制过于笼统宽泛，有关参加范围、讨论原则、协商程序、交流方式等的规定不明确、不具体，影响了协商效果。实践中，统筹政党协商、人大协商、政府协商、政

---

① 《习近平在中央人大工作会议上发表重要讲话强调：坚持和完善人民代表大会制度，不断发展全过程人民民主》，《人民日报》2021 年 10 月 15 日第 1 版。

② 全国人大常委会法制工作委员会研究室编：《我国改革开放 40 年立法成就概述》，法律出版社 2019 年版，第 74—91 页。

协协商、人民团体协商、基层协商以及社会组织协商的机制不健全，难以形成整体效能。其三是合宪性审查制度以及备案审查、清理、立法后评估和执法检查等法律实施机制。上述制度机制是保证有关法律法规合宪合法的校准器。由于全过程人民民主提出时间不长，上述制度机制都没有将其作为审查或判断标准，不利于这一重大理念的贯彻落实。

四是党内民主制度建设有待加强。由于各方面原因，党内民主制度建设方面还存在一些问题，突出表现为党的民主集中制制度还不够完善。比如密切联系群众制度。密切联系群众是党的三大作风之一，是党的优良传统和最大政治优势。《中国共产党章程》、1980 年《关于党内政治生活的若干准则》、1990 年《中共中央关于加强党同人民群众联系的决定》、2012 年《十八届中央政治局关于改进工作作风、密切联系群众的八项规定》、2016 年《关于新形势下党内政治生活的若干准则》等法规文件，对党员干部密切联系群众作出了规定、提出了要求，但有关规定比较分散，不够集中，一些规定不够具体，操作性不强。又如党内选举制度。当前还没有一部适用于全党的选举工作条例，出台的一些条例和措施也不尽完善，直接选举仅限于基层，范围小，层次低；差额选举同样范围小、层次低，差额比例不大；候选人提名制度单一，介绍制度不到位，选民无法充分了解候选人，党员的主体作用发挥不够理想。[①] 再如地方党委决策制度。由于各级党委在同级各种组织中居于领导核心地位，党委正确决策是党和国家事业健康发展最有效的保证。改革开放以来，我们党制定了地方委员会工作条例、党组工作条例等法规，对地方党委议事和决策程序作了规定，但许多规定比较原则，决策的主体、权限、程序、方式、责任等规定不够具体明确，不利于地方党委科学民主决策。

---

① 季正矩、彭晓：《当前党内选举制度存在的主要问题及对策》，《中国延安干部学院学报》2010 年第 4 期。

第三节　推进全过程人民民主制度化法律化的若干建议

高度民主和完备法制是现代国家治理不可分割的一体两面。推进全过程人民民主，关键在于用制度体系保证人民当家作主。当务之急是按照全过程人民民主的理念、原则和要求，用法律制度把全过程人民民主固定下来，加快构建以宪法为核心、民主政治立法为主干、部门法及相关制度为支撑的全过程人民民主制度体系，为全过程人民民主实践提供全方位制度保障。

第一，加强顶层设计。推进全过程人民民主制度化法律化，涉及面广、内容复杂，既涉及选举民主，又涉及协商民主，既涉及直接民主，又涉及间接民主，既涉及党内民主，又涉及人民民主，既涉及政治、经济领域，又涉及文化、社会、生态领域，既涉及法律法规，又涉及制度机制，必须统筹规划，有序推进。建议全面梳理现行法律法规和制度机制，根据有关法律制度是否体现全过程人民民主，以及体现得是否充分，提出立改废释纂建议。在此基础上，建议党中央出台关于推进全过程人民民主制度化法律化的意见，对推进这项工作的重要意义、指导思想、基本原则、主要任务和组织保障等作出规定，为推进全过程人民民主制度化法律化提供总遵循总依据。有关部门根据党中央决策部署，确定推进全过程人民民主制度化法律化的时间表、路线图、任务书，明确责任主体和时限要求，确保各项任务如期完成。

推进全过程人民民主制度化法律化，应当遵循以下原则：一是坚持党的领导。党的领导是实行全过程人民民主的根本政治保证。中国共产党的领导，就是支持和保证人民当家作主，推动有关部门从制度上、法律上保障全过程人民民主在国家生活和社会生活中落到实处。二是立足中国实际。民主作为一种制度模式，必须根植于一国国情才具有活力、生命力和稳定性。推进全过程人民民主制度化法律化，必须同我国社会主义民主政治发展水平相适应，不得脱离我国的政治制度、发展阶段和历史文化传统，不得机械照搬西方国家的民主制度。三是尊重社会主义民主发展规律。比如，不同类型的法律对写入全过程人民民主的要求是不同的。一般说来，对于与社会主义民主政治建设密切相关的民主政治立法，要充分直接体现全过程人民民主的理念、原则和要求；对于其他法律，则无需在正文中写入，但其制定过程应当充分体现。而不同国家机构体现全过程人民民主的要求也是不同的，尽管多数国家机构都冠以"人民"二字①，都要将全过程人民民主贯彻到各自工作的全过程和各方面。各级人大由人民选举产生，职权由人民赋予，因而人大工作必须全流程、全链条、全方位贯彻全过程人民民主，充分反映人民的意愿和要求；各级人民政府是执法机关，必须坚持依法行政，加快政府职能转变，实行科学民主决策，建设人民满意的服务型政府；司法机关以维护社会公平正义为天职，专业性技术性较强，依法独立行使权力，不受行政机关、社会团体和个人的干涉，主要通过公开审判制度、人民陪审员制度、人民监督员制度、律师制度、人民调解制度、法律援助制度等，保障人民的民主权利和公民的合法权益。四是坚持问题导向。推进全过程人民民主制度化法律化，必须紧扣人民群众的新要求新期待，回应人民群众最关心最直接最现实的利益诉求，用法律制度维护最广大人民的根本利益。五是坚持突出重点。民主政治立法是全过程人民民主制度体系的核心内容，相关制度机制是贯彻全过程人民民主的重要保证。推进全过程人民民主制度化法律化，必须以民主政治立法和制度机制完善为重点，按照轻重缓急，有计划、有步骤地推进。六是积极稳妥。民主法律制度涉及国家政治体制，敏感复杂。推进全过程人民民主制度化法律化，必须坚持循序渐进、积极稳妥的原则，是否出台某项法律制度、什么时间出台，主要取决于社会政治条件和社会主义民主政治发

---

①　在我国国家机构中，仅国家主席、中央军事委员会和监察委员会没有冠以"人民"二字。

展需要。

第二，加快民主政治立法。一是建议适时对宪法作出解释。全过程人民民主重大理念带来的一个重要变化是，重塑了宪法确立的人民民主原则的内涵和要求，扩大了国家法律体系的民主基础。鉴于宪法的稳定性，不宜就此启动宪法修改。建议适时解释宪法，将全过程人民民主的理念、原则和要求融入宪法有关条款，为推进有关立法提供宪法依据。二是修改全国人民代表大会和地方各级人民代表大会代表法。近年来，全国人大常委会重视发挥人大代表作用，创立了一系列制度机制，比如人大代表直接参与行使国家立法权，统筹人大代表议案建议办理与立法规划计划编制，常委会会议期间与列席代表座谈交流，常委会组成人员联系代表，促进人大代表在法律案起草、论证、调研等各环节发挥作用等。① 建议将上述经验做法写入代表法。三是修改监督法。监督法修改已列入十三届全国人大常委会立法规划。建议按照发展全过程人民民主的要求，在总结人大监督实践经验的基础上，完善监督工作体制机制、程序方式和制度措施，在法治轨道上推进监督工作。四是修改城市居民委员会组织法、村民委员会组织法。目前这两部法律正在修改过程中。建议按照充分体现党的全面领导、居（村）民委员会政治属性、全过程人民民主的原则，总结吸收基层民主实践中的经验做法，持续推进这两部法律的修改工作。五是加强民主权利立法。针对一些民主权利立法位阶偏低的问题，建议研究制定出版法、新闻法，加强民主权利法治保障。六是修改行政法规制定程序条例和规章制定程序条例。这两个行政法规是规范立法活动的专门法，对于推进开门立法、民主立法，发挥立法的引领和推动作用，完善全过程人民民主制度体系，具有重要意义。2023 年 3 月，立法法进行了第二次修改，确立了全过程人民民主原则。建议以立法法为依据，在这两个行政法规中写入全过程人民民主，并将其贯穿到立法的

---

① 全国人大常委会法制工作委员会：《坚持和践行全过程民主，推进新时代立法工作高质量发展》，《求是》2021 年第 13 期。

立项、起草、论证、评估、审议、通过等程序规定中。

第三，健全全过程人民民主制度机制。一是人民代表大会制度。要适应发展全过程人民民主、全面依法治国的需要，不断健全民主制度、丰富民主形式、拓宽民主渠道。建议进一步完善立法论证、评估、评议、听证制度，健全代表参与立法、代表联系、代表联络、代表述职等制度机制，扩大人民有序政治参与。① 完善人大的民主民意表达平台和载体，推进人大协商、立法协商，把各方面社情民意统一于最广大人民根本利益之中。② 当前，要重点完善基层立法联系点制度。实践中，一些基层立法联系点积极探索直接民主新形式，不断丰富参与立法的内涵。比如，上海市将联系点的功能从法规征询环节，延伸到立法前组织征求立法规划计划的意见、协助开展立法调研，立法后协助开展法律法规实施情况调研、法律法规宣传普及工作，把代表之家、代表联络站、代表联系点设在代表单位或家中，让人民群众随时找得到人、说得上话、办得了事。③ 建议全国人大常委会适时开展基层立法联系点评估，总结联系点经验做法，完善联系点工作规则。二是协商民主制度。针对协商民主制度建设中的问题，建议完善协商议政的内容、形式和程序，统筹推进政党协商、人大协商、政府协商、政协协商、人民团体协商、基层协商以及社会组织协商，构建程序合理、环节完整的协商民主体系，保证人民广泛持续深入参与日常政治生活。将协商民主制度同党委、人大、政府办文办事规则衔接协调，从制度上把协商民主融入党政决策程序，固化运作机制，确保协商民主规范有序发展。条件成熟时，可考虑在协商民主制度规则基础上，制定协商民主法。三是基层直接民主制度。建议建立健全公

---

① 本书编写组编著：《〈中共中央关于坚持和完善中国特色社会主义制度、推进国家治理体系和治理能力现代化若干重大问题的决定〉辅导读本》，人民出版社 2019 年版，第 33—34 页。

② 《习近平在中央人大工作会议上发表重要讲话强调：坚持和完善人民代表大会制度，不断发展全过程人民民主》，人民日报 2021 年 10 月 15 日第 1 版。

③ 王海燕、谈燕、张维炜：《践行"全过程民主"！上海人大将这项工作打造成"金字招牌"》，https：//baijiahao. baidu. com/s？ id = 1696372119816106606&wfr = spider&for = pc。

开、公正、公平的选人用人制度机制，保证村（居）民群众的选人用人权；建立健全议事协商决策制度机制，保证村（居）民群众对村（居）重大事务的讨论决定权；建立健全村（居）务公开、民主评议、问责制度机制，夯实人民群众在基层群众自治中的主体地位。①四是完善合宪性审查制度。合宪性审查是保证有关法律法规同宪法的规定、原则和精神相符合的重要制度。近期全国人大常委会法工委负责人提出，有关方面拟出台的法规规章和制度政策，凡涉及宪法有关规定如何理解、如何实施、如何适用的，都应当事先经过全国人大常委会合宪性审查。②建议在推进合宪性审查工作中，将全过程人民民主作为重要审查标准，从根本上维护国家法制统一、保障公民民主权利。五是完善备案审查、清理、立法后评估和执法检查等法律实施机制。建议按照全过程人民民主的要求，重置备案审查、清理、立法后评估和执法检查工作等"校准器"的"准星"，促进全过程人民民主融入有关法律法规。

第四，深入推进党内民主制度化。以党内民主带动人民民主，最关键、最核心的工作是推进党内民主制度化。建议进一步落实民主集中制各项制度，重点做好以下三项党内法规的制定工作。一是《中国共产党密切联系群众准则》。2018年中共中央印发的《中央党内法规制定工作第二个五年规划（2018—2022年）》，将研究制定密切联系群众准则确定为重点制定项目。当前，我们党正处于实现"两个一百年"奋斗目标的历史交汇期，能不能始终做到密切联系群众，与群众心心相印、命运相连，关系到党的生死存亡和国家的兴衰荣辱。建议适应新时代党的建设新形势新要求，在吸收以往规定和经验做法基础上，制定《中国共产党密切联系群众准则》，为走实群众路线，始终

---

①　本书编写组编著：《〈中共中央关于坚持和完善中国特色社会主义制度、推进国家治理体系和治理能力现代化若干重大问题的决定〉辅导读本》，人民出版社2019年版，第236页。

②　沈春耀：《健全保证宪法全面实施的体制机制》，载前引本书编写组编著：《〈中共中央关于坚持和完善中国特色社会主义制度、推进国家治理体系和治理能力现代化若干重大问题的决定〉辅导读本》，第254页。

保持党同人民群众的血肉联系，建立良好党群干群关系，进一步开创新时代发展新局面，提供可靠制度保证。二是《中国共产党选举工作条例》。针对我们党缺乏一部全党适用的选举工作条例问题，建议整合地方组织、基层组织选举规范，制定《中国共产党选举工作条例》，对党内选举的原则、类型、程序、方式、监督保障等作出统一规定，进一步完善选举程序，严格选举纪律，改进候选人提名方式，适当扩大直接选举范围，扩大差额选举范围和比例，扩大党员参与推荐候选人的途径，更好体现党员意志。三是地方党委决策程序规定。建议按照集体领导、民主集中、个别酝酿、会议决定的原则，研究制定地方党委决策程序规定，把调查研究、征求意见、法律咨询、集体讨论决定确定为必经程序，完善地方党委讨论决定重大问题和任用重要干部票决制，健全党委决策问责制度，提高党委科学决策、民主决策、依法决策水平。①

　　民主和法制须臾不可分离。民主发展到哪里，法律制度就应跟进到哪里。全过程人民民主重大理念提出后，当前我国社会主义民主政治建设的首要任务就是推进全过程人民民主制度化法律化。

　　全过程人民民主制度化法律化是一个复杂问题，本章仅提出一些初步思路和设想。许多问题，比如全过程人民民主的精准内涵和实践要求是什么，全过程人民民主对人民民主有哪些实质性发展，如何用法律制度更好地将全过程人民民主贯彻到党和国家各项工作全过程和各方面，等等，仍有待于将来深入研究。

---

　　①　上述两项建议是 2013 年 11 月 5 日中共中央印发的《中央党内法规制定工作五年规划纲要（2013—2017 年）》提出的制定项目。参见中共中央办公厅法规局编：《中央党内法规和规范性文件汇编（1949 年 10 月—2016 年 12 月）》（下册），法律出版社 2017 年版，第 1378 页。

第九章 用法律来推动核心 价值观建设研究

当今世界，国家间竞争异常激烈，不仅有国力、军力的竞争，还有核心价值观的竞争。每一个国家，无论是否以成文方式，都有自己的核心价值观。核心价值观相当于人的魂和魄，离开了核心价值观，国家和社会就会成为一盘散沙，就没有凝聚力战斗力。因而核心价值观建设是一个国家的基础工程、灵魂工程、战略工程。

我国历来重视核心价值观建设，为塑造与社会主义相适应的社会主流价值，采取一系列措施，取得了显著成效。2014 年 2 月 24 日，习近平总书记在主持十八届中央政治局第十三次集体学习时，首次提出用法律来推动核心价值观建设。① 这是我国核心价值观建设的新课题，是推进党的领导制度化法治化的重要举措。本章拟围绕这一课题，重点讨论 4 个问题：一是社会主义核心价值观的发展历程；二是为什么要用法律来推动核心价值观建设；三是用法律来推动核心价值观建设方面存在的主要问题；四是用法律推动核心价值观建设的若干设想。

第一节 社会主义核心价值观的发展脉络

培育和践行社会主义核心价值观是中国共产党人的优良传统。建

---

① 《习近平在中共中央政治局第十三次集体学习时强调把培育和弘扬社会主义核心价值观作为凝魂聚气强基固本的基础工程》，《人民日报》2014 年 2 月 26 日第 1 版。

党一百多年来，党始终重视建设价值体系和培育核心价值观，在不同时期提出不同的思想观念和价值追求，使之成为激励共产党人和中华民族同心同德、英勇奋斗的精神力量。

（一）萌芽阶段（1921—1949 年）

中国共产党从成立之日起，就是中国先进文化的积极倡导者和发展者，将马克思主义确定为指导思想，将社会主义确定为追求目标。党的一大纲领宣告中国共产党诞生，提出推翻资产阶级政权、建立无产阶级专政、消灭资本家私有所有制、实行社会所有制四大目标任务，明确党的最高纲领是实现社会主义和共产主义。

革命战争时期，以毛泽东同志为代表的中国共产党人坚持一切从人民利益出发，提出为人民服务的价值取向。1942 年毛泽东《在延安文艺座谈会上的讲话》中，第一次提出为人民服务，1944 年又以"为人民服务"为题写了纪念张思德的著名文章，1945 年 4 月 23 日在党的七大开幕词中首次使用全心全意为人民服务这一概念，正式确立了党的根本宗旨，为新民主主义革命提供了强大精神动力。

为实现民族独立和国家富强两大历史任务，党提出独立、自由、民主、统一和富强的价值观。1945 年 4 月，毛泽东在七大作的《论联合政府》报告中，提出"建立一个独立、自由、民主、统一和富强的新中国"的奋斗目标，为未来国家擘画了蓝图。

（二）形成阶段（1949—1978 年）

中华人民共和国成立后，社会主义政治制度、经济制度和以马克思主义为指导思想的社会主义意识形态的确立，为社会主义核心价值观建设奠定了政治前提、物质基础和文化条件。党在巩固新生的人民民主政权、进行土地改革和民主改革、恢复国民经济发展的同时，广泛开展了宣传马克思主义、毛泽东思想和改造知识分子等一系列意识形态建设工作，奠定了马克思主义指导思想、社会主义意识形态的雄厚基础。开展了以爱国主义、社会主义、集体主义和为人民服务为主要内容的社会主义思想道德建设，培育了抗美援朝精神、雷锋精神、"两弹一星"精神、大庆铁人精神、红旗渠精神等民族精神和时代精神。1964 年 12 月 21 日，党提出建设"四个现代化"的战略目标，成为一面动员、凝聚、鼓舞全党全国各族人民团结奋斗的精神旗帜。①

（三）创新发展阶段（1978—2012 年）

改革开放以来，党坚持把马克思主义与改革开放和我国社会主义现代化建设伟大实践相结合，不断推进马克思主义中国化，创立了邓小平理论、"三个代表"重要思想、科学发展观等马克思主义中国化最新成果，马克思主义在我国意识形态领域的指导地位不断巩固和发展。

以邓小平同志为核心的党的第二代中央领导集体重视新时期核心价值建设。把民主法制建设作为民主政治建设的重要内容来抓，邓小平强调，没有民主就没有社会主义，就没有社会主义的现代化。② 他还强调："社会主义民主和社会主义法制是不可分的。不要社会主义法制的民主，不要党的领导的民主，不要纪律和秩序的民主，绝不是社会主义民主。"③ 注重加强精神文明建设，提出"两手抓、两手都要硬"的价值理念，强调"我们要建设的社会主义国家，不但要有高度的物质文明，而且要有高度的精神文明"。④ 指明了共同富裕的奋斗方向，邓小平认为，走社会主义道路，就是要逐步实现共同富裕。⑤

以江泽民同志为核心的党的第三代中央领导集体继续推进核心价值建设。江泽民创造性地提出依法治国方略，强调"发展民主必须同健全法制紧密结合，实行依法治国"⑥。他还指出，一个民族、一个国家，如果没有自己的精神支柱，就等于没有灵魂，就会失去凝聚力和生命力。⑦ 2001 年，中共中央发布《公民道德建设实施纲要》，倡导

---

① 戴木才：《中国共产党积极培育和践行社会主义核心价值观的发展历程》，《光明日报》2013 年 12 月 30 日第 11 版。

② 《邓小平文选》第 2 卷，人民出版社 1994 年版，第 168 页。

③ 《邓小平文选》第 1 卷，人民出版社 2006 年版，第 641 页。

④ 《邓小平文选》第 2 卷，人民出版社 1994 年版，第 367 页。

⑤ 《邓小平文选》第 3 卷，人民出版社 1993 年版，第 373 页。

⑥ 《江泽民文选》第 2 卷，人民出版社 2006 年版，第 28 页。

⑦ 《在全国抗洪抢险总结表彰大会上的讲话》，光明网，https：//www. gmw. cn/01gmrb/1998 – 09/29/GB/17830％5EGM1 – 2907. HTM。

爱国守法、明礼诚信、团结友善、勤俭自强、敬业奉献的基本道德规范。

党的十六大以来，以胡锦涛同志为总书记的党中央高度重视社会主义道德建设和社会主义荣辱观在社会风尚中的引领作用。2003 年 7 月 28 日，胡锦涛提出"坚持以人为本，树立全面、协调、可持续的发展观，促进经济社会和人的全面发展"的重大战略思想。党的十六届四中全会提出构建社会主义和谐社会的重大战略目标。党的十六届六中全会进一步提出，建设社会主义和谐文化，巩固社会和谐的思想道德基础，树立社会主义荣辱观，培育文明的道德风尚，首次提出要建设社会主义核心价值体系，把马克思主义指导思想、中国特色社会主义共同理想、以爱国主义为核心的民族精神和以改革创新为核心的时代精神、社会主义荣辱观确定为社会主义核心价值体系的基本内容，以指导和规范精神文化和思想道德建设。党的十七届六中全会指出，社会主义核心价值体系是兴国之魂，是社会主义先进文化的精髓，决定着中国特色社会主义发展方向。上述观点和主张，强调共同思想基础建设，对于建设富强民主、文明和谐的现代化国家具有重要意义。

（四）全面发展阶段（2012 年至今）

党的十八大以来，以习近平同志为核心的党中央高度重视社会主义核心价值观建设。

2012 年 11 月，党的十八大从建设社会主义文化强国的战略高度，提出"三个倡导"，倡导富强、民主、文明、和谐，倡导自由、平等、公正、法治，倡导爱国、敬业、诚信、友善，培育和践行社会主义核心价值观，首次完整阐述了社会主义核心价值观的丰富内容，反映了党对社会主义核心价值观问题的最新认识。2017 年 10 月，党的十九大进一步强调"坚持社会主义核心价值体系""培育和践行社会主义核心价值观""把社会主义核心价值观融入社会发展各方面，转化为人们的情感认同和行为习惯"，建设社会主义价值体系，培育和践行社会主义核心价值观成为新时代坚持和发展中国特色社会主义的灵魂工程。2019 年 10 月，中共中央、国务院印发《新时代公民道德建设实施纲要》，提出在全民族牢固树立中国特色社会主义共同理想，在全社会大力弘扬社会主义核心价值观。2022 年 10 月，党的二十大强调，坚持依法治国和以德治国相结合，把社会主义核心价值观融入法治建设、融入社会发展、融入日常生活。

习近平总书记围绕社会主义核心价值观的属性、本质和作用，社会主义核心价值观的文化基因和思想渊源，社会主义核心价值观的培育和践行，社会主义核心价值观融入法治建设等，发表了一系列重要讲话。关于把社会主义核心价值观融入法治建设，习近平总书记强调，要用法律来推动核心价值观建设①，"要把社会主义核心价值观贯彻到依法治国、依法执政、依法行政实践中，落实到立法、执法、司法、普法和依法治理各个方面，用法律的权威来增强人们培育和践行社会主义核心价值观的自觉性"。"要注意把一些基本道德规范转化为法律规范，使法律法规更多体现道德理念和人文关怀，通过法律的强制力来强化道德作用、确保道德底线，推动全社会道德素质提升。"并对社会主义核心价值观入法入规的路径和方法作出明确指示，指出"要把实践中广泛认同、较为成熟、操作性强的道德要求及时上升为法律规范，引导全社会崇德向善"。② 习近平总书记的重要论述，为推进社会主义核心价值观融入法治建设，提供了理论基础和根本遵循。

为推进社会主义核心价值观入法入规，党中央作出一系列决策部署。2013 年 12 月，中央办公厅印发《关于培育和践行社会主义核心价值观的意见》，提出："法律法规是推广社会主流价值的重要保证。"要"充分发挥法律的规范、引导、保障、促进作用，形成有利于培育和践行社会主义核心价值观的良好法治环境"。2016 年 12 月，中央办公厅、国务院办公厅联合印发《关于进一步把社会主义核心价值观融入法治建设的指导意见》，强调"将社会主义核心价值观融入法治国家、法治政府、法治社会建设全过程，融入科学立法、严格执

---

① 《习近平在中共中央政治局第十三次集体学习时强调把培育和弘扬社会主义核心价值观作为凝魂聚气强基固本的基础工程》，《人民日报》2014 年 2 月 26 日第 1 版。

② 转引自张文显《社会主义核心价值观与法治建设》，《中国人大》2019 年第 19 期。

法、公正司法、全民守法各环节，把社会主义核心价值观的要求体现到宪法、法律、行政法规、部门规章和公共政策中，以法治体现道德理念、强化法律对道德建设的促进作用，推动社会主义核心价值观更加深入人心"。2018年5月，中共中央印发《社会主义核心价值观融入法治建设立法修法规划》，这是社会主义核心价值观融入法治建设的第一个专项立法规划，强调要以习近平新时代中国特色社会主义思想为指导，坚持全面依法治国，坚持社会主义核心价值体系，着力把社会主义核心价值观融入法律法规的立改废释全过程，确保各项立法导向更加鲜明、要求更加明确、措施更加有力，力争经过5到10年时间，推动社会主义核心价值观全面融入中国特色社会主义法律体系，并提出社会主义核心价值观入法入规六项主要任务：一是以保护产权、维护契约、统一市场、平等交换、公平竞争等为基本导向，完善社会主义市场经济法律制度；二是坚持和巩固人民主体地位，推进社会主义民主政治法治化；三是发挥先进文化育人化人作用，建立健全文化法律制度；四是着眼人民最关心最直接最现实的利益问题，加快完善民生法律制度；五是促进人与自然和谐发展，建立严格严密的生态文明法律制度；六是加强道德领域突出问题专项立法，把一些基本道德要求及时上升为法律规范。如此全面系统、有目的有计划地推动核心价值观融入法治建设，在人类法制史上尚属首次，成为我国法治建设的鲜明特色，对于坚持和发展中国特色社会主义，巩固全国各族人民团结奋斗的共同思想道德基础，具有里程碑意义。

在党中央领导下，立法机关注重发挥法律的引领和推动作用，坚持法治和改革协同推进、法治和德治协同发力，推动以富强、民主、文明、和谐，自由、平等、公正、法治，爱国、敬业、诚信、友善为主要内容的社会主义核心价值观入法入规，为改革发展稳定提供了坚实制度保障。比如，2018年3月十三届全国人大一次会议对我国现行宪法进行第五次修改，规定"把我国建设成为富强民主文明和谐美丽的社会主义现代化强国"，提出"国家倡导社会主义核心价值观"，确立了社会主义核心价值观的宪法地位，极大丰富和深化了社会主义核心价值观的内容，为把社会主义核心价值观融入法治建设提供了宪法依据；2023 年 3 月修订的立法法，首次将社会主义核心价值观确定为立法原则；2020 年 5 月十三届全国人大三次会议通过被誉为"社会生活的百科全书"的民法典，在第一条就开宗明义地将弘扬社会主义核心价值观确定为立法目的之一，确立了平等、公正、诚信、和谐、环保等原则，对作假、欺诈、胁迫、恶意串通、损害他人权益等行为作出否定性规定，鼓励见义勇为，保护英雄烈士人格权利，以法律的权威性维护和保障社会主义核心价值观；2018 年 4 月颁布的英雄烈士保护法，严厉打击丑化、诋毁英雄烈士的行为；刑法修正案十一补充修改 47 个条文，涉及安全生产、食品药品、金融秩序、营商环境、公共卫生、生物安全、生态环保等方面，对社会广泛关注的冒名顶替上学就业、抢控公交车方向盘、高空抛物、非法集资、刑事责任年龄等新情况新问题作出直接回应；国歌法、慈善法、国家安全法、网络安全法、电影产业促进法、公共文化服务保障法和修订的广告法、教育法、国旗法、国徽法、公共图书馆法等把社会主义核心价值观写入法律文本；公务员法、法官法、检察官法、警察法、教师法等对公职人员的职业道德提出明确要求。社会主义核心价值观的 12 个核心价值，除了敬业、友善外，都写入了法律文本。

除立法修法外，全国人大常委会还在其他工作中贯彻社会主义核心价值观。2013 年 12 月 28 日，十二届全国人大常委会六次会议通过《关于废止有关劳动教养法律规定的决定》，充分体现了尊重和保障人权、维护公平正义、践行法治的社会主义核心价值观。2014 年 2 月 27 日，十二届全国人大常委会七次会议表决通过两个决定，分别将 9 月 3 日确定为中国人民抗日战争胜利纪念日，将 12 月 13 日确定为南京大屠杀死难者国家公祭日，激励全国各族人民为实现中华民族伟大复兴的中国梦、促进人类和平与发展的崇高事业而共同奋斗。同年 8 月 31 日，十二届全国人大常委会十次会议通过《关于烈士纪念日的决定》，将 9 月 30 日设立为中国烈士纪念日，大力弘扬以爱国主义为核心的伟大民族精神。2019 年 6 月 29 日，十三届全国人大常委会十一次会议通过《关于在中华人民共和国成立七十周年之际对部分服刑罪犯予以特赦的决定》，对依据2019年1月1日前人民法院作出的生效判决正在服刑的有关罪犯实行特赦，生动体现了民主、文明、和谐、法治、友善以及人道主义等社会主义核心价值观。2019年9月29日，新中国成立70周年之际，全国人大常委会作出关于授予国家勋章和国家荣誉称号的决定，将国家最高荣誉授予为新中国建设和发展建立卓越功勋的36位杰出人士和为促进中外交流合作作出杰出贡献的6位国际友人。这是现行宪法实施以来首次集中颁授国家勋章。2020年8月11日，全国人大常委会作出关于授予国家勋章和国家荣誉称号的决定，授予钟南山共和国勋章，授予张伯礼、张定宇、陈薇"人民英雄"国家荣誉称号，表彰他们的崇高品质和卓越功绩。

司法机关积极践行社会主义核心价值观。2015年以来，最高人民法院先后印发《关于在人民法院工作中培育和践行社会主义核心价值观的若干意见》《关于在司法解释中全面贯彻社会主义核心价值观的意见》《关于在司法解释中全面贯彻社会主义核心价值观的工作规划（2018—2023）》等文件，发布两批人民法院大力弘扬社会主义核心价值观十大典型民事案例。2021年1月，最高人民法院印发《关于深入推进社会主义核心价值观融入裁判文书释法说理的指导意见》，全面规范法官运用社会主义核心价值观释法说理的基本原则、基本要求和主要方法，充分发挥司法裁判在国家治理和社会治理中的教育引导功能。最高人民检察院先后印发《关于检察机关培育和践行社会主义核心价值观的意见》《关于贯彻落实〈关于进一步把社会主义核心价值观融入法治建设的指导意见〉的通知》等文件，对检察机关推进社会主义核心价值观融入法治建设工作作出安排部署。

一些地方也制定了见义勇为、诚实守信、文明行为促进等体现社会主义核心价值观的专门立法，进行了许多有益探索和创新。2012年，深圳在全国率先颁布《深圳经济特区文明行为促进条例》，对遵守公共秩序、维护公共环境、参加志愿服务等文明行为进行鼓励和促进，同时明确对随地吐痰、乱扔垃圾、破坏公物等不文明行为的惩处措施。此后，北京、天津、杭州、宁波、武汉、昆明、贵阳、银川、荆州、鄂州、青岛、无锡等地也出台了类似立法。上海市人大常委会先后通过《上海市急救医疗服务条例》《上海市食品安全条例》《上海市社会信用条例》，创造性地把社会主义核心价值观融入地方性法规。2018 年 11 月 23 日，江苏省人大常委会通过《南京市国家公祭保障条例》，对凝聚民族精神、激发爱国热情、弘扬社会主义核心价值观发挥了积极作用。

总的看，党历来重视社会主义核心价值观建设，特别是党的十八大以来，习近平总书记强调用法律来推动核心价值观建设，党中央作出一系列决策部署，有力推动了社会主义核心价值观全面融入中国特色社会主义法律体系。

第二节　用法律来推动核心价值观建设的一般原理

核心价值观本质上属于道德范畴，为什么要用法律来推动呢？笔者认为，主要有以下五方面原因：

一是适应经济社会快速发展的需要。改革开放以来，我国发生三大变化，经济社会面貌为之一新，同时道德领域也面临严峻挑战。一是市场化。市场经济把利润最大化作为最高原则，既推动了经济社会快速发展，带来平等、公平、诚信等理念，促进人们道德水平提高，也带来拜金主义、一切向钱看的有害思想，造成道德滑坡、诚信缺失等问题。有制假售假的，有关毒奶粉、毒馒头、毒胶囊、地沟油、黑心棉等有毒有害食品的报道时有所闻；有不讲诚信的，青岛"天价大虾"①、深圳"天价小黄鱼"②、中国学者在国际期刊发表

---

① 2015 年 10 月 4 日，一消费者在青岛市一餐馆善德活海鲜烧烤家常菜吃饭时遇到宰客事件，吃饭前，消费者向老板确认过大虾 38 元一份，吃完饭后，老板却称大虾价格为 38 元一只。

② 2017 年 2 月 16 日晚，深圳市一消费者在当地一餐馆用餐，两条小黄鱼被收取 4628 元。

论文集体造假①等事件引发网友热议；有老人摔倒无人救助身亡的②；有旅游不文明的，有的攀爬红军雕塑照相，有的损毁景区文物，有的在机场、地铁小便。凡此种种，一再冲击着人们的价值底线。二是全球化。全球化加速了世界经济社会一体化进程，也带来各种文化相互激荡、不同价值观争取人心特别是争夺年轻人的问题。近年来，一些人打着"揭秘历史""反思学术"的幌子，在论坛、书刊、微信、微博等媒体上侮辱、诽谤、丑化英雄烈士。比如，《炎黄春秋》刊文将狼牙山五壮士描述成欺压百姓的"土匪"，一些别有用心者编造、散布"雷锋是假的""刘胡兰有精神病""董存瑞炸碉堡系虚构""张思德是烧鸦片时死的"等谣言恶语，抹黑党的历史，造成恶劣社会影响。欲灭其国，必先去其史。当年苏联崩溃，与抹黑苏联民族英雄卓娅密不可分。这个问题值得高度警惕。三是信息化。信息化冲破了地理、时间限制，也带来令人眼花缭乱的外部世界。上述三大变化使人们的思想意识日趋多元、多样、多变，价值取向各不相同。面对错综复杂的形势、道德滑坡的局面以及西方普世价值和意识形态的侵蚀，仅仅依靠道德显然独木难支，还需依靠法律制度，旗帜鲜明表达支持什么、鼓励什么、反对什么、禁止什么，为全体社会成员提供价值认同上的最大公约数，在具体利益矛盾、各种思想差异上最广泛地形成价值共识，并以国家强制力为后盾，有效引领和整合纷繁复杂的社会思想观念，更好发挥社会主义核心价值观凝魂聚气、强基固本的作用。

二是提升国家治理能力的需要。核心价值观是党实施思想领导的重要抓手，是国家治理的重要基石。历史经验表明：思想观念混乱，人心混乱，一定是天下大乱。我国是一个有着 14 亿多人口、56 个民族的大国，如果一人一个主意，各执己见，必然一盘散沙，一事无

---

①　2017 年 4 月 21 日国际期刊《肿瘤生物学》撤下 107 篇中国医学造假论文，涉及 524 名医生和在读医学生。

②　2013 年 8 月 30 日下午，河南省开封市因下暴雨马路积水，一老人驾驶一辆电动车到路中央时突然摔倒，人半浸在并不算深的水中，因无人救助而溺毙。

成。必须确立反映全国各族人民共同认同的价值观，使全体人民心往一处想、劲往一处使。毛泽东强调党要有"共同语言"，社会主义国家要有"统一意志"。邓小平指出，我们这么大一个国家，要团结起来、组织起来，一靠理想，二靠纪律。① 习近平总书记指出："人类社会发展的历史表明，对一个民族、一个国家来说，最持久、最深层的力量是全社会共同认可的核心价值观。"② "如果没有共同的核心价值观，一个民族、一个国家就会魂无定所、行无依归。"③ "培育和弘扬核心价值观，有效整合社会意识，是社会系统得以正常运转、社会秩序得以有效维护的重要途径，也是国家治理体系和治理能力的重要方面。"④ 把社会主义核心价值观融入法治建设，以法律确认核心价值观的价值内容和精神要求，构建充分反映中国特色、民族特性、时代特征的价值体系，有助于提高党整合社会思想文化和价值观念的能力，掌握价值观念领域的主动权、主导权、话语权，引导人们坚定不移走中国道路；有助于促进社会主流价值的形成，凝聚全党全国人民团结奋斗的共同思想道德基础，提升国家软实力，抵御西方普世价值的侵蚀，维护以马克思主义为指导的社会主义意识形态安全，维护中国特色社会主义制度安全；有助于推进社会治理创新，促进社会公平正义，建设充满活力又和谐有序的现代社会。

三是坚持依法治国和以德治国相结合的需要。坚持依法治国与以德治国相结合，是全面依法治国的核心要义之一。法律和道德都具有规范社会行为、调节社会关系、维护社会秩序的作用。一手抓法治、一手抓德治，把法治和德治相结合、他律和自律相统一，是改革开放以来社会主义法治建设的一条宝贵经验。道德是维系一个社会最基本

---

① 《邓小平文选》第 3 卷，人民出版社 1993 年版，第 111 页。

② 《积极培育和践行社会主义核心价值观》（2014 年 5 月 4 日），载《习近平著作选读》第 1 卷，人民出版社 2023 年版，第 238 页。

③ 《在文艺工作座谈会上的讲话》（2014 年 10 月 15 日），习近平《论党的宣传思想工作》，中央文献出版社 2020 年版，第 111 页。

④ 《习近平在中共中央政治局第十三次集体学习时强调把培育和弘扬社会主义核心价值观作为凝魂聚气强基固本的基础工程》，《人民日报》2014 年 2 月 26 日第 1 版。

的规范体系，没有道德规范，整个社会就会分崩离析。借助于法治手段，可以将一些最基本的道德义务转化为法律义务，将软性要求转化为刚性规范，向社会传导正确价值取向，增强人民群众践行社会主义核心价值观的自觉性和约束力。俗话说，一部良法，胜过千言万语的说教；一套好的机制，胜过千万次的运动式治理。把社会主义核心价值观融入法治建设，以法律约束保障道德践行，以法律实施支持道德建设，可以为社会主义核心价值体系建设创造良好法治环境；用道德涵养法律，用德治润泽法治，可以为全面依法治国创造良好人文环境，让法治更加深入人心。

四是完善中国特色社会主义法律体系的需要。理想的法治应当是良法善治，良法是善治之前提。创制良法是法治建设的首要任务。在很大程度上，法律的有效性取决于法律与社会核心价值的一致程度，取决于核心价值对法律的支持和认可程度。法律包含着立法者关于正义与非正义、合理与不合理、善与恶的价值判断，反映了支持什么、赞成什么、反对什么的价值取向，不可能脱离道德。法律和核心价值是相辅相成的关系。法律需要核心价值支撑，法律只有体现国家的价值目标、社会的价值取向、公民的价值准则，才称得上良法，符合人民群众的实际需要，提升人民群众对法律法规的认同感和接受度；法律是核心价值最有效、最理想的载体，核心价值只有融入法律，才能通过法律的确定性、普遍性、规范性、强制性、稳定性，转化为人们的自觉行动，发挥法律的指引、评价、教育、预测作用，良法才能善治。比如冒名顶替上学，不仅断送了寒门学子的大学梦想，改变了受害人的人生轨迹，而且破坏了教育公平，击穿了社会的心理底线，严重损害党和政府的权威和公信力，因而刑法修正案十一规定，盗用冒用他人身份，顶替他人取得的高等学历教育入学资格，公务员录用资格，就业安置待遇的处三年以下有期徒刑、拘役或者管制，并处罚金。不讲道德的立法，是恶法，不仅起不到应有的作用，而且有恶化、败坏社会风气的效应，是不可能持久的；没有体现核心价值的法律体系，是没有灵魂、生命力不强的法律体系，不可能成为国家治理的有益制度支撑。把社会主义核心价值观融入法治建设，有助于以道德理念锤炼良法，以美德义行催生善治，使社会主义核心价值观与中国特色社会主义法律体系水乳交融，进一步深化中国特色社会主义法律体系的道德底蕴，为推动国家治理体系和治理能力现代化提供更加坚实的法律制度保障。

　　五是古今中外的一条基本经验。主流价值观念入法，古今中外概莫能外。法德共治是中华法治文明的鲜明特征和基本经验。讲仁爱、重民本、守诚信、崇正义、尚和合、求大同的传统美德，既是中华民族的文化之根、精神之魂，也为传统法律制度奠定了坚固的价值基石。历代政治家和思想家都非常重视将社会核心价值和道德准则纳入法律法令和司法裁判。儒家将道德原则视为法律的灵魂，主张法德一体甚至法律道德化，把"仁义礼智信"等道德奉为法律，提出"导之以德，齐之以礼"，主张"礼法合一""德法并济""明德慎罚""大德小刑"，"德政"的主要内容之一就是制定轻刑、薄赋、赈灾、济贫、养老等惠民的"有德之法"。法家主张以严刑峻法禁暴除奸、以刑去刑、移风易俗，强调"循法成德"，甚至对"弃灰于道""俯路拾遗"等道德过失都处以刑罚。介乎儒家和法家之间的荀子则提出法礼结合、刚柔并济、隆礼重法的思想。到了汉代，封建统治集团以儒为本、兼采各家，提出了德主刑辅的治国理念。唐朝是古代法治文明的巅峰，《唐律疏议》以礼入法，把道德信念和道德原则全面深入融入唐律之中，创造了以礼法合一、法德并用、德主刑辅为鲜明特征的中华法系，在世界上独树一帜。

　　资本主义国家注重用法律反映和维护其核心价值观。据统计，在全球 194 部宪法中，58 部宪法规定了富强（prosperity），175 部宪法规定了民主（democracy/democratic），23 部宪法规定了文明（civility），59 部宪法规定了和谐（harmonious/harmony），191 部宪法规定了自由（freedom）、167 部宪法规定了平等（equality/equally），192 部宪法规定了公正（justice），108 部宪法规定了法治（rule of law），21 部宪法规定了爱国（patriotism/ patriotic），7 部宪法规定了敬业

（dedication），161 部宪法规定了诚信（integrity），32 部宪法规定了友善（friendship）。世界上第一部成文宪法 1787 年美国宪法，在序言部分以"我们合众国人民"的名义，突出强调了正义、安全、公共福利、自由、幸福等核心价值。1959 年，美国加利福尼亚州颁布全美首部《好撒马利亚人法》①，豁免免费服务的专业人士提供医疗服务时轻微过失产生的责任。《法国宪法》第二条提出共和国的口号是自由、平等、博爱，共和国的原则是民有、民治、民享的政府。1994 年修订的《法国刑法典》规定了怠于救助罪："任何人对处于危险中的他人，能够个人采取行动，或者能唤起救助行动，且对其本人或第三人均无危险，而故意放弃给予救助的，处 5 年监禁并扣 50 万法郎罚金。"英国是一个多文化、多宗教、多种族、多信仰的国家，为消弥文化、宗教、种族、信仰分歧，增进人们交流交往，注重在《人权法案》《教育法案》《平等法案》《移民法案》等一系列法律中推进以民主、自由、法治、包容为主要内容的基本价值观。德国的核心价值观植根于德国基本法，被称为"自由民主的基本秩序"或者"自由民主的基本价值"。新加坡建国后，以儒家思想和东方文明为基础，提炼出"国家至上，社会为先；家庭为根，社会为本；关怀扶助，尊重个人；求同存异，协商共识；种族和谐，宗教宽容"五大共同价值观，并重视在法律中加以倡导，比如提倡"家庭为根"的价值观，立法规定子女与年迈父母同住的，可享受一定免税额度；有意和父母就近居住的，政府拨专款资助买房；子女探望父母，可免除部分小区停车费。政府分配组屋时，优先安排二世同堂、三世同堂的家庭并给予

---

① 撒玛利亚是犹太人的一个分支，小规模存在于中东。《圣经·路加福音》记载了一个故事：一个人从耶路撒冷到耶利哥，路上遭遇强盗。强盗把他打个半死。一个祭司和一个利未人先后路过，但都绕行。唯有一个撒马利亚人路经此地时，动了恻隐之心，他包裹好受害者的伤口，扶他骑上自己的牲口，带到店里照顾。第二天这个撒玛利亚人拿出银子交给店主，说：你且照应他，需要其他费用，我回来还你。由此撒玛利亚人成为好心人的代名词。20 世纪 60 年代起，好撒马利亚人成为一个法律术语，相当于我国的见义勇为英雄。

价格优惠；夫妻在孩子未满 3 周岁前，不得提出离婚。① 并以全民教育、完备法制和严格执法促进和保障这些价值观家喻户晓、普遍践行。

第三节　用法律来推动核心价值观建设方面存在的主要问题

　　新中国成立以来，我国重视在立法中体现与社会主义社会相适应的道德观念和价值取向，法律制度总体上反映了核心价值观的内容和要求，同时也要看到，同全面依法治国、推进国家治理体系和治理能力现代化的要求相比，用法律来推动核心价值观建设方面还存在一些问题。主要表现在：

　　一是价值导向不够鲜明。社会主义核心价值观尚未完全融入一些法律的起草、论证、协调、审议环节，不能有效促进立法目标和价值导向、法律规范和道德规范的有机统一，一些法律对社会主义核心价值观的支撑存在引导性、激励性、约束力、强制力不够等问题。例如，刑法对正当防卫、见义勇为等保护不力，对欺行霸市、故意伤害、敲诈勒索、非法拘禁、寻衅滋事、毁坏财物等黑恶势力有组织犯罪打击不力。② 一些地方性法规规定，见义勇为一定要"事迹突出"，但什么是事迹突出却未界定，许多见义勇为行为得不到应有的肯定和褒奖，导致见死不救和见义不敢为、见义不想为的现象时有发生。有媒体报道，一些地方发生交通事故后，肇事者反复碾压伤者致其死亡，主要原因就是撞伤没有百八十万元下不来，还可能终身难脱干系，而刑法第一百三十三条规定，违反交通法规致人死亡处 3 年以下有期徒刑或者拘役，对撞死的惩罚低于撞伤，诱发"撞伤不如撞死"

---

　　① 孙有中等：《核心价值观国际比较研究》，四川人民出版社、学习出版社 2018 年版，第 271—272 页。
　　② 张文显：《社会主义核心价值观与法治建设》，《中国人大》2019 年第 19 期。

怪象。① 再如，法律法规对吐痰、闯红灯、制假售假、食品不安全、旅游不文明等行为的规定，普遍存在违法成本低、制裁力不足问题。2011 年颁布的《道路交通安全法》第八十九条规定，行人横穿马路，处警告或者五元以上五十元以下罚款。在东部经济发达地区，这样的处罚力度远不足以形成震慑力。据媒体报道，2017 年 7 月 28 日，江苏徐州一大妈因闯红灯和横穿马路被交警拦下，面对交警执法，大妈态度嚣张，爆出雷语，"不差钱，明天继续闯"。②

二是立法质量有待提高。虽然近年来社会主义核心价值观在法律文本的立法目的条文和总则中的出现日益频繁，但从相关法律的立法过程、规范内容、法律和社会效果看，社会主义核心价值观入法入规简单化、表面化、口号化问题比较突出，并未真正全面融入。主要表现在：从人民最关心最直接最现实的利益问题入手、从全面深化改革的迫切要求出发，深入分析社会主义核心价值观的立法需求，有效制定推进国家治理体系与治理能力现代化的立法规划能力有待提升；一些立法中的社会主义核心价值观条文并无相应的配套规定；一些法律规范中权利义务分配、权力责任配置与社会主义核心价值观不匹配；③一些立法"年久失修"，老办法管不了新问题；一些立法存在合法性争议。比如，国务院 2013 年发布的《铁路安全管理条例》规定，在高铁车厢内或其他列车的禁烟区域吸烟，将面临最高 2000 元人民币

---

① 参见木须虫《是什么导致了"撞伤不如撞死"》，大河网—河南商报（郑州）2014 年 2 月 27 日。作者认为，撞伤不如撞死长期被称为"制度杀人"，主要原因有三个：一是交通事故致人死亡的赔偿金一般是几十万元，致人重伤的赔偿金可能超过百万元，而且还有剪不断理还乱的长久纠纷；二是交通肇事刑事附带民事诉讼程序设计有缺陷，司法实践中，交通肇事致人死亡的，被害人近亲属无法提起刑事附带民事诉讼请求精神损害赔偿；三是交通事故处理中存在认定漏洞和执法不严，有时肇事致死与故意杀人之间的界线不好把握，同时交通事故处理部门对一些本该追究刑事责任的肇事人代之以行政、经济处罚。

② 《一大妈因闯红灯被交警拦下后，恶狠狠的摔给民警 50 块：就不差钱，明天继续闯!》，《搜狐新闻》2017 年 8 月 6 日，http://www.sohu.com/a/162623604_ 443845。

③ 肖北庚：《社会主义核心价值观入法入规立法审查机制的构建》，《光明日报》2018 年 7 月 25 日第 11 版。

的罚款。① 而《治安管理处罚法》第二十三条规定，扰乱公共交通工具上的秩序的行为，最高罚款200元。又如，深圳市为鼓励机动车文明驾驶，2010年颁布《深圳经济特区道路交通安全违法行为处罚条例》，在全国首创"首违免罚"制度，即违法行为发生之日前两年内，机动车在本市无道路交通安全违法行为记录的，可申请免除处罚。而《道路交通安全法》第九十条规定，机动车驾驶人违反道路交通安全法律、法规关于道路通行规定的，处警告或者20元以上200元以下罚款。国务院和深圳市有关规定可能与上位法存在冲突。

三是一些领域存在立法空白，惩恶扬善于法无据。当前，社会主义核心价值观入法入规还存在诸多空白，许多现行法律的清理、完善、更新工作滞后于经济社会发展需要和社会主义核心价值观要求。比如，诚信缺失是当前道德领域面临的最大问题，但全国性的社会信用立法至今仍未制定出来。又如，环境保护领域虽然法律数量可观，但尚未形成系统完备的环保法律制度体系，一些很重要的法律，如核设施、有毒化学品的安全管理法，高原湖泊、国际河流、生物多样性、特色矿产资源等的保护法，以及环境规划、总量控制、限期治理、生态补偿等环境资源保护配套法律法规，都还没有制定。再如，爱国主义教育立法存在诸多空白。虽然我国近200部法律法规涉及爱国，但没有一部有关爱国主义教育的基础性、综合性立法，爱国主义教育的定义、主体、对象、原则、目标、内容和任务等基本要素不集中、不统一、不成体系，相关制度设计关联性、逻辑性不足，不利于推进爱国主义教育。义务教育阶段是培育中小学生爱国主义情感和意识极为重要的时期，而义务教育法却未对爱国主义教育提出要求。全国人民代表大会和地方各级人民代表大会代表法、海警法、人民警察法、人民武装警察法，未对人大代表、海警机构工作人员、人民警察、人民武装警察部队提出爱国要求。

---

① 烟雾是近年来造成动车晚点的主要原因之一。动车组列车车厢连接处和厕所装有烟感传感器，一旦发现烟雾，系统就会报警，列车就会自动停车。这是《条例》对吸烟行为施以重罚的主要原因。

　　四是一些法律法规不配套，削弱了核心价值效力。其中有下位法和上位法不配套的问题。比如爱国主义教育，上位法的配套法规制度较少，行政法规中只有义务教育方面的规定，且未明确爱国主义教育的内容。地方政府发布的教育规章大多未对爱国主义教育作出规定。也有上位法缺位问题。比如见义勇为，31个省区市都出台了奖励和保护见义勇为人员的地方性法规和地方政府规章，但国家层面的立法迟迟不出台，造成各地做法千差万别，难以一体有效保障见义勇为人员的合法权益。还有法律之间不衔接问题。比如，2013年修订的《老年人权益保障法》第十八条规定，与老年人分开居住的家庭成员，应当经常看望或者问候老年人，但由于没有出台实施细则，一些企业规定的放假时间不合理，"常回家看看"遭遇执行尴尬。①

　　五是理论研究有待深化。社会主义核心价值观入法入规涉及法律和道德的关系，实践中还存在一些争议。比如，核心价值观本质上属于道德范畴，什么条件下需要上升为法律规范？法律如何充分体现社会主义核心价值观，是在立法目的、原则上体现，还是将相关价值的要求和精神融入法律条文，标准是什么？核心价值的主观性较强，不同人、不同地方、不同时间有不同理解，法律如何正确把握核心价值的内涵？法律如何正确处理核心价值之间的冲突，比如平等和公正、自由和法治？等等。上述问题需要认真研究，以便为社会主义核心价值观入法入规提供学理支持。

　　以上情况表明，用法律来推动核心价值观建设还存在不少问题，加强核心价值观立法极其必要。

---

　　①　据《法制日报》报道，在异地工作的唐山小伙子李新，已经两年多没能回家看望父母了。因为他供职的外企有条不近人情的规定，按照该公司来源国的法定节假日来放假，以致李新工作两年都无法请假回家探望父母。为了能回家看一眼，他不惜主动要求父母把自己告上法庭，成为被告，最终拿着法院的判决才请了假、回了家、看了爹妈。"常回家看看"有多难？唐山小伙让父母起诉自己拿判决书请假　https://www.sohu.com/a/124513331_ 114731。

第四节　进一步推动社会主义核心价值观入法入规

法律是治国之重器，良法是善治之前提。核心价值观就是衡量良法的重要尺度。建议以社会主义核心价值观为统领，制定符合我国基本国情、反映广大人民意愿、诠释道德文明风尚、传播社会正能量的法律法规，充分发挥法律的规范、引导、促进、保障作用，形成有利于培育和践行社会主义核心价值观的良好法治环境。

第一，坚持党对社会主义核心价值观入法入规工作的领导。培育和践行社会主义核心价值观，是党实施思想领导的重要体现，是党的意识形态工作的重要方面，对于巩固马克思主义在意识形态领域的指导地位、巩固全党全国人民团结奋斗的共同思想基础，促进人的全面发展、引领社会全面进步，集聚全面建设社会主义现代化国家、全面推进中华民族伟大复兴的强大正能量，具有重要现实意义和深远历史意义。必须毫不动摇坚持和加强党的领导。一是坚持以习近平新时代中国特色社会主义思想为指导。社会主义核心价值观是习近平新时代中国特色社会主义思想的重要组成部分。党的十八大以来，习近平总书记围绕社会主义核心价值观发表了一系列重要讲话。要把习近平总书记有关重要讲话精神贯彻到社会主义核心价值观入法入规全过程和各方面，确保社会主义核心价值观全方位、深层次融入中国特色社会主义法律体系。二是推动全国人大常委会和国务院完善工作机制，深入分析社会主义核心价值观的立法需求，完善立法项目征集和论证制度，制定好立法规划计划，加快重点领域立法修法步伐。三是健全社会主义核心价值观入法入规长效机制。按照中央要求，做好社会主义核心价值观入法入规审查工作，有关立法草案和司法解释草案报全国人大常委会、司法部和最高人民法院、最高人民检察院审议前，送社会主义核心价值观入法入规协调小组进行社会主义核心价值观审核，使法律法规充分体现社会主义核心价值观的要求。四是依托社会主义核心价值观入法入规协调小组，探索建立社会热点问题处置机制，发现社会上出现与社会主义核心价值观有关的热点问题时，组织力量进行研究，向中央提出建议，或者提请有关部门介入，推动问题及时化解，发挥社会主义核心价值观对国家法治建设的引领、评价和校正作用。五是适时开展规划评估和立法后评估。2018 年 5 月中共中央印发的《社会主义核心价值观融入法治建设立法修法规划》，为社会主义核心价值观入法入规制定了时间表、路线图、任务书，并提出"力争经过 5 到 10 年时间，推动社会主义核心价值观全面融入中国特色社会主义法律体系"。规划颁布至今已满 5 年。建议对规划的贯彻落实情况进行全面评估，并根据评估情况，调整不合时宜的制定项目，补强弱项短板，确保规划落地落实落细。同时，选择有代表性的社会主义核心价值观重点立法开展立法后评估，将社会主义核心价值观是否融入立法目的、基本原则、法律规则作为主要评估标准，对违背社会主义核心价值观的法律法规，及时启动立法程序予以修改或废止。

第二，充分发挥宪法的基础性作用。2018 年 3 月十三届全国人大一次会议在宪法修正案中写入国家倡导社会主义核心价值观，为中国特色社会主义法律体系注入了灵魂。一是充分发挥宪法在中国特色社会主义法律体系中的统帅作用，以宪法所规定的社会主义核心价值观为统领，强化法律法规的价值导向，使其全面融入中国特色社会主义法律体系。二是完善宪法解释制度，将社会主义核心价值观作为宪法解释的重要标准，保证宪法适用的正确性、针对性、有效性，为惩治违背社会主义核心价值观的严重失德行为提供依据。三是完善合宪性审查制度，将社会主义核心价值观作为合宪性审查的重要标准，及时纠正不符合社会主义核心价值观的法律法规，使其成为每一项立法的基本遵循。

第三，完善各领域基本法。基本法是各领域法律制度的基础。在基本法的制定目的、基本原则、主要制度、具体条文中体现社会主义核心价值观，有助于带动社会主义核心价值观融入本领域法律制度。建议在经济建设领域，制定农村集体经济组织法，形成有利于弘扬社会主义核心价值观的制度安排、利益机制和法治环境；在文化建设领域，制定文化产业促进法，增强文化产业传播主流价值的社会责任，推动文化产业全面繁荣；在社会建设领域，制定社会援助法、社会救助法，保障和改善民生，维护社会和谐稳定；在生态文明建设领域，制定国家公园法、资源综合利用法、粮食安全法，用严格的法律制度保护生态环境，促进生态文明建设。

第四，及时制定修订一批法律法规。一方面，针对一些法律法规价值导向不鲜明、针对性操作性不强、法律法规不协调不配套等问题，提出制定修订需求，列入全国人大常委会立法规划计划和国务院年度立法工作计划，促进相关法律法规及早出台。另一方面，坚持立改废释纂并重，无论是法律法规的制定、修改，还是废止、解释、编纂，都要充分考虑道德因素和道德风险，对该立法没有立法的要及时立法，对不适应现实需要、有违道德要求的法律法规要及时修改或废止。

第五，制定完善专项立法。建议以爱国主义教育、见义勇为、社会诚信等为重点，研究制定爱国主义教育法、见义勇为法、社会信用法等专项立法，把文明的软性要求变为硬性规则，塑造正确价值导向。一是制定爱国主义教育法。爱国主义是中华民族最重要的精神财富，是中国人民和中华民族维护民族独立和民族尊严的强大精神动力。针对爱国主义教育基本法缺失问题，建议制定爱国主义教育法，规定爱国主义教育的总体要求、基本任务和保障措施，为建立健全爱国主义教育法律制度提供基本遵循。

二是制定见义勇为法。近年来，老人跌倒无人扶、不给钱不救溺水者等消息不时见诸报端，人们纷纷哀叹世风日下、道德滑坡。与此同时，见义勇为人员流血又流泪的事例屡见不鲜。这反映了我国法律保障机制还不健全。目前我国规范见义勇为行为的地方性法规和地方政府规章共44部，国务院办公厅也出台相关规范性文件，但这些法规文件权威性不高，保障力度不足。比如，一些地方仅把同违法犯罪分子作斗争确认为见义勇为，而把抢险救灾和救助他人的行为排除在外，极大挫伤了群众见义勇为的积极性；一些地方见义勇为确认程序烦琐、确认效率低下，见义勇为人员跑断腿也拿不到应得的奖金和补偿；一些地方仅将见义勇为人员列为保障对象，未考虑牺牲或丧失劳动能力的见义勇为人员家属的生计。建议制定全国性的见义勇为法，全面保障见义勇为人员合法权益，免除他们的后顾之忧。

三是制定社会信用法。目前我国尚无一部全国性的信用立法，有关规定散见于民法典、反不正当竞争法、消费者权益保障法、刑法等法，行政法规和部门规章，以及地方性法规之中。实践中大多按照部门规章来运行，立法层次不高，彼此衔接不紧，极大制约了征信活动的开展。建议加快推进社会信用立法。鉴于当前社会信用法的制定条件还不成熟，可考虑在个人信息保护法和地方立法实践的基础上，由国务院出台条例，明确社会信用的涵义、社会信用体系框架、公共信用信息的权属和数据收集共享中各方的权责利，引导正向激励，规范负面惩戒，加大信用救济和修复力度。条件成熟时，出台社会信用法，对信用信息的采集、收集、交换、共享，以及信息安全和信息主体权益保护等作出统一规定，健全公民和组织守法信用记录，完善守法诚信褒奖机制和违法失信行为惩戒机制，使诚实守信成为全体人民的共同追求和自觉行动。

四是完善政府诚信立法。当前，一些政府部门热衷于搞形象工程和政绩工程，决策不公开不透明，政策朝令夕改，隐瞒事实真相，编造虚假数据，随意撤销、变更和废除已生效的行政行为，严重影响政府形象，削弱政府公信力。我国大部分行政立法都没有规定诚信原则。虽然2004年行政许可法确立了信赖保护原则，但由于缺乏配套规定，实践中难以落地。诚信是政府合法性的道德基础，是政府赢得人民信赖和巩固政权的必要条件。建议适时在国务院组织法、地方政府组织法等法中明确政府诚信原则；制定有关单行法律规范和规范性文件，将诚信原则纳入基本原则和具体条款设计；制定行政程序法，确立诚信原则，并将这一原则贯彻到分则各部分内容中；建立健全守信践诺、失信惩戒、失信救济、行政补偿、公务员诚信管理等制度机制，提升政府诚信的制度化水平。条件成熟时，出台政府诚信法，划定诚信底线，约束政府及其工作人员的行政行为，保障行政相对人权益，最大限度发挥立法对政府诚信的引导和规范作用。[①]

第六，完善立法工作机制。2023 年 3 月十四届全国人大一次会议修改立法法，把社会主义核心价值观确立为立法的基本原则，这有助于促使立法机关全面贯彻社会主义核心价值观。建议根据新修订的立法法，尽快修订《行政法规制定程序条例》《规章制定程序条例》，明确将社会主义核心价值观确定为制定行政法规、规章的基本原则，据此完善相关工作机制，使行政法规、规章更好体现社会主义核心价值观。健全备案、清理、立法后评估制度，将是否符合社会主义核心价值观作为备案、清理、立法后评估的重要标准，对与社会主义核心价值观要求不相适应的法律法规，依照法定程序及时进行修改或废止。

第七，加强理论研究。社会主义核心价值观入法入规涉及法学、伦理学、政治学等多个学科。建议组织精干力量，重点围绕社会主义核心价值观核心价值要素的内涵和入法入规的条件、方式等问题，开展跨学科联合攻关，形成高质量研究成果，促进核心价值观与法治建设深度融合。

---

① 陈翠玉：《政府诚信立法论纲》，《法学评论》2018 年第 5 期。

参考文献

一 著作类

《毛泽东选集》第 1 卷，人民出版社 1991 年版。

《毛泽东选集》第 2 卷，人民出版社 1991 年版。

《毛泽东选集》第 3 卷，人民出版社 1991 年版。

《毛泽东选集》第 4 卷，人民出版社 1991 年版。

《邓小平文选》第 1 卷，人民出版社 1994 年版。

《邓小平文选》第 2 卷，人民出版社 1994 年版。

《邓小平文选》第 3 卷，人民出版社 1993 年版。

《江泽民文选》第 2 卷，人民出版社 2006 年版。

《江泽民文选》第 3 卷，人民出版社 2006 年版。

《胡锦涛文选》第 2 卷，人民出版社 2016 年版。

《习近平著作选读》第 1 卷，人民出版社 2023 年版。

《习近平著作选读》第 2 卷，人民出版社 2023 年版。

《习近平新时代中国特色社会主义思想专题摘编》，党建读物出版社、中央文献出版社 2023 年版。

习近平：《论坚持全面依法治国》，中央文献出版社 2020 年版。

习近平：《论坚持党对一切工作的领导》，中央文献出版社 2019 年版。

《习近平关于全面依法治国论述摘编》，中央文献出版社 2015 年版。

习近平：《习近平谈治国理政》，外文出版社 2014 年版。

武增主编：《辉煌四十年：现行宪法发展与实施报告》，法律出版社
　　2023 年版。

沈春耀、许安标主编：《经国之本：中国共产党对国家制度和法律制
　　度的百年探索》，法律出版社 2021 年版。

本书编写组编著：《党的二十大报告辅导读本》，人民出版社 2022
　　年版。

宋功德：《党规之治：党内法规一般原理》，法律出版社 2021 年版。

中共中央办公厅法规局：《中国共产党党内法规体系》（2021 年 7
　　月），人民出版社 2021 年版。

本书编写组：《中国共产党党内法规制度建设历程研究》，法律出版社
　　2021 年版。

中共中央组织部编：《中国共产党组织建设一百年》，党建读物出版社
　　2021 年版。

周敬青等：《坚持和完善党的领导制度体系研究》，上海人民出版社
　　2021 年版。

中共中央办公厅法规局编著：《中国共产党党内法规制定条例及相关
　　规定释义》，法律出版社 2020 年版。

本书编写组编著：《〈中共中央关于坚持和完善中国特色社会主义制
　　度、推进国家治理体系和治理能力现代化若干重大问题的决定〉辅
　　导读本》，人民出版社 2019 年版。

全国人大常委会法制工作委员会研究室编：《我国改革开放 40 年立法
　　成就概述》，法律出版社 2019 年版。

李林：《中国法治变革》（上册、下册），中国社会科学出版社 2019
　　年版。

蒋清华：《中国共产党的领导法规制度基础理论研究》，人民出版社
　　2019 年版。

欧爱民：《党内法规与国家法律关系论》，社会科学文献出版社 2018
　　年版。

孙有中等：《核心价值观国际比较研究》，四川人民出版社、学习出版

社 2018 年版。

本书编写组编著：《党的十九大报告辅导读本》，人民出版社 2017
　年版。

陈登才、梁言顺主编：《马克思主义经典作家关于马克思主义政党建
　设的基本观点研究》，人民出版社 2017 年版。

李林：《中国的法治道路》，中国社会科学出版社 2016 年版。

梁相斌、祝捷：《八项规定改变中国》，湖北人民出版社 2015 年版。

本书编写组编著：《〈中共中央关于全面推进依法治国若干重大问题的
　决定〉辅导读本》，人民出版社 2014 年版。

莫纪宏：《法治中国的宪法基础》，社会科学文献出版社 2014 年版。

石文龙：《依法执政的制度化建设研究》，中国社会科学出版社 2013
　年版。

张恒山等：《依法执政：中国共产党执政方式研究》，法律出版社
　2012 年版。

《十六大以来重要文献选编》（下），中央文献出版社 2011 年版。

中共中央党史研究室：《中国共产党历史第一卷（1921—1949）》（上
　册），中央党史出版社 2011 年版。

王长江：《政党论》，人民出版社 2009 年版。

刘政：《人民代表大会制度的历史足迹》，中国民主法制出版社 2008
　年版。

韩大元：《宪法学基础理论》，中国政法大学出版社 2008 年版。

封丽霞：《政党、国家与法治——改革开放 30 年中国法治发展透视》，
　人民出版社 2008 年版。

陈俊：《政党与立法问题研究——借鉴与超越》，人民出版社 2008
　年版。

杜强强：《论宪法修改程序》，中国人民大学出版社 2008 年版。

蔡定剑：《宪法精解》，法律出版社 2006 年版。

张晋藩：《中国宪法史》，吉林人民出版社 2004 年版。

王长江、姜跃等：《现代政党执政方式比较研究》，上海人民出版社

2002 年版。

封丽霞：《法典编纂论——一个比较法的视角》，清华大学出版社 2002 年版。

张庆福主编：《宪法学基本理论》，社会科学文献出版社 1999 年版。

彭真：《论新时期的社会主义民主与法制建设》，中央文献出版社 1989 年版。

［意］乔万尼·萨托利：《民主新论》，冯克利、阎克文译，上海人民出版社 2009 年版。

［英］马丁·洛克林：《公法与政治理论》，郑戈译，商务印书馆 2002 年版。

［美］詹姆斯·麦格雷戈·伯恩斯：《领袖论》，刘李胜等译，中国社会科学出版社 1996 年版。

［奥］凯尔森：《法与国家的一般原理》，沈宗灵译，中国大百科全书出版社 1996 年版。

［古希腊］亚里士多德：《政治学》，吴寿彭译，商务印书馆 1983 年版。

［法］卢梭：《社会契约论》，何兆武译，商务印书馆 1982 年版。

［法］孟德斯鸠：《论法的精神》（上册），张雁深译，商务印书馆 1961 年版。

二　论文类

习近平：《谱写新时代中国宪法实践新篇章——纪念现行宪法公布施行 40 周年》，《人民日报》2022 年 12 月 20 日第 1 版。

习近平：《加强党对全面依法治国的领导》，《求是》2019 年第 4 期。

张文显：《全面推进国家各方面工作法治化》，《法制与社会发展》2022 年第 6 期。

李雪勤、王冠：《中央重大决策体制研究》，《中国领导科学》2022 年第 4 期。

全国人大常委会法制工作委员会：《坚持和践行全过程民主，推进新时代立法工作高质量发展》，《求是》2021 年第 13 期。

蒋清华：《法律如何写党的领导》，《暨南学报》（哲学社会科学版）2021 年第 12 期。

李海青：《论中国民主话语对西方民主话语的批判与超越》，《马克思主义研究》2021 年第 6 期。

孟涛：《党内法规体系的形成与完善》，《法学研究》2021 年第 6 期。

伊士国：《宪法全面实施的学理内涵及实践逻辑》，《政法论丛》2021 年第 6 期。

宋功德：《党内法规的百年演进与治理之道》，《中国法学》2021 年第 5 期。

桑玉成：《拓展全过程民主的发展空间》，《探索与争鸣》2020 年第 12 期。

莫纪宏：《依宪立法原则与合宪性审查》，《中国社会科学》2020 年第 11 期。

叶海波、刘梦妮：《党规中的法理》，《河南社会科学》2020 年第 6 期。

范进学：《论宪法全面实施》，《当代法学》2020 年第 5 期。

苗连营：《"宪法全面实施"的意义探析与模式建构》，《河南财经政法大学学报》2020 年第 5 期。

施新州：《论党的领导法治化》，《上海政法学院学报》2020 年第 2 期。

欧爱民、向嘉晨：《党的领导法治化的复合模式及其实施路径》，《吉首大学学报》（社会科学版）2020 年第 2 期。

王春业、周笑：《论党的领导入法》，《上海政法学院学报》2019 年第 2 期。

郑淑娜：《以宪法修改为契机 全面贯彻实施宪法》，《求是》2018 年第 12 期。

沈春耀：《全面加强宪法实施和监督》，《中国人大》2018 年第 7 期。

陈翠玉:《政府诚信立法论纲》,《法学评论》2018 年第 5 期。

韩大元:《关于推进合宪性审查工作的几点思考》,《法律科学》（西北政法大学学报）2018 年第 2 期。

张文显:《党规国法互联互通》,《法制与社会发展》2017 年第 1 期。

周叶中、汤景业:《论党章和宪法的关系》,《中共中央党校学报》2017 年第 3 期。

翟国强:《中国语境下的"宪法实施":一项概念史的考察》,《中国法学》2016 年第 2 期。

强世功:《党章与宪法:多元一体法治共和国的建构》,《文化纵横》2015 年第 4 期。

李林:《论党与法的高度统一》,《法制与社会发展》2015 年第 3 期。

翟国强:《中国宪法实施的双轨制》,《法学研究》2014 年第 3 期。

江必新:《"把制度建设摆在突出位置"的若干思考》,《中国社会科学》2013 年第 1 期。

姚岳绒:《论党章与宪法的关系》,《河北法学》2012 年第 2 期。

上官丕亮:《宪法文本中的"宪法实施"及其相关概念辨析》,《国家检察官学院学报》2012 年第 1 期。

刘松山:《1981 年:胎动而未形的宪法委员会设计》,《政法论坛》2010 年第 5 期。

强世功:《中国宪法中的不成文宪法——理解中国宪法的新视角》,《开放时代》2009 年第 12 期。

张恒山:《中国共产党的领导与执政辨析》,《中国社会科学》2004 年第 1 期。

张晓燕:《中国共产党历次党章修改的启示》,《中共中央党校学报》2001 年第 1 期。

殷啸虎:《论"政策性修宪"及其完善》,《法商研究》2000 年第 1 期。

后　记

　　本书是我主持的中国社会科学院法学研究所创新工程项目"深入推进党的领导制度化法治化"的研究成果。本书主要探讨的是党的领导制度化法治化问题。

　　党的领导制度化法治化是习近平法治思想的重要组成部分。2018年8月24日，习近平总书记在中央全面依法治国委员会第一次会议上，首次提出推进党的领导制度化法治化这一重大命题。党是最高政治领导力量。推进党的领导制度化法治化，不仅是推进国家各方面工作法治化的应有之义，而且是法治中国建设的关键环节和根本保证。这清晰表明我们走的是一条不同于西方国家的法治发展道路。研究这个问题，对于完善中国特色社会主义法治体系，推进法治中国建设，具有重要现实意义。

　　相对于传统法学研究题目，党的领导制度化法治化的研究起步较晚，也较为薄弱。这方面，实践走在了理论前面。党的十八大以来，围绕党的领导制度化法治化，习近平总书记提出一系列重要论述，党中央作出一系列安排部署。相关研究无论是从广度还是从深度上看，离现实需要都有很大差距。这使得我们既不能很好阐释我国取得成功的政治制度因素，也不能很好回击一些别有用心的国家对我国政治制度的抹黑和攻击。基于上述原因，我对这个题目进行了研究。

　　法治中国的制度建构是一个十分宽泛的问题，涉及把国家改革、开放、发展、安全等具有全局性的各项工作，经济建设、政治建设、文化建设、社会建设、生态文明建设、国防军队建设等具有主干性的各项事业纳入法治轨道，涉及把政党治理、政府治理、军队治理、社会治理、经济治理、互联网治理、新兴科技治理、公共卫生治理、生态治理等，"一国两制"、港澳治理、外交事务等国家治理工作纳入法治轨道，涉及把国家和地方的立法、执法、司法、普法等专门法治工作纳入法治轨道，涉及国际国内两类规则等问题，① 一一展开研究，显然是不现实的。本书选取党的领导制度化法治化、形成完善的党内法规体系、统筹推进党章宪法、党内法规制度合宪性审查、党的领导与合宪性审查的关系、党对宪法工作的全面领导、健全保证宪法全面实施的制度体系、全过程人民民主的制度化法律化、用法律来推动核心价值观建设 9 个问题，从概念、历史、理论基础等方面，对有关问题展开研究，试图尽量把有关问题说明白，挖掘有关方面所涉规律，准确找到存在的问题，并提出解决的办法，努力为推进国家治理体系和治理能力现代化提供学理支撑。其中，本书第四章"党内法规制度合宪性审查初探"、第七章"健全保证宪法全面实施的制度体系研究"、第八章"全过程人民民主的制度化法律化研究"已在有关刊物上发表。

党的领导制度化法治化问题横跨法学、政治学、党内法规学、党史党建等不同学科，涉及面广，理论性、实践性强。我国和西方国家的政党制度不同，研究这个问题难以借鉴西方国家的相关研究成果。这些情况表明，这项研究有相当大的难度。限于笔者研究能力，本书的研究只是初步的、浅表性的，错误在所难免，敬请读者批评指正。

本书写作过程中，中国社会科学院法学研究所所长莫纪宏研究员时常给予指点，并提供了大量帮助；中国社会科学院学部委员李林研究员指导我确定研究方向，厘清研究思路；中国社会科学出版社许琳编辑为本书写作提供了宝贵意见，为本书出版付出了大量心血，在此

---

① 张文显：《全面推进国家各方面工作法治化》，《法制与社会发展》2022 年第 6 期。

一并致以衷心感谢。我还要感谢我的同事和朋友们，你们的关心和支持，点点滴滴，尽在心头，惟愿岁月静好，红尘无忧。

李　忠

2023 年 2 月 25 日